KB128402

인공지능 메타버스 시대 미래전략

국제미래학회

안종배 · 이주호 · 김진형 · 김태현 · 신성철
이남식 · 권호열 · 윤은기 · 이순종 · 주영섭
최운실 · 강건욱 · 강병준 · 고문현 · 권원태
김동섭 · 김들풀 · 김명주 · 김병희 · 김세원
김형준 · 문형남 · 박수용 · 심현수 · 안동수
엄길청 · 이주연 · 이재홍 · 이창원 · 한상우

박영사

서문

인공지능과 메타버스가 우리의 미래를 결정한다

미래사회 전반에 영향을 미치는 문명대변혁으로 초지능·초연결·초실감을 구현하는 인공지능과 메타버스 시대가 도래하였다. 이에 국제미래학회는 수년 전부터 인공지능과 메타버스 시대를 대비토록 다양한 노력을 경주하고 있다. 대한민국 인공지능메타버스포럼을 결성하여 인공지능과 메타버스 진흥 정책과 발전 방안을 제안하고 인공지능과 메타버스 활용 교육을 국내 최초로 진행하고 있다.

인공지능과 메타버스는 어느덧 우리의 일상, 산업, 경제, 경영, 직업, 비즈니스, 정치, 사회, 문화, 예술, 의료, 엔터테인먼트, 디자인, 미디어와 교육 등 모든 분야에 적용되어 곧 미래 경쟁력이 되고 있다. 이에 국제미래학회 국내 최고의 석학과 전문가 30명이 함께 지난 1년 동안 인공지능과 메타버스 시대에 각 분야별 흐름과 키워드를 짚어내고 현안을 위한 해법과 미래전략을 제시하는 연구를 실행하였다. 이를 통해 인공지능과 메타버스에 의한 변화와 이에 대비하기 위한 미래전략을 위한 통찰을 제공하였다. 이러한 연구 결과를 전자신문 칼럼으로 연재하였고 이를 업데이트하여 본서를 저술하였다.

인공지능과 메타버스가 우리의 미래를 결정한다.

이로 인해 이미 전 세계는 인공지능과 메타버스 시대 미래 강국이 되기 위해 총력을 기울이고 있다. 구글, 마이크로소프트, 애플, 페이스북 등 세계적인 기업들도 인공지능과 메타버스를 미래 성장 동력으로 삼고 미래전략을 입안하여 실행하고 있다.

인공지능과 메타버스 시대 경쟁력은 곧 인공지능과 메타버스를 효과적으로 잘 활용하는 역량이기도 하다. 인공지능과 메타버스를 잘 활용하기 위해서는 인공지능과 메타버스를 이해하고 인공지능과 메타버스가 각 영역에서 적용되어 미래 발전에 기여할 수 있도록 미래전략을 입안하고 대응할 수 있어야 한다.

본서는 이런 관점에서 남·녀·노·소 누구나 인공지능과 메타버스를 쉽게 이해하고 인공지능과 메타버스가 어떻게 우리의 산업과 비즈니스와 생활에 적용되고 활용되는지를 파악하고 인공지능 메타버스 시대의 미래전략을 이해하고 입안할 수 있도록 국제미래학회 30명의 석학들이 자신의 전문 분야별로 구체적인 사례와 함께 쉽고 재미있게 저술하였다.

인공지능 메타버스 시대 미래전략 저술 내용

제1부에는 인공지능 메타버스 시대 세계 변화와 미래전략을 담고 있다. 인공지능 메타버스 시대의 문명 대변혁과 미래전략 리더십, 글로벌 디지털 패권전쟁과 미래전략, 4차산업혁명 에너지 미래전략, 기후변화 미래전략, 미래 사회를 주도할 10대 '메가트렌드'와 미래전략이 구체적인 사례와 함께 쉽고 재미있게 저술되어 있다.

제2부에는 인공지능 메타버스 시대 대한민국 국가 미래전략을 담고 있다. 인공지능 메타버스 시대의 디지털 플랫폼 국가 미래전략, 대한민국 성공방정식 미래전략, 과학기술 정책 미래전략, 지역 발전 미래전략, 인간과 AI로봇이 공존하는 협업 미래전략이 구체적인 사례와 함께 쉽고 재미있게 저술되어 있다.

제3부에는 인공지능 메타버스 시대 정치·의료·문화 미래전략을 담고 있다. 인공지능 메타버스 시대의 정치 변화와 미래전략, 의료와 헬스케어 미래전략, 문화·예술 미래전략, AI와 디자인 협업하는 미래전략, 게임스토리텔링 미래전략이 구체적인 사례와 함께 쉽고 재미있게 저술되어 있다.

제4부에는 인공지능 메타버스 시대의 경제·직업 미래전략을 담고 있다. 인공지능 메타버스 시대 미래산업 경제권 공간변화와 투자 미래전략, 중소·벤처 디지털 대전환 미래전략, 공정거래 미래전략, 직업 변화와 미래전략이 구체적인 사례와 함께 쉽고 재미있게 저술되어 있다.

제5부에는 인공지능 메타버스 시대의 경영 미래전략을 담고 있다. 인공지능 메타버스 시대 스마트 경영과 스마트 워크, 스마트 메타 팩토리·스마트 팜 미래전략, 디지털 경영 혁신 미래전략, SCM 경영 미래전략, ESG경영 미래전략, ESG와 비즈니스 미래전략, AI 메타버스 기술을 활용한 광고 미래전략이 구체적인 사례와 함께 쉽고 재미있게 저술되어 있다.

제6부에는 인공지능 메타버스 시대의 교육의 변화와 미래전략을 담고 있다. 인공지능 메타버스 시대 교육 대전환 미래전략, 대학 교육 혁신 미래전략, AI 메타버스 교육의 미래전략, 평생교육 미래전략, AI 기술 양날의 칼 윤리 미래전략, 4차산업혁명 인재의 멘토─레오나르도 다빈치가 구체적인 사례와 함께 쉽고 재미있게 저술되어 있다.

제7부에는 인공지능과 메타버스의 기반과 미래전략을 담고 있다. 인공지능 메타버스 시대 블록체인 웹3.0 현재와 미래전략, NFT의 현재와 미래전략, AI와 메티버스로 진화하는 SNS 미래전략, 4차산업혁명 국제 표준 미래전략, 인공지능의 역사와 미래 및 대응 전략, 메타버스의 역사, 메타버스 기술의 미래전략, 메타버스의 미래와 대응 전략, 사이버 폭력 예방과 클린콘텐츠 운동이 구체적인 사례와 함께 쉽고 재미있게 저술되어 있다.

인공지능 메타버스 시대 미래전략은 선택이 아니라 필수다

본서는 기획과 연구 그리고 전자신문 칼럼 연재 그리고 저술 과정을 거치며 심혈을 기울여 다양한 분야별 인공지능과 메타버스 시대 미래전략을 누구나 쉽고 재미있게 접할 수 있도록 집필되었다. 본서를 함께 연구하고 집필하여 준 30명의 국제미래학회 석학과 전문가분들께 깊이 감사드린다. 또한 본서를 기획·연구·집필하는 동안 응원하고 용기를 준 아내 박금선과 장녀 안나혜와 장남 안준범 그리고 사위 박성훈에게도 감사를 전한다. 그리고 본서를 정성을 다해 출간해 준 박영사의 안종만 회장과 안상준 대표 및 함께 수고해준 편집진들에게 감사를 드린다.

마지막으로 본서가 누구에게나 인공지능 메타버스 시대 미래전략을 쉽게 이해하고 입안하는 데 도움이 되고 이를 통해 대한민국의 국가 경쟁력과 기업 및 개인 경쟁력을 높이는 데 기여할 수 있기를 바란다.

2022년 10월 16일
미래창의연구원에서 제주 애월 해변을 바라보며

대표저자: 안종배 국제미래학회 회장
대한민국 인공지능메타버스포럼 공동회장
미래창의연구원/미래창의캠퍼스 이사장
클린콘텐츠국민운동본부 회장
한세대학교 미디어영상학부 교수
daniel@cleancontents.org

 차례

PART 01.
인공지능 메타버스 시대 세계 변화와 미래전략

PART 02.
인공지능 메타버스 시대 대한민국 국가 미래전략

PART 03.
인공지능 메타버스 시대 정치 · 의료 · 문화 미래전략

PART 04.
인공지능 메타버스 시대 경제·직업 미래전략

PART 05.
인공지능 메타버스 시대 경영 미래전략

PART 06.
인공지능 메타버스 시대 교육의 변화와 미래전략

PART 07.
인공지능과 메타버스의 기반과 미래전략

PART 08.
부록:
인공지능 메타버스 시대 미래전략 함께 하기

1. 인공지능 메타버스 시대 미래전략 좌담회: 국제미래학회·전자신문 공동기획
   (전자신문 2022년 8월 22일)
2. 국제미래학회 소개
3. 미래창의캠퍼스 안내
4. 인공지능 메타버스 미래전략 최고위과정 안내
5. 스마트 메타버스 전문가 1급 자격과정 안내
6. 대한민국 인공지능메타버스포럼 소개
7. 미래직업과 미래지도사 1급 자격 과정

PART
01

인공지능 메타버스 시대
세계 변화와 미래전략

01. 인공지능 메타버스 시대 문명 대변혁과 미래전략 리더십

: 디지털 르네상스 미래 예측 · 공감 소통 리더십 시대

안종배

국제미래학회 회장

대한민국 인공지능메타버스포럼 공동회장

한세대학교 미디어영상학부 교수

인류의 역사는 끊임없는 변화의 역사이다. 이러한 인류 역사의 변화를 가능하게 하는 동인(driving force)은 무엇일까? 아널드 토인비(Arnold Toynbee)는 그의 저서 '역사의 연구'(A study of History)에서 인류의 역사를 도전(Challenge)과 응전(Respondence)의 역사로 보고 인류 역사에서 새로운 문명이 생성 발전하기 위해서는 동인으로 도전과 이에 대한 성공적인 응전이 필요하다고 하였다. 이러한 관점에서 전 세계에 갑자기 몰아닥친 코로나19 팬데믹은 전 인류에게 도전으로 다가왔다. 코로나19 팬데믹이라는 도전에 우리 인류는 혼란을 겪었지만 서서히 도전에 응전하며 새로운 문명적 변화를 인식하기 시작했다. 특히 대한민국은 그동안 문 앞에서 머뭇거리고 있던 새로운 미래에 등 떠밀리듯 들어와 버렸다.

문명 대변혁, 디지털 르네상스의 본격화

필자는 미래학자로서 코로나19 팬데믹 선언 직후부터 '전 세계는 당분간 혼란기를 거쳐 과학기술을 넘어 4차산업혁명과 휴머니즘이 새롭게 부각되는 디지털 르네상스라는 문명적 대변혁을 맞이할 것이다.'라고 예측하였는데 2021년부터 디지털 르네상스라 불리는 문명 대변혁이 본격화되었다.

유럽 르네상스 시대의 개막은 흑사병으로 불리던 페스트가 창궐한 게 결정적 원인이 되었다. 흑사병 팬데믹으로 인해 14세기 중반 당시 유럽 총 인구의 30%가 목숨을 잃었고 유럽의 전통 사회구조가 붕괴되었다. 페스트에 무력하면서 교황은 그동안 누려왔던 절대권력이 약화되었고, 봉건영주 체제의 경제가 도시자본제로 바뀌고, 창의와 인성이 중시되는 예술문화가 활성화되는 르네상스가 시작되었다.

코로나19 팬데믹 역시 기존의 사회 시스템과 문화를 변화시키는 촉매제가 되었다. 21세기 첨단 과학기술의 시대에 미미한 바이러스 하나가 전 인류의 생명을 위협하고 세계 경제마저 일제히 멈추게 하는 현실에 사람들은 경악했다. 이는 그간 절대권위처럼 믿어왔던 과학기술 만능주의에 대한 회의(懷疑)를 가져왔다. 또한 우리는 반강제적으로 사회적 격리를 겪으면서 지금까지의 삶에 대해 성찰의 시간을 가지게 되었다. 급속한 발전이라는 목표를 위해 속도를 우선시하고 물질주의적 가치관에서 한 발짝 물러나 조금 느리더라도 인간의 삶의 목적과 올바른 방향을 모색하는 계기가 되었다. 이처럼 21세기 팬데믹인 코로나19 이후 과학기술과 물질주의 권위가 약화되고 휴머니즘 디지털 경제체제로 변혁되고 자유와 평등의 가치와 창의성과 인성 그리고 영성이 중시되는 디지털 르네상스라는 문명적 대변혁이 도래하였다.

초지능·초연결·초실감 사회 가속화, 휴머니즘 강화

코로나19 팬데믹 초기 인류는 혼란기를 겪으면서도 코로나가 곧 종식되고 이전의 세상으로 돌아갈 것이란 기대가 있었다. 그러나 코로나19 팬데믹이 급속히 확대되면서 인류는 코로나19 이전으로 돌아갈 수 없고 이전과는 전혀 다른 새로운 세상에서 우리는 앞으로도 살게 될 것이란 생각이 공유되게 되었다. 즉 코로나19 이전과 이후가 다른 새로운 문명적 대변혁이 이루어진 것이다.

문명적 대변혁의 본격화로 초지능·초연결·초실감의 4차산업혁명이 가속화되고 창의적 인성과 신뢰와 고귀한 가치를 추구하는 영성을 중시하는 휴머니즘이 강화되었다. 그리고 이러한 혁명적 변화로 이전과는 다른 뉴 노멀이 모든 곳에서 등장하게 되었다.

산업 관점에서는 이전 전통산업과는 다른 4차산업혁명 산업이 뉴노멀로 대세가 되었다. 비즈니스 관점에서는 비대면 참여로 현존감을 강화하는 비대면 현존감(Untact Presence), 모든 비즈니스의 블랙홀인 스마트 플랫폼(Smart Platform), 첨단기술과 감성으로 개인 맞춤 서비스를 제공하는 인공지능 개인맞춤(AI Personal)이 적용된 비즈니스가 기존 비즈니스와 다른 뉴노멀로서 대세가 되었다. 또한 곳곳에서 일상의 변화를 가져오고 이제 그러한 뉴노멀의 변화는 노멀, 즉 일상이 되었다. 그리고 환경보호와 사회적 가치를 실현하는 기업의 제품을 구입하는 것이 지구를 지키고 우리를 행복하게 한다는 인식이 확산되어 기업 활동의 목적도 이윤추구를 넘어 ESG(환경보호, 사회공헌, 공공윤리)를 중시하는 고귀한 가치를 추구하는 가치 경영이 강화되고 있다.

인공지능과 메타버스가 바꾸는 미래 세상

　문명적 대변혁으로 가속화되는 4차산업혁명은 상상하는 서비스를 언제 어디서나 제공하게 되는 유비쿼터스 사회를 구현하고 있다. 유비쿼터스 사회는 초지능·초연결·초실감이 실현되는 인공지능 메타버스 시대를 도래하게 하였다. 초지능은 초소형화된 인공지능 컴퓨터가 모든 것에 장착되는 것을 의미한다. 이를 통해 인공지능 스피커처럼 우리가 원하는 최적의 서비스를 스스로 찾아서 언제 어디서나 제공해 주게 된다. 초연결은 사물인터넷(IoT)과 5G모바일로 현재 구현되고 있는데 모든 사물에 유선 또는 무선인터넷이 장착되고 사물들 간에 상호 커뮤니케이션이 가능하게 되어 원하는 서비스를 언제나 원하는 장소와 장비로 받을 수 있게 되는 것을 의미한다. 초실감은 실감영상 기술로 멀리 떨어져 있거나 가상의 공간에 있는 것을 마치 현재 함께 있는 것 같이 현존감있는 서비스를 제공해 주는 것을 말한다. 이로 인해 VR(가상현실)이나 홀로그램 또는 1인방송 등 언제 어디서나 실제로 함께 있는 것 같은 현존감을 느끼게 해주는 메타버스 서비스를 받을 수 있게 된다.

인공지능과 메타버스 시대에는 첫째, 누구나 참여 가능하게 되는 디지털세상과 물리적세상이 융합되고 하나로 연결된다. 둘째, 물질주의를 넘어서는 휴머니즘이 강화되어 경쟁과 효율보다는 공정과 동행적 가치가 중시된다.

특히 최근 메타버스가 급속히 파급되며 세상을 바꾸고 있다. 메타버스(metaverse)는 가상·초월(meta)과 세계·우주(universe)의 합성어로 초월적 디지털 세계를 의미한다. 인공지능기술로 지능형 실감영상과 디지털 가상현실 그리고 사물인터넷이 고도화되고 접목되면서 디지털세상과 물리적 세상이 융합되어 새로운 초월적 세상, 즉 메타버스 세상이 전개되고 있다. 인공지능 기술로 물리적 현실 인물이 디지털가상 아바타로 변화하여 디지털 세상에서 생활하기도 하고, 반대로 디지털가상 인물이 물리적 현실에서 생활하기도 하며 디지털 세상과 물리적 세상이 융합되어 구분되지 않는 메타버스 세상이 구현되고 있다.

메타버스 플랫폼을 통해 인공지능을 접목한 자신의 3D 아바타를 기반으로 누구나 상상하는 무엇이든 디지털 가상공간 안에서 스스로 만들고 디지털 세상에서 모든 사람들과 함께 소통하고 생활할 수 있다. 인공지능 얼굴인식·AR·3D 기술을 활용해 자신만의 개성 있는 3D 아바타를 생성하고 아바타 의상을 직접 만들어 판매할 수도 있고 가상 상점에서 쇼핑할 수도 있다. 또한 교육의 공간, 비즈니스의 공간, 엔터테인먼트 공간, 종교 생활의 공간, 정치의 공간 등 또 다른 세상이 메타버스에서 구현되고 있다.

그리고 인공지능을 중심으로 세상의 모든 것이 지능화되고 연결되며 실감나게 변화되기 시작한다. 인공지능의 발전이 가속화되어 인간의 지능과 유사해지게 되고 모든 영역에 인공지능이 활용되는 인공지능 에브리웨어 시대가 온다.

인공지능은 빠른 속도로 인류의 삶에 새로운 세상을 만들어가고 있다. 인터넷과 스마트폰 이상으로 인공지능이 우리 사회와 삶에 필수재가 되어 모든 지능을 연결하고 모든 사람의 역량을 강화하면서 스스로도 진화하는 새로운 세상이 펼쳐지게 된다. 이에 인공지능이 인간을 위해 건강하게만 사용되게 하기 위한 인공지능 윤리에 대한 글로벌 연대가 중요해진다.

이처럼 문명적 대변혁으로 인공지능과 메타버스가 세상을 삼킨다고 할 만큼 인공지능과 메타버스의 중요도, 영향력과 활용이 확대될 것이며 인터넷이 지식정보사회, 스마트가 지능정보사회를 가져왔고 이제 인공지능과 메타버스가 창의지혜사회를 도래시키고 있다.

총체적 사회 혁신 변화

문명 대변혁이 본격화되면서 사회, 문화예술, 교육, 과학기술, 경제, 환경, 정치, 복지, 가치관 등 모든 영역에서 사회 전반에 걸쳐 혁신적인 변화가 일어나고 있다.

예를 들어 사회는 비대면 활동이 정착되고 한편에선 사회적 연대감과 공동체 의식에 대한 니즈는 더욱 강화된다. 인구는 저출산이 더욱 가속화될 것이므로 이에 대한 대책이 필요하다. 교육은 스마트 교육으로 전환되고 미래형 역량 중심으로 개편된다. 문화 예술도 미래기술과 접목되어 혁신적인 변화가 일어난다.

또한 환경 관련하여, 코로나19 이후에도 바이러스 전염병은 지속 발생할 가능성이 높고 이에 대한 대응은 의료·바이오 분야의 발전 도모와 함께 친환경 신재생 에너지 확대, 자연친화 제품 개발 및 환경 생태계 보호로 기후변화 극복이 우선적으로 중요시된다.

디지털혁신 휴머니즘 경제의 부상

문명 대변혁이 본격화되면서 경제 프레임도 변화된다. 이전 산업사회시대의 경제 프레임이었던 고성장과 저성장의 프레임은 더 이상 유효하지 않게 된다. 뉴르네상스의 변화를 경제로 담아내는 '디지털혁신'과 '휴머니즘'의 프레임으로 바라볼 필요가 있게 된다. 즉 새로운 시대 변화를 예측하여 대응하는 디지털혁신과 국민의 행복과 자연의 회복을 지향하는 휴머니즘을 경제정책의 프레임으로 잡아야 한다. '디지털혁신 휴머니즘 경제' 프레임에 부합하게 경제 시스템과 경제 정책을 변혁하는 국가가 새로운 리더 국가가 될 것이다.

한편 세계경제 불황, 국내경기 침체, 글로벌 분업체계 약화 및 자국중심의 경제구조는 더욱 강화되고 생산과 무역의 세계화를 확대한 글로벌3.0은 약화될 것이다. 반면에 글로벌 4.0이 강화되어 개인의 세계화, 즉 개인이 비즈니스와 소비의 직접 주체가 되어 글로벌하게 활동하는 뉴노멀 경제시스템이 더욱 강화될 것이다. 여기에 스마트 소셜미디어의 확대로 개인의 역할과 영향력은 더욱 확산될 것이다.

문명대변혁 시대의 리더십

'21세기 급변하는 사회의 리더는 변화를 예측하여 혁신을 주도하며 조직원을 동기유발하는 역량을 갖추어야 한다.'

— 엘빈 토플러(Alvin Toffler) —

리더십이란 사람들이 공동체 목표를 위하여 자발적으로 노력하도록 영향을 주는 역량이다. 난세에 영웅이 난다는 속담처럼 시대가 어렵고 사회 변화가 빠를수록 리더의 역할과 중요하다. 포스트 코로나 문명대변혁 시대는 어느 때보다 어렵고 변화가 빠른 시대에 우리는 살고 있다. 급변하는 디지털 문명대변혁 시대에 영향력을 주는 리더가 되기 위해서는 차차차 미래전략 리더십, 따뜻한 공감소통 리더십, 가치창출 창의협업 리더십, 자율적 메타인지 리더십 그리고 인공지능과 메타버스 활용 리더십을 가져야 한다.

첫째, 차차차 미래전략 리더십은 급변하는 미래 변화를 예측하여 (Change) 바람직한 미래 구현을 위한 미래 전략을 입안하여 도전하고 (Challenge) 비전을 제시하여 함께 실천토록 하여 변화를 기회로(Chance) 만들도록 이끌어 주는 리더이다. 둘째, 따뜻한 공감소통 리더십은 모두가 어려운 환경에서 서로 마음을 소통하고 공감함으로써 함께 협력하여 힘을 모아 어려움을 극복하게 하고 새로운 희망을 나눌 수 있게 마음을 움직여 공동목표를 이루도록 하는 리더이다. 셋째, 가치창출 창의협업 리더십은 점차 복합적인 문제의 해결과 새롭고 유익한 가치 창출을 위해 다양한 영역이 함께 협력하여 새로운 아이디어를 산출하고 전략을 입안하며 공동으로 실천하도록 하는 리더이다. 넷째, 자율적 메타인지 리더십은 구성원 스스로 공동 목표의 중요성과 각자가 무엇을 해야 할지를 깨닫도록 하여 자발적이고 자율적으로 노력하게 하는 리더이다. 다섯째, 인공지능 메타버스 활용 리더십은 미래 사회를 움직이는 핵심 동력인 인공지능과 메타버스를 이해하고 활용하여 미래 발전을 도모하는 리더이다.

즉 급변하는 위기 상황의 문명대변혁 시대의 리더는 미래예측전략 역량과 공감소통 역량, 창의협업 역량 및 메타인지 창출 역량을 갖추고 인공지능과 메타버스를 활용하여 미래 비전과 미래전략을 제시하고 공감되게 소통하여 공동의 목표를 구성원의 자발적 동참으로 힘을 모아 함께 이루어가게 하는 역할을 담당해야 한다. 이를 통해 미래 변화에 대응하여 위기를 극복하고 기회를 만들어 갈 수 있게 된다.

국제미래학회(www.gfuturestudy.org)는 디지털 문명대변혁 시대 급변하는 미래 변화에 개인, 기업, 대학, 기관, 정부가 대응할 수 있도록 미래변화를 예측하고 미래전략을 입안하여 실천할 수 있도록 미래 리더십 역량을 함양하는 '미래지도사' 및 '미래예측전략전문가' 과정을 진행해 오고 있다.

문명대변혁 시대에 인공지능과 메타버스는 피할 수 없는 미래이고 이를 건강하게 잘 활용하는 것은 무엇보다 중요해지고 있다. 조만간 특정한 영역에서 인공지능이 인간의 능력을 넘어서는 많은 분야가 생겨나게 된다. 따라서 인공지능이 나의 경쟁자가 아니라 나의 부족한 부분을 도와주는 조력자로 인공지능과 협업하며 인공지능과 메타버스를 건강하게 활용할 수 있는 역량을 갖출 필요가 있다.

인공지능과 메타버스는 동전의 양면이다. 어떻게 활용되느냐에 따라 인류와 사회에 유용할 수도 유해할 수도 있다. 인공지능과 메타버스의 발전이 언제까지든 인간의 행복을 위한 것이 되고 인간의 제어권 내에 있을 수 있도록 인공지능과 메타버스 윤리를 법제화하고 이를 준수토록 하는 국제적인 공동의 노력도 꼭 필요하고 중요해지고 있다. 대한민국을 인공지능과 메타버스 강국으로 만들면서 휴머니즘이 넘치는 따뜻한 인성 사회로 만들어 가는 리더십이 필요하다.

02. 인공지능 메타버스 시대 글로벌 디지털 패권전쟁과 미래전략
: AI · 반도체 경쟁력 강화와 경제 외교 해법

안종배

국제미래학회 회장
대한민국 인공지능메타버스포럼 공동회장
한세대학교 미디어영상학부 교수

미 국 바이든 대통령이 2022년 5월 20일 첫 아시아 순방 국가로 대한
민국을 찾았고 방한 첫 일정으로 삼성전자 평택 반도체 공장을 방
문하였다. 이는 미국과 중국의 '반도체 전쟁'에서 미국이 우위를 점하기 위해
삼성전자를 방문하여 한미 반도체 동맹을 강화하려는 바이든 대통령의 의지
를 보인 것이다. 실제 바이든 대통령 수행단에는 미국의 대표 팹리스(반도체
설계) 기업인 퀄컴의 크리스티아노 아몬 최고경영자(CEO)가 포함되어 한미 양
국 간 반도체 협력을 더욱 공고히 하고자 하였다. 향후 미국은 중국을 견제
하기 위해 글로벌 반도체 시장을 한국의 삼성전자와 퀄컴, 대만의 TSMC와
애플 구도로 재편하고자 한다는 전망도 있다.

한편 6월 28일 윤석열 대통령은 한국 역사상 처음으로 나토 정상회의에
참석하였다. 이는 미국과 나토가 한국을 비롯해 일본·호주·뉴질랜드를 아

시아 태평양 파트너국으로 초청했기 때문이다. 나토와 미국은 북대서양에서 세력을 확장하는 러시아, 아시아－태평양에서 미국과 디지털 패권 경쟁에 돌입한 중국을 견제하기 위해 한국 등을 초청한 것이다.

포스트 코로나 세계 정세 변화

코로나19 이후 국제정세는 헨리키신저 전 미국 국무장관이 성곽시대 (Walled City)로의 귀환이라고 예언한 것처럼 자국이익 중심주의가 강화되고 있다. 그런데 또 한편으로 코로나19의 근본 원인인 기후변화처럼 세계적인 인류문제 해결을 위해 글로벌 연대가 강화되고 있다. 이러한 양극의 사례가 자국이익을 위한 러시아의 우크라이나 침공 및 이에 대한 UN의 러시아 규탄 결의안에 대해 193개 회원국 중 5개국만 반대하며 글로벌 연대를 통해 세계 평화와 인권을 보호하려 한 것이다. 그런데 이러한 자국이익 중심주의와 글로벌 연대는 미래 세계 경제를 주도할 디지털 패권 전쟁의 모습으로 나타나고 있다.

포스트 코로나 디지털 패권 전쟁 가속화

코로나19 이후 세계 경제는 디지털 경제로 급속히 전환되며 비대면경제, 플랫폼경제, 고객맞춤 경제로 급속히 재편되었고 이로 인해 초지능·초연결·초실감을 구현하는 4차산업혁명이 가속화되고 있다. 4차산업혁명의 기반이 되는 디지털기반산업은 인공지능, 반도체, 사물인터넷(IoT), 빅데이터, 메타버스 플랫폼이다. 이러한 디지털기반산업은 자율자동차, 로봇, 스마트팩토리, 양자컴퓨터, 스마트가전, 드론 3D프린터, 블록체인금융, 실감콘텐츠, 헬스케어, 스마트교육, 바이오의료, 신재생에너지, 스마트팜, 핀테크 등 디지털응용산업의 발전과 경쟁력을 좌우한다. 디지털기반산업 중 사물인터넷(IoT), 빅데이터, 메타버스 플랫폼은 4차산업혁명의 인프라이고 인공지능과 반도체가 4차산업혁명 디지털산업의 핵심기술산업이다.

이에 따라 인공지능과 반도체 기술력과 공급망이 국가의 경쟁력이 되고 세계 경제의 주도권을 좌우하게 되었다. 이로 인해 인공지능과 반도체 산업 국가 경쟁력을 통한 총성없는 디지털 패권 전쟁이 가속화되고 있다.

치열해지는 미·중 인공지능 메타버스 디지털 패권 전쟁

'인공지능을 주도하는 국가가 세계를 지배할 것이다. 핵무기가 아니라 인공지능이 미·중 패권전쟁 승패를 좌우한다.'라는 헨리키신저 전 미국 국무장관의 말처럼 현재 세계는 인공지능과 인공지능을 담을 반도체를 중심으로 디지털 패권 경쟁이 치열해지고 있다.

그 중심에 미국과 중국이 있다. 냉전 이후 절대적인 패권 국가의 지위를 유지해오던 미국에게 중국이 인공지능 분야에서 미국을 추월하려 하면서 미국은 국가안보라는 명분으로 중국을 다방면으로 제재하고 압박하는 패권전쟁이 심화되고 있다.

　미국은 인공지능과 관련된 중국의 통신기업, 데이터기업, 슈퍼컴퓨팅기업, 자율시스템기업, 양자컴퓨터기업, 반도체기업, 바이오기술기업 등에 대해 블랙리스트 및 미국내 서비스 불허 등 제재를 강화하고 있다. 미국은 2020년 국가인공지능 이니셔티브법을 제정하여 미국이 인공지능 글로벌 선두국가가 되기 위해 법 정부적인 지원과 노력을 하여 왔다. 그런데 미국 인공지능국가안보위원회(NSCAI)의 회장인 에릭슈미트(Eric Schmidt)는 2022년 3월 2일 AI 종합진단과 정책 보고서를 제출하면서 중국과의 AI 경쟁을 '국가적 비상사태'라고 경고하였다. NSCAI는 인공지능을 경제안보의 글로벌 주도권을 좌우할 핵심 범용기술로 평가하고 중국과의 AI 기술패권 경쟁을 위해 국가 역량의 총동원을 촉구하였다.

　한편 중국도 인공지능의 영향력을 알고 2017년 '차세대 AI 발전계획'을 세워 2030년 인공지능 분야에서 세계 최고가 되겠다는 목표를 세우고 범정부 차원의 전폭적인 지원과 노력을 기울여왔다. 특히 정부 주도로 중국기업을 활용한 산업별 AI플랫폼 구축과 방대한 데이터 축적 및 인공지능 최신기술 개발로 인공지능 국가 경쟁력을 강화해왔다.

　이러한 결과 인공지능 연구분야에서 독주해 왔던 미국을 2021년 양과 질에서 모두 중국이 앞서기 시작한 것으로 나타났다. 인공지능 논문 인용이 세계 전체에서 중국의 논문 비율이 20.7%인데 미국은 19.8%였고 세계 유력 AI 연구 인력도 중국 출신 비율은 29%로 미국의 20% 보다 앞섰다.

　이러한 상황으로 미국 인공지능 국가안보위원회는 '현 상태로는 중국에게 인공지능 주도권을 빼앗길 수밖에 없다.'며 미국 정부의 총체적인 대책 마련을 촉구하였다. 이에 조 바이든 미국 행정부는 미국의 인공지능기술 개발과 전문인력 양성에 막대한 자금을 투입하고 미국 인텔, 마이크론, ADI 등 민간기업의 '반도체 동맹'에 520억달러(약 63조원)를 지원하여 미국 내 첨단 반도체 생산능력 확대를 위한 획기적인 지원 정책을 실시하고 있다. 이와 동시에 미국은 중국의 첨단 AI기술 업체에 대한 제재 확대와 함께 한국, 일본, 대만과 '칩4(chip4)동맹'을 제안하여 반도체 공급망을 주도하고 반도체 기술을 중국에 판매되지 못하도록 하여 중국의 '반도체 굴기'를 악화시켜 중국과의 AI패권 경쟁에서 우위를 확보하려 노력하고 있다.

이에 중국도 AI 데이터를 토지, 노동, 자본, 기술과 함께 5대 생산요소로 간주하고 국가차원에서의 독자적 통제권을 주장하는 AI 데이터 주권을 강화하고 있다. 이를 통해 디지털 플랫폼 경쟁의 핵심인 AI를 활용한 빅데이터 기술과 산업에서 미국보다 우위를 점하기 위해 2025년까지 5G, IoT, 데이터센터 등에 1조 2,000억 위안(약 205조원)을 투자하기로 하였다. 또한 중국도 미국 기업의 중국기업 인수를 반대하고 미국 IT기업이 중국 진출 시 중국 기업과 합작을 통해 중국 내에 데이터센터 구축을 의무화하고 중국기업이 이를 운영하도록 하였다. 또한 중국은 정보통신(IT) 제품의 핵심 자원으로 중국이 세계 공급의 80%를 차지하는 희토류 수출 규제와 국익에 손해를 끼치는 외국 기업에 수출입 및 대중국 투자를 제한하는 법과 제도를 2020년부터 정비해왔다. 중국은 인공지능시대 핵심인 반도체의 자급률을 2025년에 70%까지 달성한다는 목표를 세우고 2020년 반도체산업 진흥책을 발표하고 2021년 실행계획을 발표하였다.

이에 따라 중국의 반도체 설계 기술이 향상되어 중국 웨이얼 반도체가 2022년 처음으로 세계 9위에 올랐고, 중국의 반도체 생산량이 전년 대비 30% 이상 증가하고 있어 세계 반도체 점유율을 높이고 있고, 특히 중국은 인공지능 반도체 기술과 경쟁력이 높고 이 부분에 투자를 집중하고 있다. 이 결과 2022년 상반기 한국과 중국의 무역에서 반도체는 대중국 수출은 전년 대비 11% 증가했지만 대중국 수입은 40.9%가 증가하면서 한국은 27년 만에 대중 무역에서 적자를 기록하였다.

글로벌로 확산되는 인공지능 메타버스 디지털 패권 전쟁

이상과 같은 미국과 중국의 인공지능과 반도체를 중심으로 한 디지털 패권 전쟁에 최근에 유럽국가와 일본도 가세하고 있다. 마르그레테 베스타게즈 유럽연합(EU) 부위원장은 '유럽은 세계 디지털 전쟁의 1라운드에서 미국과 중국에 주도권을 빼앗겼다. 코로나19 이후 디지털전쟁 2라운드에서 EU가 결정적인 조치를 취해야 한다.'고 강조했다. EU는 세계에서 두 번째로 큰 경제규모의 '디지털 단일시장' 전략을 통해 미국과 중국을 추격하고 있다. EU는 '인공지능 협력선언'을 통해 AI 관련 연구개발 경쟁력 확보에 힘을 모아 향후 10년간 최소 200억 유로(26조 8천억) 규모의 AI 연구 지원 예산을 편성하였다. 또한 EU는 인공지능 글로벌 스타트업을 유럽으로 끌어들이기 위한 다양한 자원 정책을 펴서 기업하기 좋은 환경을 만들어가고 있다.

EU는 디지털 AI 경쟁력 강화를 위해서는 반도체 자립이 필수라고 여겨 2030년까지 유럽내 반도체 생산이 세계 생산의 20%를 차지하도록 할 것을 목표로 1345억 유로(약 180조원)를 투입해 유럽내 반도체 생산규모를 현재의 두 배로 늘리기로 하였다. EU는 구글과 메타(페이스북) 등 미국의 AI 빅테크 기업에게 디지털세 부가, 반독점 과징금 부가, 서비스제한 등 제재를 가하여 유럽 내 경쟁기업을 보호하는 힘겨루기도 계속되고 있다.

한편 EU 연방 차원의 디지털 패권경쟁 강화와 함께 유럽 국가별 인공 지능 디지털 경쟁력 강화를 위한 노력도 경주되고 있다. 영국은 '인공지능 민관합의', '영국 AI 국가전략' 등을 발표하여 향후 10년 동안 AI분야 연구와 혁신 초강대국 달성을 목표로 디지털 AI 경쟁에 앞서기 위해 노력하고 있다. 독일은 'Industry4.0'에 이어 'AI made in Germany전략'을 통해 제조의 인 공지능 고도화 및 인공지능 연구와 AI 인재양성 및 인공지능 산업 활성화를 위해 범 정부적으로 노력하고 있다. 프랑스도 'AI 국가전략 1단계 계획' 이 후 2021~2025년까지 20억 유로(2조 6700억원) 규모의 AI 연구비를 투입해 AI 연구와 AI 인재 개발을 강화하는 2단계 계획을 진행하고 있다. 이처럼 유럽 은 EU 연방으로 연합하면서 동시에 각국의 AI 개발 발전 전략으로 미국과 중국 주도의 디지털 AI 패권 경쟁에 제3의 경쟁 세력으로 등장하고 있다.

한편 아시아에서는 중국 이외에 일본도 '일본 AI 국가전략'을 발표하며 디지털 AI 전쟁에 본격적으로 뛰어들고 있다. 일본은 AI 기술을 기반으로 특히 양자컴퓨터와 웹3.0 디지털 경제권의 혁신을 선도하겠다는 결의와 각 오를 보이고 있다. 일본 자민당은 이를 위해 웹 3.0 장관의 신설도 검토하고 있다.

인공지능 메타버스 디지털 패권 전쟁에의 대응 미래전략

코로나19로 4차산업혁명이 가속화되고 자국이익 중심주의와 글로벌 연 대가 동시에 모색되는 복잡한 국제 경제 속에서 인공지능과 반도체를 중심 으로 하는 디지털 패권 경쟁은 더욱더 심화되고 있다. 특히 한국은 지정학적 외교적으로 디지털 패권 전쟁 중인 미국과 중국의 사이에 있고 인공지능 디지털 경쟁의 핵심 산업인 반도체 주요 수출국이므로 미국과 중국 양국으로부터의 압박과 회유가 더욱 강화되고 있다.

　　이러한 글로벌 디지털 패권 경쟁에 대응하기 위해서는 다음과 같은 미래전략을 추진할 필요가 있다. 첫째, 인공지능과 반도체 등 미래 디지털 핵심 기술과 산업의 글로벌 경쟁력을 강화시켜야 한다. 한국은 메모리 반도체에서는 세계 1위의 경쟁력을 갖추고 있지만 미래 반도체 산업의 핵심인 시스템 반도체 분야와 미래 산업의 중추인 인공지능 분야에서는 글로벌 경쟁력이 약하다. 이에 국가적인 차원에서 이 분야의 글로벌 경쟁력을 강화시키기 위한 노력이 집중될 필요가 있다. 둘째, 디지털 핵심 산업 분야의 인재 양성을 강화해야 한다. 인공지능, 반도체, 메타버스, 빅데이터, 사물인터넷 등 미래 디지털 경제 핵심 분야의 고급 인재를 양성하고 이를 응용하고 확산하여 디지털 경제 생태계를 만들어가는 역할을 하는 인재를 양성하는 노력이 경주되어야 한다. 셋째, 디지털 경제 외교를 강화해야 한다. 디지털 패권 경쟁은 경제를 넘어서 국가간의 외교적 경쟁과 협력이 필수가 되고 있다. 특히 미국이 중국을 디지털 경제에서 견제하기 위해 구성한 인도-태평양 경제 프레임워크(Indo-Pacific Economic Framework, IPEF)와 칩4 반도체 동맹에의 한국 가입과 중국과의 외교적 관계 설정 등 디지털 패권 경쟁은 외교적 접근이 동시에 중요해지고 있다. 이에 글로벌 디지털 패권 경쟁의 미래 변화를 예측하고 이에 대응하는 외교 정책의 미래전략적 입안과 접근이 필요하다.

03. 인공지능 메타버스 시대 4차 산업혁명 에너지 미래전략
: 脫탄소 · 기후변화 대응 시대 흐름-'에너지' 믹스 조화 · 협력 필수

김동섭

전 UNIST 정보바이오융합대학장

한국석유공사 사장

국제미래학회 4차산업혁명위원장

과거의 산업혁명을 가능하게 했던 것은 석탄과 석유였다. 1차 산업혁명은 석탄이라는 에너지원과 증기기관 사용이 만든 변화였다. 그리고 19세기 석유가 사용되면서 자동차, 선박, 항공기가 대량 생산되고 2차 산업혁명이 활성화될 수 있었다. 1, 2차 산업혁명이 에너지원의 변화와 함께 시작하고 진행된 것처럼, 4차 산업혁명에서도 에너지원의 변화가 중요한 역할을 할 것이다.

4차 산업혁명과 에너지 산업의 공통 키워드, 탈탄소

'4차 산업혁명'만큼이나 이 시대의 중요한 키워드는 '탈탄소와 기후변화'다. 에너지 부문의 탈탄소와 4차 산업혁명은 서로가 변화의 원인이 되는 순환적 관계다. 탈탄소를 위해 탄소배출이 많은 열에너지 대신 전기의 사용을

확대하는 것이 지금 에너지 부문의 커다란 흐름이다. 전기 사용의 확대는 4차 산업혁명의 중심 산업이 될 배터리 수요의 확대를 불러왔다. 그 과정에서 탄소 감축에 기여하는 전기자동차와 자율주행 기술이 진보하고 있다. 인공지능, 빅데이터, 로봇, 가상현실 등의 미래 중심 산업들도 거대한 기계를 구동하고 대량 생산을 추구하며 화석연료를 연소시켰던 과거의 모습과 차이가 있다. 탈탄소가 강조되면서 과거처럼 대량 생산을 추구하는 것보다 정교하게 수요와 니즈를 파악해 자원 손실의 최소화를 추구할 것이다. 이것은 과거 1, 2차 산업혁명에서 부작용으로 나타난 자원 고갈과 기후변화 등의 문제에 대처하는 과정이기도 하다. 그 과정에서 인공지능과 디지털 기술이 접목된다. 디지털과 인공지능의 확대는 자원의 낭비를 줄이고 에너지원 소비의 효율화를 극대화할 것이다. 전력망은 인공지능과 통신기술이 결합해 스마트그리드를 구축함으로써 에너지 효율을 극대화하고, 도로에서는 전기차와 자율주행을 통해 도로 간 주행 흐름을 조절하며 에너지 소비를 최소화할 것이다. 이렇듯 탈 탄소는 에너지업계의 중요한 변화이면서 4차 산업혁명의 궤도를 같이하는 변화다. 그러나 이것만으로는 에너지의 미래를 이야기할 수 없다.

4차 산업혁명은 공존의 혁명이다.

앞서 언급한 것처럼 4차 산업혁명 시대에서는 재생에너지처럼 연소가 동반되지 않는 저탄소에너지가 사용 비중을 확대할 것이다. 이를 통해 저탄소 사회가 구현되어야 한다. 그러나 이것이 기존 에너지원의 교체를 의미하는 것은 아니다.

다가올 4차 산업혁명의 미래를 보여주는 상징적으로 보여주는 장면이 있었다. 2022년 베이징 동계올림픽 개막식 총연출을 맡은 장이머우(張藝謀) 감독은 개막을 앞두고 흥미로운 인터뷰를 했다. 그는 인터뷰에서 개막식 성화 점화는 전례 없는 파격적 방식으로 이뤄질 것이라고 예고했다. "점화 방식과 성화대 설치에서 저탄소 · 환경보호 이념 실천을 위해 가장 대담한 설계와 변혁을 했다"고 말했다. 그의 말대로 개막식에서 공개된 성화 점화 방식은 거대한 성화대도 없었고, 타오르는 큰 불길도 없었다. 최종 주자가 가져온 작은 성화봉 자체가 성화대가 되었던 것이다. 올림픽 역사에 없었던 새로운 방식이었다. 대국을 강조하는 중국의 기호와 어울리지 않는 소박한 모습이었을 뿐 아니라, 세계 최대 탄소 배출국인 중국의 현실과도 아이러니를 이루는 모습이었다. 그러나 이 파격적 장면은 에너지 사용의 변화가 불러올 미래의 변화를 단적으로 보여주었다. 한편으론 올림픽의 성화를 실제 불길이 아니라 가상의 현실에서 타오르는 불길로 표현하고 실제 불을 쓰지 않는다면 연료 사용을 더 줄일 수 있을 것이었다. 그러나 여전히 올림픽의 상징인 올림픽 성화 불꽃은 유지되었다.

4차 산업혁명은 과거의 것을 많이 바꾸는 과정이지만 모든 것을 바꾸는 과정은 아니다. 올림픽의 성화처럼 실물의 전통이 가진 전달력은 디지털 세계에서 재현될 수 없다. 또한 포옹과 악수도 아직은 메타버스 세계에서 완벽히 구현되지 않는다. 더욱이 아직 지구상에 과거의 산업혁명도 아직 구현되지 않은 지역도 많고, 여전히 안정적 전력, 깨끗한 식수, 필수 교육 등 삶에 필요한 당연한 조건도 누리지 못하며 사는 사람도 많다. ESG(Environmental, Social, Governance)가 강조되는 사회이지만 E가 너무 강조되는 나머지 S가 소외되는 소위 ESG가 되어서는 안된다. 다시 말해 세계는 1, 2차 산업혁명과 4차 산업혁명이 병행되어야 하는 현실이다.

위와 같은 점에서 4차 산업혁명은 탈탄소의 추구이면서 동시의 공존의 혁명이다. 디지털과 아날로그가 공존하고, 기존 제조업과 데이터 기반의 사업이 공존할 것이다. 3D 프린팅 기술이 분산 생산과 개별적 니즈를 완벽히 충족시키며 성장하겠지만, 기존의 규격화된 생산이 필요 없어지는 것이 아니다. 여전히 인류는 규모의 경제를 필요로 하고, 맞춤형 생산이 필요하지만 규격화된 코카콜라가 개인별로 맞춤화 되기에는 요원하다. 또한 데이터와 정보를 활용하는 시대에도 반도체, 자동차, 드론 등 제조업의 중요성은 여전히 굳건하다.

다원화된 에너지, 조화와 협력이 필수

자원고갈과 기후변화 대응의 차원에서도 에너지원의 다양화는 피할 수 없는 과제다. 그런데 산업의 차원에서도 피할 수 없는 흐름이다. 시장의 욕구와 적용 기술이 다양화되는 만큼 에너지원의 형태도 다원화될 수밖에 없기 때문이다. 따라서 전기의 사용이 늘어나면서, 2차 전지와 연료전지 기술이 필요하고, 에너지 저장 능력의 개선도 필요하다. 결국 4차 산업혁명의 중요한 특징은 에너지원의 다원화다. 태양광, 풍력, 수소 등 신재생에너지가 에너지 수급의 혁신을 이룰 것이다. 과거 화석연료 일변도의 에너지 수급 구조는 앞으로 더 다양한 에너지원이 경쟁하는 시대로 나아갈 것이다.

이 과정에서 균형 잡힌 시각과 에너지원 간 팀플레이가 필요하다. 새로운 에너지원이 모두 각각의 장단점이 분명하기 때문에 조화와 협력이 필수적이다. 재생에너지가 확대될수록 재생에너지의 간헐성을 보완해줄 화석연료의 역할이 필요하고, 수소가 확대될수록 수소를 충분히 생산할 수 있는 재생에너지의 확보가 중요하다. 그리고 한국에서 여건상 재생에너지가 충분히 확보되지 못한다면 원자력 역시 에너지 믹스에서 중요한 일부를 차지할 것이다. 하지만 원자력 또한 우리나라 에너지 문제를 해결한 만병통치약이 아님도 명심하여야 한다. 한국은 부존자원이 없고, 재생에너지 확대에 필요한 땅도 부족하다. 따라서 특정 에너지원에 의존할 수 없다. 다양한 에너지원을 개발하여 각 에너지원의 효용을 극대화하는 수준까지 활용해야 한다. 이러한 흐름에서 글로벌 대형 에너지 기업(IOC)들도 멀티플레이어가 될 것을 자처하고 있다. BP, 토탈에너지스, 쉘 등은 종합에너지사업자로 기업을 재정의하며 태양광, 풍력, 수소, CCUS 등으로 사업을 확장하고 있다.

그러나 간과할 수 없는 부분은 기존 석유 기업들이 석유 사업을 완전히 포기하고 있지는 않고 있다는 것이다. BP와 같은 기업은 석유 생산량은 최대 40%까지 줄이겠다고 선언하기도 했지만, 토탈에너지스와 쉘은 석유와 신재생에너지를 모두 확장하는 전략을 구사하고 있다. 엑손모빌, 셰브론 등 미국 기업들은 여전히 석유에 집중하는 전략을 고수하고 있다. 새로운 시대에도 석유 소비는 견고할 수밖에 없기 때문이다. 여전히 선박과 항공기는 석유를 이동하여 구동할 수밖에 없다. 또한 아직 기초적인 에너지 소비 환경을 갖추지 못한 환경에 있는 국가들은 여전히 기존 에너지원에 의존할 가능성이 크다. 화석연료를 완벽히 대체할 에너지원이 마법처럼 나타나서 일순간에 석유와 가스를 대체하는 것도 불가능하다. 그리고 재생에너지의 중요 부품인 태양광 전지판, 풍력 발전 블레이드의 생산도 석유화학산업에 의존해야 한다. 또한 탄소감축을 추구할수록 기계와 도구의 경량화가 중요하고, 자동차, 로봇, 드론 등 다양한 분야에서 소재의 혁신이 요구된다. 이 또한 석유화학산업이 해낼 몫이다.

다양한 에너지원이 데이터와 공존하는 시대

흔히 데이터를 미래의 석유라고 한다. 데이터가 지금의 석유처럼 산업 전반에서 부가가치 창출의 핵심이 될 것이기 때문이다. 그럼 데이터가 석유가 된 상황에서 석유는 어떻게 될까? 앞서 서술했듯 석유는 미래에도 석유다. 연료로서나 원료로서 그 위상과 역할이 크게 변하지는 않을 것이다. 다만 데이터와 결합한 석유가 될 것이다. 지금 당장은 에너지원을 다양화하고, CCUS 등의 기초 기술을 확보하는 것도 벅찬 과제다. 그러나 탈탄소가 진행될수록 멀티 에너지원과 데이터의 결합, 그리고 그 결합체를 운영하는 능력이 미래 에너지의 안정적 수급에 가장 중요한 요인이 될 것이다.

결론적으로 4차 산업혁명은 다양한 에너지원이 필요하고, 다양한 기술역량을 요구한다. 에너지의 단기적 과제는 태양광, 풍력, 원자력, 수소 등 신재생 에너지원의 기술적 능력과 사용 인프라를 확보해가는 과정이다. 그러나 시간이 지날수록 중요해질 에너지의 과제는 다양한 에너지원의 협력과 조화다. 그리고 그것을 적절히 운용하고 공급할 수 있는 능력이다. 앞서 언급한 서구의 메이저 석유기업들이 종합에너지 기업을 자처하는 것은 다양한 에너지원을 종합적으로 생산하고 컨트롤하며 소비자에게 공급하겠다는 의도가 있다. 앞으로 다가올 4차 산업혁명 시대에서 빅데이터와 결합한 다양한 에너지의 활용 능력은 과거 산업혁명에서 석탄, 석유가 하였던 역할을 하게 될 것이다.

04. 인공지능 메타버스 시대 기후변화 미래전략
: AI · 메타버스 통한 기후변화 예측 전략

권원태

한국기후변화학회 고문
제4대 APEC 기후센터 원장
국제미래학회 기후변화예측위원장

기후변화는 이미 사회경제 발전을 위협

이미 기후변화 문제는 인류 생존을 위협하고 있다. 기후변화에 따른 극한기후는 세계 곳곳에서 사회경제와 자연생태계에 막대한 피해를 야기하고 있다. 최근 수년간 계속 많은 곳에서 폭염과 가뭄이 광범위하게 영향을 미치고 있으며, 지역에 따라 호우와 폭풍으로 인한 홍수와 산사태가 인명과 재산 피해를 발생시키고 있다. 기후변화로 지구평균기온이 상승하면서 극한현상(폭염, 가뭄, 호우 등)은 그동안 경험하지 못했던 수준으로 강해지거나 발생횟수가 증가하면서 자연생태계에 영향을 미치고 사회경제적인 피해가 발생한다. 지난해 독일과 벨기에에서 200mm에 못미치는 비가 내려 200여명이 사망하였다. 문제는 짧은 시간 동안 무려 두 달에 내릴 비가 한꺼번에 내렸다는 '경험하지 못한 상황'이기 때문에 막대한 인명과 재산 피해가 발생한 것이다.

우리나라 기준으로 보면 하루에 비가 600mm 이상이 내린 것과 같은 극한 상황인 것이다. 이처럼 기후변화로 인해 최빈국이나 선진국을 막론하고 경험하지 못한 극한 현상이 발생하고 대응체계가 확립되지 못해 심각한 피해가 발생한다. 최빈국이나 사회취약계층은 이런 피해를 극복하는데 많은 시간이 걸린다. 극한현상은 특히 식량 생산에 저해 요소로 지속가능한 성장에 부정적인 영향을 미친다.

기후변화에 관한 가장 최근 평가

기후변화에 관해 과학, 기술, 사회경제 분야를 망라한 최신 정보를 종합적으로 평가하고 국제적으로 권위를 인정받는 자료는 유엔 산하 '기후변화에 관한 정부 간 협의체(IPCC, Intergovernmental Panel on Climate Change)'에서 발간하는 평가보고서라고 할 수 있다. IPCC는 2015년 이후 최신 정보를 종합적으로 평가한 6차 평가보고서를 발간 중이다. 제1 실무그룹(WGI, Working

Group I)에서 작성한 과학적 근거 보고서는 2021년 8월, WGII는 영향, 적응 및 취약성 보고서는 2022년 3월, WGIII는 완화 보고서를 4월에 승인하였으며, 종합보고서(Synthesis Report)는 2022년 말에 승인할 예정이다. 참고로 IPCC 보고서는 다양한 분야에서 수천 명의 기후변화전문가들이 자발적으로 참여하여 작성한 보고서로 회원국 정부대표가 참석한 총회에서 '만장일치'로 승인하기 때문에 국제협상에서 가장 권위있는 근거로 활용되고 있으며, 2007년 그간의 활동을 인정받아 노벨평화상을 수상했다.

이번 평가보고서에서 주요 메시지는 다음과 같이 정리할 수 있다.

1) 인간활동 때문에 지구온난화가 발생하고 있으며, 최근 기후변화로 폭염, 호우, 가뭄 등 극한기후현상이 광범위하고, 가속화되고 강해지고 있다. 2019년까지 지구평균기온은 산업혁명(1850-1900년 기준) 이후 1.09℃ 상승하였으며, 이산화탄소는 410ppm으로 5차 평가보고서에 비해 20ppm이 증가하였고(2021년 이산화탄소 농도는 415ppm에 도달할 것으로 추정) 메탄, 아산화질소 등 주요 온실가스도 계속 증가 추세에 있다. 세계기상기구 발표에 따르면 각종 극한현상으로 인해 세계적으로 재해 발생이 증가 추세에 있음이 각종 자료를 통해 밝혀졌다.

2) 세계 각지에서 기후변화가 다양한 부문에 영향을 미치고 있다. 우리가 경험하고 있는 변화는 미래에는 더 증가할 것이다. 2040년까지 지구평균기온은 1.5℃ 상승할 것으로 예상되며, 그 이후에는 온실가스 배출량에 따라 기온 상승이 달라져서 최악의 경우 4.4℃까지 상승할 수도 있다. WGII 보고서는 온난화가 미치는 영향, 취약성, 미래 예상되는 위기를 지역별, 부문별로 제시하면서, 인간활동으로 인한 환경변화와 기후변화는 현재와 미래에 위협이 증가하고 향후 복합적인 영향과 위기를 피할 수 없으며 위기관리가 더욱 어려워질 것이라고 평가하였다. 아시아 지역에서는 극한 기온 발생 및 강수 변동성 증가로 식량과 물 부문의 위기가 증가하고, 해안도시에서 홍수로 인한 기반시설 피해가 발생하고 건강에 미치는 악영향이 증가할 것으로

전망했다. 국립기상과학원에서 발표한 우리나라 미래 전망은 최악의 경우 우리나라 기온이 현재(1995-2014년 기준)보다 7.0℃ 상승할 것으로 전망하였다.

3) 즉각적인 대규모 온실가스 감축만이 온난화를 1.5℃ 이하로 억제할 수 있다. 지구온난화를 제한하기 위해서 강하고, 빠르고, 지속적인 이산화탄소, 메탄 및 다른 온실가스 감축은 필수적이다. WGIII 보고서에 따르면 26차 유엔기후변화협상 당사국 총회(COP26) 이전까지 제출된 회원국들의 국가별 온실가스 감축목표는 2100년까지 1.5℃ 이하로 억제하기 어려우며, 현재까지 시행된 정책이 지속된다면 2100년 지구평균기온은 3.2℃까지 상승할 것으로 예상된다. 지구온난화를 1.5℃ 이하로 억제하려면 온실가스 배출량을 2030년까지 43%, 2050년까지 84%를 감축해야 한다. 온실가스 감축은 수요 및 공급부문 모두에서 감축해야 하는데 특히 6차 평가보고서에서는 화석연료 사용 감소, 저탄소에너지 확대, 에너지 효율화, 이산화탄소 포집 및 제거, 최종수요자들의 선택지 구조를 통한 수요 관리 등을 제시하고 있다.

4) 기후시스템의 변화 중 일부분은 돌이킬 수 없다. 그러나 온난화를 제한한다면 이러한 변화 중 일부는 중지되거나 돌이킬 수 있다. 즉각적인 온실가스 감축이 이행된다면 지구온난화를 1.5℃ 이하로 억제하는 것은 가능하다. 그러나 2040년까지 추가적인 온난화가 진행되고 그에 따라 극한현상으로 인한 자연생태계와 사회경제적인 피해가 증가하는 것은 피할 수 없다. 해수면은 2100년까지 지금까지 상승한 20cm에서 적어도 40cm 추가적으로 상승할 전망이다. 또 수백 년간 해양 변화(해수면 상승, 해양의 산성화와 산소농도 감소) 및 빙권의 감소는 지속될 것으로 전망된다. 해수면 상승으로 연안 저지대에서 홍수로 인한 기반시설 피해와 해양생태계에 악영향이 증가할 것으로 전망된다. 육상생태계에서도 환경과 기후변화로 생물종 멸종이 지속될 것이다.

5) 기후변화 대응전략은 온실가스 감축과 기후변화 적응이다. 기후변화로 인한 피해를 줄이기 위해서 기후변화에 대한 적응과 즉각적이고 급격한

온실가스 감축이 필수적이다. 기후변화 적응은 온난화가 증가할수록 효율성이 감소하므로 시급하게 추진할 필요가 있으며, 급격한 온실가스 감축이 피해를 줄일 수 있다. WGIII 보고서에 따르면 모든 부문에서 온실가스 배출량을 2030년까지 반으로 줄일 수 있는 과학기술과 정책 방안은 있다. 6차 평가보고서는 기후탄력성과 지속가능한 발전을 확보하기 위한 세계적인 행동이 과거 보고서에서 평가한 것보다 더 시급하다고 보고했다.

기후위기 대응전략

IPCC 6차 평가보고서는 과거에 발간된 보고서에 비해 보다 명확하게 기후위기에 대해 평가하고 있다. 인간활동으로 인하여 지구온난화가 진행되고 있고, 미래에는 기후변화로 인한 위협이 증가하고 있으며, 위기를 극복하기 위해서 즉각적인 온실가스 감축과 기후변화 적응이 필수적이라고 평가한 것이다. 지금은 기후위기 극복을 위한 방안을 수립하고 효율적으로 이행하는 것이 필요한 시점이다. 최근 스톡홀름연구소는 지구행성경계 9개 분야 중 기후변화, 물, 생물종 멸종, 지표면 변화, 화학물질, 생지화학과정 등 6개 분야에서 위기 상황에 처했다고 보고하며, 인간활동으로 인한 위기가 가중되고 있음을 엄중히 지적하고 있다.

기후변화 대응 전략은 지구의 지속 가능과 인류의 지속 생존을 위해 무엇보다 중요한 사항이다. 이를 위해 인공지능을 포함한 과학기술과 메타버스를 통한 시뮬레이션 등을 통해 기후변화의 위험성을 알리고 온실가스 감축과 기후변화 적응을 위한 미래전략을 수립해야 한다. 온난화를 1.5℃ 이하로 억제하기 위해서는 매년 배출량을 7%이상 감축하는 급격한 온실가스 감축이 절실하다. 어떤 온실가스 감축 정책을 이행하더라도 2040년에는 온난화가 지금보다 0.4℃가 높은 1.5℃가 될 것으로 전망되며, 이에 따라 폭염, 가뭄, 홍수 등 극한 현상도 더 강해질 것이므로 극한현상으로 인한 피해를 줄이고 식량안보를 확보하기 위한 기후변화 적응정책도 시급하다. 뿐만 아니라 1.5℃ 보다 온난화가 더 커질 경우를 대비하려는 노력도 위기관리를 위해 감안해야 할 것이다. 온실가스 감축과 기후변화 적응을 위한 기술 개발은 국가와 민간 차원에서 모두 노력해야 할 것이다.

먼 미래를 보는 정책 수립이 가장 중요하다. 지구온난화를 억제해야 된다는 목표는 단기간에 달성할 수 없는 목표이기 때문에 10년, 30년, 100년 후를 예상하고 대응해야 한다. 기후탄력적이고 지속가능한 사회를 유지할수 있는 기후변화 위기 시나리오, 기후변화 감축 시나리오, 기후변화 적응 시나리오, 기후변화 경제 시나리오를 구상하고 정책 구상에 근거로 삼아야한다. 가장 확실한 사실은 지구온난화를 억제하기 위해서 화석연료 사용을줄여야 한다는 것이다. 이에는 엄청난 빅데이터 분석과 미래 예측 역량이 필요하고 따라서 인공지능과 메타버스는 갈수록 기후변화 예측과 전략 입안에중요한 역할을 할 것이다.

그리고 기후변화 전문가 양성과 과학적 근거자료 확보가 시급하다. 온실가스 배출량이나 기후변화 영향에 관해 지역별, 부문별 자료시스템이 구축되어야 효율적인 정책 수립이 가능하며, 피드백을 통한 정책 평가가 가능하다. 온실가스 배출량의 경우 지역에서 부문별 배출량 정보를 알아야 효율적인 정책을 수립, 이행할 수 있으며, 정책의 이행 정도를 과학정보에 근거하여 평가해야 한다. 인공지능기법은 기후변화를 모니터링하고, 지역에 미치는 영향이나 피해를 예측하는 데 활용하여 피해를 줄이는 데 기여할 것이다. 과학정보에 근거한 정책을 수립하기 위한 지역 전문가 양성도 필수적이다. 그러나 국내에서는 기후변화 담당자들이 잦은 이동이나 과중한 업무로 인해 전문가로 클 수 있는 기회가 많지 않은 것으로 보여 이를 극복하기 위한 방안을 마련해야 할 것이다.

지속가능한 사회를 위해 기후행동 참여

국제협력과 국가, 시민사회, 기업이 같이 노력해야만 기후위기에 성공적으로 대응하고 미래에도 지속가능한 사회를 구축할 수 있다. 그러나 우리 사회에서는 기후변화 문제는 장기적으로 해결해야 하는 문제로 인식되어 우선순위에 밀리거나, 기후변화에 관한 인지도는 높으나 대응방안을 구체적으로 추진하지 못하는 경향이 있다. 그러나 지금 당장 정책을 수립하고 추진하지 않으면 그 피해가 앞으로 더욱 커지리라는 것은 자명하다. 우리가 어떤 행동을 취하더라도 가까운 미래 20년 동안 온난화를 막을 수는 없다. 그러나 지금부터라도 기후행동에 참여한다면 20년 이후 온난화의 세기를 변화시킬 수 있고, 기후변화로 인한 피해를 줄일 수 있다.

기후변화 대응에 있어 가장 어려운 문제는 피해자와 가해자가 다르다는 것이다. 지금까지 온실가스 배출에 가장 많이 기여한 선진국보다 개도국이나 최빈국에서 상대적인 피해가 크며, 기성세대보다 미래세대가 더욱 큰 피해를 볼 것으로 예상된다. 또한 인간활동으로 인한 환경변화와 기후변화로 심각한 피해가 자연생태계에 나타나고 있다. 자연에 나타나는 생물종 멸종이나 환경 파괴는 다시 인류에 악영향을 미치고 있다. 건강한 자연은 기후위기를 저감시키고 기후변화 원인을 줄이고 인류 생활을 풍요롭게 할 수 있다.

05. 인공지능 메타버스 시대 메가 트렌드와 미래전략
: 미래 사회 주도할 10대 '메가트렌드'

안종배

국제미래학회 회장
대한민국 인공지능메타버스포럼 공동회장
클린콘텐츠국민운동본부 회장

포스트 코로나 인공지능 메타버스 시대에는 사회, 문화예술, 교육, 과학기술, 경제, 환경, 정치, 복지, 가치관 등 모든 영역에서 사회 전반에 걸쳐 혁신적인 변화가 일어난다. 경제 프레임도 변화되어 이전 경제 프레임이었던 성장 프레임은 '디지털 혁신'과 '휴머니즘'의 프레임으로 바뀌게 된다. 포스트 코로나 인공지능 메타버스 시대의 변화를 주도하는 메가 트렌드를 파악하고 이에 대해 대응하는 미래전략이 중요한 시점이다. 향후 10년 이상 우리 사회 변화를 주도할 메가 트렌드는 모든 영역에 또한 영향을 미치게 되므로 이에 대한 정확한 이해가 꼭 필요하다. 이러한 메가 트렌드 중 핵심 10가지를 알기 쉽게 알파벳 순으로 살펴보도록 하겠다.

Ageing : 저출산·고령화의 가속화

한국은 전 세계 1위의 저출산율과 고령화 속도를 가진 나라가 되었다. 코로나19 팬데믹으로 한국의 저출산과 고령화의 트렌드는 더욱 심화되고 있다. 이에 대한 대응책이 마련되어야 함과 동시에 저출산·고령화는 한국의 미래사회 특성을 이해하고 미래산업과 미래교육 그리고 미래 비즈니스 모델을 예측하고 미래전략을 입안하는데 중요한 메가 트렌드이다.

Bio Revolution : 바이오 혁명, 제5차 산업혁명의 시작점

바이오 기술과 산업은 미래 핵심 성장 동력으로 미래를 이끌 주요한 영역이다. 미국과 일본, 중국 등 주요 나라들은 바이오 분야가 향후 5차 산업혁명을 주도할 것으로 예측하고 이미 이에 대응하는 국가 미래전략을 입안하고 실행하고 있다. 특히 코로나19로 바이오 기술이 전 지구적 범위에서 직면하고 있는 질병문제, 환경문제, 인구문제, 식량문제, 자원 및 에너지 문제, 고령화 사회 같은 현대사회의 문제를 해결할 것이라는 점에서 5차 산업혁명이라는 거대한 사회변혁을 이루어 내기 위해 꼭 필요한 분야로 미래 사회의 주요 트렌드가 되고 있다.

Climate Change : 기후변화, 지구촌의 공동 과제

코로나19의 근본적인 원인이자 해결책은 기후변화라고 한다. 기후변화로 인한 자연생태계의 혼란과 지구온난화 및 자연재해 등은 이미 현실화되고 있는 전 지구적인 이슈이다. 이에 기후변화를 이해하고 극복을 위한 글로벌 차원, 국가적 차원, 기업 차원, 그리고 개인 차원의 다양한 대응은 지구의 지속가능을 위한 필수 메가 트렌드이다. 최근 ESG 경영이 주요 화두가 되고 있는 것도 그러한 트렌드 중의 하나이다.

Digital World : 디지털 세상의 가속화

세상의 모든 것은 디지털로 분석하고 디지털로 송부하며 디지털로 출력까지 할 수 있게 되었다. 인공지능 메타버스 시대에 디지털 세상은 더욱 가속화되어 디지털 혁신은 모든 영역의 지속적인 트렌드가 될 것이다. 인공지능과 메타버스로 디지털은 더욱 일상의 삶 속으로 들어오고 기업은 이러한 변화에 대응하는 디지털 트랜스포메이션을 가속화 할 것이다.

그리고 세계경제포럼(WEF)에서 지속적으로 미래혁신 10대 유망기술의 하나로 선정하고 있는 '꿈의 컴퓨터'로 불리는 양자컴퓨터가 현실 세계로 성큼 다가서고 있다. 이미 구글과 IBM, 마이크로소프트 같은 거대 정보기술(IT) 기업을 비롯해 각국 연구기관과 대학이 양자컴퓨터 개발에 집중적으로 투자하고 있다. 양자컴퓨터가 구현되면 인공지능과 메타버스의 발전은 더욱 가속화되고 디지털 세상은 이전과는 또 다른 차원으로 실현될 것으로 전망된다.

Education Revolution : 교육 혁명

교육은 국가의 백년대계로서 개인과 국가의 미래를 좌우한다. 4차산업혁명이 가속화되어 인공지능과 메타버스로 초지능·초연결·초실감이 구현되는 새로운 패러다임에 맞는 교육 혁명이 요청되고 있다. 우리의 교육은 지식 전달 위주에서 벗어나 창의력과 협업 및 미래 ICT 활용 능력과 인성을 함양하는 미래 기반 역량 교육을 기반으로 융합적 전문 역량을 갖출 수 있도록 획기적으로 변환되어야 한다. 미래의 인재를 양성해야 하는 학교는 단순히 지식 전달의 장에 머물러서는 안 되며 미래사회에 꼭 필요한 창의적으로 생각하는 역량, 공동체에서 협업하는 역량, 그리고 미래 변화에 대응하기 위해 자율적으로 계속 학습할 수 있는 역량, 인간됨과 감성을 강화하는 인성을 함양하는 새로운 교육의 장이 되어야 한다. 이에 따라 학교에서의 평가도 서열화가 아니라 개인의 특성과 역량을 개별적으로 진단하는 방식으로 변화되어야 한다.

Feeling Era : 감성의 시대

많은 미래학자들이 '21세기는 감성이 주도하는 감성의 시대'가 될 것이라 예견했다. 존 나이스비트, 덴마크의 미래학자 롤프 옌센, 다니엘 핑크, 짐 데이토 교수 등 세계적인 미래학자들은 공히 21세기는 꿈과 상상이 지배하는 '드림 소사이어티'가 될 것으로 전망하고 특히 한국이 드림 소사이어티의 아이콘이 될 것이라고 예측하였다. 현재 한국의 BTS와 드라마가 전 세계 감성의 아이콘이 될 것을 10년 전에 이미 예견하고 있는 듯한 예측이었다. 인공지능 메타버스 시대에는 단순한 감성의 자극을 뛰어 넘어, 인간의 감성을 자동 인지하고 다양한 개인들의 상황에 부합되는 서비스를 제공하는 초실감 감성기술 제품이 늘어날 것으로 전망된다.

Global 4.0 : 개인의 글로벌화 시대

전 세계는 지속적으로 세계화를 시도해 왔다. 필자는 2차 세계대전 이전까지를 글로벌1.0으로 본다. 이때까지 세계는 영토의 세계화에 집중하였다. 그로 인해 각국은 더욱 많은 영토를 차지하려 끊임없이 전쟁하고 식민지를 넓히려 노력했다. 1, 2차 세계대전을 겪으면서 인류는 영토의 세계화는 모두에게 오히려 파멸이 될 수 있다는 것을 알게 되었다. 이후 식민지화 되었던 모든 나라가 독립하게 되고 세계는 또 다른 차원의 세계화에 몰입되었다. 글로벌2.0 시대는 이데올로기의 세계화로 공산주의와 자본주의 이념을 확장하는 세계화가 본격화되었다. 이러한 냉전시대를 넘어 구 소련체계가 붕괴되고 공산주의 국가들이 자유화되면서 더이상 글로벌2.0은 영향력을 잃게 되었다. 이후 글로벌3.0으로 무역의 세계화가 본격화 되어 전 세계의 무역을 자유화하여 자국 자본과 상품의 확산을 통한 세계화를 추진하여 왔다. 이로 인해 세계무역기구(WTO)와 각국은 관세를 없애고 자유롭게 왕래하며 무역을 강화하는 자유무역협정(FTA)이 확산되었다. 그런데 코로나19로 전 세계의 무역과 왕래가 단절되고 세계 경제가 어려워지면서 미국을 위시하여 각국은 자국중심의 보호무역으로 회귀하였다. 그렇지만 오히려 이로 인해 글로벌4.0, 즉 개인의 글로벌화가 강화되고 있다. 디지털기술로 인공지능, 유무선 인터넷, 빅데이터, 소셜미디어, 메타버스 실감영상 등이 지능화되고 누구나 쉽게 익히게 되면서 개인이 전 세계를 상대로 비즈니스와 서비스를 할 수 있게 되고, 또한 각국의 기업들은 무역없이도 전 세계의 소비자들에게 직접 판매할 수 있게 되었다. 이러한 개인의 글로벌화는 코로나19로 비대면 경제가 활성화되면서 급속히 가속화되어 새로운 트렌드로 자리 잡고 있다.

Health Life Care : 건강한 삶을 관리한다.

평균수명 100세 시대가 머지 않았다. 수명의 연장과 코로나19로 인해 인류는 건강한 삶에 대한 니즈가 더욱 강화되고 있다. 건강한 삶과 치료를 위해 인공지능 등 첨단기술이 의료 분야와 접목되고 다양한 영역으로 헬스케어가 확대되고 있다. 전 세계적으로 원격의료가 확산되고 의류와 스마트폰과 전자제품, 생활용품들도 건강을 검진하고 측정하여 진단하는 헬스케어와 연결되는 헬스 비즈니스와 서비스가 주요한 트렌드가 되고 있다.

Internet Everywhere : 만물지능인터넷으로 모든 것이 연결된다.

이미 생활의 필수재가 된 인터넷은 사물인터넷(Internet of Things)으로 확대되고 2030년대는 만물지능인터넷으로 발전할 것으로 예측된다. 즉 사람·사물·공간의 초연결이 한층 심화된 초지능화 국면으로 이행되어 사람과 사물간의 데이터와 정보가치를 보다 고차원으로 처리할 수 있는 초지능형 서

비스와 초지능형 재화가 유통되는 만물지능인터넷(AIoE: Ambient IoE)이 구현
된다. 이처럼 미래사회에 인터넷은 공기처럼 모든 곳에 존재하며 지능화되
어 우리 일상에서 언제 어디서나 함께하는 인터넷 Everywhere가 구현될 것
이다.

Job Revolution : 일자리 혁명

　세계경제포럼(WEF·World Economic Forum)이 '직업의 미래' 보고서를 통해
2025년이면 인공지능 기계가 전체 일의 52%를 하게 되리라 전망했다. 그러
나 또 한편 4차산업혁명 경제 시스템과 산업 및 비즈니스 그리고 뉴노멀 삶
의 형식에 적합한 새로운 비즈니스와 일자리는 계속 창조될 가능성이 더욱
높아지고 있다. 새로운 비즈니스와 일자리는 예전처럼 이미 존재하고 있는
것이 아니라 끊임없이 창조해 나가야 한다. 이러한 직업과 일자리의 혁명적
변화는 지속될 것이다.

메가 트렌드에 대비하는 미래전략

　　이러한 메가 트렌드에 대응 방안을 모색하기 위해서는 국제미래학회에서 제안하는 차차차(Cha Cha Cha) 미래전략이 중요하다. 첫째, 메가 트렌드와 이에 따른 자신의 관심 영역의 변화를 지속적으로 예측해야 한다.(미래변화예측 Change), 둘째, 미래 변화에 대응하는 시나리오 등 미래전략을 도전적으로 입안해야 한다.(도전적 미래전략 입안 Challenge), 셋째, 입안된 미래전략을 적재적소에 시의 적절하게 전략적으로 실행함으로써 변화와 위기를 기회로 만들어야 한다.(전략적 미래전략 실행으로 변화와 위기를 기회로 Chance) 이러한 차차차 전략을 통해 국가, 기업, 개인은 변화를 기회로 만들어 지속 발전할 수 있게 될 것이다. 이러한 차차차(Change, Challenge, Chance) 미래전략을 통해 미래 역량을 함양하고 준비하게 되면 현재의 변화는 미래에 기회가 된다. 국제미래학회(www.gfuturestudy.org)는 문명대변혁시대 급변하는 미래 변화에 개인, 기업, 대학, 기관, 정부가 대응할 수 있도록 미래변화를 예측하고 미래전략을 입안하여 실천할 수 있도록 차차차 미래예측전략 역량을 함양하고 지도하는 '미래지도사' 및 '미래예측전략전문가' 과정을 진행해 오고 있다.

인공지능 메타버스 시대
대한민국 국가 미래전략

06. 인공지능 메타버스 시대 디지털 플랫폼 국가 미래전략

: 디지털 플랫폼산업 육성 지렛대 디지털정부

권호열

정보통신정책연구원 원장
전 국가교육회의 위원
국제미래학회 자문위원

인 공지능과 메타버스가 이끄는 디지털 경제 시대에는 온라인 디지털 플랫폼이 국가 산업의 핵심 경쟁력이다. 현재 세계를 선도하고 있는 우리나라 디지털 정부를 디지털플랫폼 정부로 발전시키는 한편, '플랫폼들의 플랫폼'으로 전 산업의 자율적 디지털 전환을 촉진함으로써 글로벌 디지털 강국으로 도약하는 것이 필요하다.

디지털 플랫폼은 둘 혹은 그 이상의 서로 다른 이용자 그룹 사이 상호작용을 통해 가치를 창출하는 서비스로 정의된다. 여기에는 마켓플레이스, 검색엔진, 소셜 미디어, 창작 콘텐츠 매장, 앱 스토어, 지불 시스템, 협업 서비스 등이 포함된다. 최근 AI 및 가상현실의 급속한 기술혁신과 코로나19 감염병으로 인한 비대면 경제 가속화에 힘입어 크게 발전하고 있는 디지털 플랫폼은 앞으로 현실 세계와 가상 세계가 하나로 통합돼 메타버스로 발전해 나갈 전망이다.

디지털 플랫폼의 경쟁적 우위

글로벌 디지털 플랫폼은 이용자 데이터를 대규모로 수집할 수 있는 특권과 이에 따른 경쟁 우위의 이점을 동시에 얻는다. 데이터 수집의 이점은 디지털 플랫폼이 데이터 기반 디지털 경제를 주도하게 됨을 의미하며 데이터 접근성, 규모 및 범위의 경제와 결합된 디지털 플랫폼 네트워크 효과는 주로 미국과 중국에 기반을 둔 세계 최대 디지털 플랫폼의 탄생과 성장, 시장 지배력 강화에 크게 기여했다.

2021년 UNCTAD 디지털경제보고서에 따르면 100대 글로벌 플랫폼 기업 가운데 미국은 애플, 마이크로소프트, 아마존, 알파벳, 페이스북 등 41개 기업이 67% 기업가치를 차지하며, 아시아는 텐센트, 알리바바, 삼성전자, 쿠팡, 카카오, 네이버 등 45개 기업이 29% 기업가치를 차지하고 있다. 유럽은 SAP 등 12개 기업이 3% 기업가치, 아프리카는 프로수스 등 2개사가 2% 기업가치를 차지한다.

디지털 산업 투자 생태계 활성화 필요

　디지털 플랫폼이 데이터 기반 가치 사슬 위에서 시장 지배력을 높이는 또 다른 방법은 AI 기술을 적극 활용하는 것이다. AI는 데이터를 효과적으로 사용함으로써 신규 이용자를 유치하고 이용자 경험을 개선하는 데 큰 도움을 준다. AI 산업 생태계를 활성화하려면 지속적인 기술개발과 혁신이 요구되며, 이를 지원하는 빅데이터와 초거대 컴퓨터 처리용량을 확보하기 위해 대규모 투자가 필요하다.

　스탠퍼드대 HAI 연구소의 AI지수보고서에 따르면 2021년 AI기업에 대한 민간 투자액 규모에서 세계 1위인 529억달러를 기록한 미국은 172억달러인 중국을 3배 규모로 앞서고 있으며, 영국과 이스라엘이 각각 46억달러와 24억달러로 3위와 4위를 차지했다. 세계 10위를 기록한 한국의 민간투자액은 11억달러 규모로서 선진국에 비해 매우 작은 수준이다.

　더욱이 AI 분야의 선두 주자인 미국, 중국, 유럽연합의 AI기업 민간 투자액 추세를 보면 최근 매년 2배 이상 투자액이 증가하고 있다. 만일 앞으로 이러한 추세가 계속 유지될 경우 선진국과 우리나라 간 AI 기술 격차가 더욱 커질 수 있다는 우려가 현실화될 수 있다.

　앞에서 살펴본 바와 같이 디지털 경제를 향한 대전환의 시대에 글로벌 선도국가가 되기 위해서는 국가 디지털플랫폼 산업 육성이 중요하다. 그러나 우리나라를 대표하는 디지털 플랫폼은 선진국 빅테크 기업과 비교해 소규모이고 플랫폼 경쟁력의 핵심을 이루는 AI 산업생태계의 활성화도 아직 충분하지 않은 상태다. 우리나라의 디지털 플랫폼 분야를 글로벌 선도산업으로 키우려면 어떻게 할 것인가.

디지털전자 정부와 플랫폼 정부

우리나라의 미래 디지털플랫폼 산업과 관련해 주목되는 것은 새 정부가 110대 국정과제의 하나로 제시한 디지털플랫폼 정부이다. 디지털 플랫폼 정부 일환으로 세계 1위로 인정받고 있는 디지털 전자정부의 기반과 역량, 경험을 더욱 발전시켜 공공서비스의 혁신을 지속해 나가는 한편 다양한 산업에 접목함으로써 국가 디지털 플랫폼 산업의 발전에 기여할 수 있기 때문이다.

우리나라의 디지털 정부는 세계적인 성과를 거두고 있다. UN 193개 회원국을 대상으로 2년마다 실시하는 'UN 전자정부평가'에서 한국은 2010년부터 3회 연속 1위를 차지했고 2020년에는 온라인 정책참여 수준을 평가하는 '온라인참여지수(EPI)' 1위, 온라인서비스, 통신인프라, 인적자본 등의 수준을 평가하는 '전자정부발전지수(EGDI)' 2위를 차지했다.

그 뿐만 아니라 OECD 33개 회원국을 대상으로 디지털전환 수준과 디지털정부 성숙도를 측정하는 2019년 'OECD 디지털정부평가'에서 한국은 종합 1위를 차지했다. 특히 '디지털 우선 정부'와 '열린 정부' 항목은 1위, '플랫폼 정부' 항목에서는 부처 간 장벽을 허물고 통합 연계 시스템 개발을 위한 노력이 인정돼 2위를 차지했다.

이러한 성과는 'OECD 2019 공공데이터 개방지수' 1위, '2020 IMD 디지털경쟁력' 인구 2000만 이상 국가 중 2위, '2020 블룸버그 디지털전환국가 순위' 1위에 함께 우리나라의 디지털 전자정부가 갖는 선도적 위치를 나타내고 있다.

〈OECD 디지털정부 평가 상위5개국 항목별 평가 결과 (OECD, 2019)〉

종합			세부 평가항목												
			디지털 우선 정부		플랫폼 정부		열린 정부		데이터 기반 정부		국민 주도형 정부		선제적 정부	
순위	국가	지수	순위	지수	순위	지수	순위	지수	순위	지수	순위	지수	순위	지수
1위	대한민국	0.742	1위	0.82	2위	0.89	1위	0.90	3위	0.68	4위	0.67	12위	0.5
2위	영국	0.736	6위	0.67	1위	0.9	2위	0.85	1위	0.69	3위	0.78	11위	0.51
3위	콜롬비아	0.729	3위	0.75	5위	0.79	11위	0.67	5위	0.59	2위	0.8	1위	0.78
4위	덴마크	0.652	5위	0.68	12위	0.57	6위	0.74	2위	0.69	1위	0.8	15위	0.43
5위	일본	0.645	2위	0.78	9위	0.68	19위	0.64	8위	0.55	5위	0.67	7위	0.57
OECD 평균		0.501	0.55		0.54		0.64		0.44		0.47		0.42	

플랫폼산업 육성이 중요

우리나라가 세계적으로 앞서있는 디지털 정부 플랫폼을 지렛대 삼아 국가 디지털 플랫폼 산업을 발전시키기 위한 정책적 과제는 다음과 같다.

첫째, 플랫폼 생태계 조성 정책으로서 지속적 혁신 창출 및 경쟁 활성화와 함께 투자 지원 방안이 마련돼야 한다. 디지털 정부 플랫폼의 경험을 활용해 데이터의 수집, 활용, 공유를 위한 데이터 생태계를 조성하고 플랫폼에서 공정하고 투명한 경쟁이 이루어질 수 있도록 플랫폼의 투명성 증대 및 전환비용 감소, 필수 혁신 인프라에 대한 접근 보장 등 지원이 필요하다. 또 기술 기반 플랫폼 스타트업뿐만 아니라 최근 증가하고 있는 아이디어 기반 플랫폼 스타트업도 체계적인 지원 방안이 필요하다.

둘째, 플랫폼 생태계 활성화 정책으로서 플랫폼 산업에 대한 지속적인 모니터링과 통계 구축, 이에 기초한 플랫폼 산업 육성 전략이 필요하다. 디지털 정부 플랫폼과 연결 및 확장해 플랫폼 사업 영역의 정의 및 확대, 경쟁 상황 및 성장 경로가 전통적인 시장과 다른 온라인 플랫폼 생태계에 대한 분석과 함께 현재 추진 중인 플랫폼의 서비스 계층 정책뿐만 아니라 서비스 플랫폼의 인프라 역할을 하는 운용체계, AI, 메타버스 등 기술 플랫폼의 경쟁력 강화 지원 방안도 필요하다.

셋째, 플랫폼 생태계를 위한 다부처 협력 거버넌스가 필요하다. 플랫폼 경제의 시장 경쟁, 이용자 보호, 데이터 정책 등 다양한 이슈 및 관련 규제는 서로 연관돼 있으며 이에 대응하는 정책은 전체 플랫폼 생태계에 광범위한 영향을 미칠 수 있으므로 부처 간 협력이 필수다. 그런 관점에서 2022년 9월 2일 대통령 소속으로 설치돼 기획재정부, 과기정통부, 행정안전부, 개인정보보호위원회 등이 참여하여 출범한 '디지털플랫폼정부위원회'에 거는 기대가 크다. '디지털플랫폼정부위원회'가 국정과제인 '모든 데이터가 연결되는 세계 최고의 디지털 플랫폼 정부 구현'의 성공적인 추진은 물론, 플랫폼들의 플랫폼으로서 국가 디지털 플랫폼 산업의 발전을 위한 플랫폼 생태계의 조성과 활성화에도 크게 기여하길 바란다.

2022년 6월 21일 과기정통부에서 한국형 발사체 누리호가 인공위성을 성공적으로 목표 궤도에 안착시켰다고 알림으로써 그동안 진입이 불가능해 보였던 위성시대가 활짝 열리게 됐다. 앞으로 디지털 플랫폼 정부와 연계된 국가 디지털 플랫폼 산업 정책을 통해 다수 국내 기업이 글로벌 디지털 플랫폼의 최강자로 우뚝 서는 날이 오길 기원한다.

07. 인공지능 메타버스 시대 대한민국 성공방정식 미래전략

: 대한민국 K-성공방정식 3가지 핵심 변수

신성철

제16대 카이스트 총장

제2대 대구경북과학기술원 총장

국제미래학회 자문위원

21세기 인류는 초연결·초지능·초융합 메가트렌드의 4차 산업혁명 대전환기를 맞이하고 있다. 여기에 코로나19 팬데믹, 미·중 갈등, 러시아-우크라이나 전쟁 등이 겹쳐 그야말로 전대미문의 대변혁 시대를 목도하고 있다. 이런 대변혁의 파고를 어떻게 대처하며 미래를 준비하느냐에 따라 21세기 국가의 흥망성쇠가 결정될 것이다.

우리나라는 반만년 아시아 변방 국가였다. 아니 60년 전만 해도 국민소득 87달러의 세계 최빈국이었다. 그러한 나라가 지금은 1962년 대비, 국민소득 400배, 국내총생산(GDP) 700배, 수출액 1만배 증가의 경이적 성장을 하였다. 지난 해 유엔무역개발회의(UNCTAD)는 만장일치로 한국을 개발도상국에서 선진국으로 격상하였다. 유엔무역 개발회의 창설 이래 개발도상국에서 선진국으로 탈바꿈한 최초의 나라로 많은 개도국의 부러움을 사고 있다.

선진국에 진입한 우리나라가 당연히 품어야 할 21세기 국가적 꿈은 '글로벌 초일류 선도국' 구현이라고 생각한다.

글로벌 선도국 도약 과학기술 성공 방정식 필요

18, 19세기에는 1, 2차 산업혁명의 발원지였던 영국, 독일, 프랑스가 선도국가였다. 20세기에는 3차 산업혁명의 중심지였던 미국, 일본이 주요 선도국가였다. 우리나라가 글로벌 초일류 선도국가로 도약하기 위해서는 한국 특유의 미래전략 성공 방정식, 일명 'K-방정식'이 필요하다. 과학기술 측면에서 K-성공 방정식에 반드시 담아야 할 3가지 핵심 변수를 논하고자 한다.

첫 번째 K-성공 방정식 : 혁신

첫 번째 핵심 변수는 '혁신'이다. 부존자원이 척박하여 두뇌국가로 생존해야 할 우리나라가 최우선적으로 서둘러야 할 혁신은 창의적 인재 양성을 위한 교육 혁신이다. 주입식, 암기식 교육을 탈피하여 비판적 사고 능력을 함양시키고, 문·이과 융합 교육을 통한 전뇌(全腦) 교육을 해야 한다. 인공지능과 메타버스를 활용한 실감형 비대면 교육과 더불어 토론 위주의 대면 교육이 혼합된 소위 '거꾸로 학습(Flipped learning)'을 교육 현장에 적극 도입하면 창의적 학습 효과가 극대화될 것이다. 한편, 융합교육을 활성화하기 위해 대학에서 학과의 벽을 없애고 '무학과 학부제도'를 과감히 도입할 필요가 있다. 교사와 교수의 역할도 변해야 한다. 자신의 지식을 일방적으로 전달하는 강의자가 아니라 수업 설계자로서 학생들이 자신의 생각을 자유롭게 표현할 수 있도록 하고, 토론을 활성화하며, 멘토(mentor)로서 학생들의 부족한 지식을 보완해주어야 한다.

또한, 글로벌 선도 연구개발을 지향하는 초격차의 연구 혁신이 필요하다. 지금까지 우리나라 연구개발은 대부분 선진국 모방·추격으로 상용화 기술에서는 세계적 경쟁력을 갖고 있다. 그러나, 원천, 핵심 기술은 미국, 일본, EU 등 과학기술 선진국에 비해 많이 뒤처져 있다. 비근한 예로 4차 산업혁명 핵심 기술인 인공지능 분야의 경우 2010~2019년 10년간 특허 등록 총건수가 6217건으로 미국의 26% 수준이다. 고로 도전적, 혁신적 기초 및 원천 연구에 국가 연구 역량을 쏟아야 한다. 산업경쟁력은 기술력에 달려있고 기술력은 기초 과학에 좌우되기 때문이다. 1차 산업혁명을 촉발한 증기기관 발명은 열역학이 근간이 되었고, 2차 산업혁명을 촉발한 전기 발명은 전자기학이 근간이 되었다. 한편, 3차 산업혁명을 촉발한 컴퓨터와 인터넷 발명은 막스웰 방정식이 기초가 되었다. 우리나라가 4차 산업혁명시대 선도국으로 도약하기 위해서는 인공지능과 메타버스의 기반이 되는 창발적 발상의 기초 과학 연구를 긴 호흡으로 지원해야 하다.

한편, 연구개발 결과를 경제적 부가가치로 연결하는 기술사업화 혁신이 강화되어야 한다. 우리나라는 2020년 기준 미국특허 등록건수 24,646건으로 세계 3위, PCT 국제특허 출원건수 20,660건으로 세계 4위로 양적인 면에서는 명실공히 세계 특허 강국이다. 문제는 많은 특허가 활용되지 않는 '휴면 특허'라는 것이다. 기술사업화를 활성화하기 위해서는 대학에서 기업가정신 교육을 강화하여 학생들에게 도전정신과 경제적 부가가치 창출 능력을 심어주는 것이 무엇보다 중요하다. 한편, 기술사업화 전담부서를 두어 특허출원, 기술이전, 창업지원, 투자 알선 등 원스톱 지원 서비스 체제를 갖추어야 한다.

두 번째 K-성공 방정식 : 협업

두 번째 핵심 변수는 '협업'이다. 무엇보다도 산·학·연의 협업이 강화되어야 한다. 기초 연구 결과가 기업에서 첨단 제품으로 생산되기까지는 응용연구와 상용화 연구를 거쳐야 한다. 일반적으로 대학에서는 기초 연구를, 연구소에서는 응용 연구를, 기업에서는 제품 개발을 위한 상용화 연구를 한다. 따라서 이들 3주체 간의 긴밀한 협업 체계 구축이 새로운 연구 결과를 발 빠르게 사업화하는데 매우 중요하다. 미국, 일본, 독일 등 선진국들은 산·학·연 주체간의 협력이 긴밀히 이루어지는데 비해, 우리나라는 산·학·연간 지식 이전 정도가 세계 25위로 낮다. 또한, 선진국에서는 박사급 고급 연구 인력이 대학, 연구소, 산업체에 고루 분포되어 있는 반면, 우리나라는 박사급 인력 80%가 대학과 정부출연연구소에 편중되어 있다. 결과적으로 산·학·연의 연계 부족은 우리나라가 혁신 주도형 성장 전략을 추구하는데 큰 걸림돌이 되고 있다. 세계적 클러스터로 벤치마킹되고 있는 실리콘밸리의 가장 중요한 성공 요인으로 다양한 구성 주체들 간의 격의 없는 협력 네트워크임을 주목할 필요가 있다.

차세대 먹거리 산업인 바이오헬스 산업 육성을 위해 과기·의료계 협업도 활성화되어야 한다. 우리나라는 세계에서 가장 빠른 속도로 인구의 20%가 65세 이상인 '초고령 사회'로 진입하고 있다. 2050년경이면 그 비율이 44%에 이를 것으로 예상되어 건강 노화 사회 구현이 국가적 큰 숙제이다.

한편, OECD는 2030년경 전 세계가 바이오경제 시대로 진입할 것으로 예측하고 있다. 이미 <포천> 경제지 선정 50대 기업 중 84%가 바이오헬스 산업과 연관되어 있다. 바이오헬스 산업은 지금까지 미국, 영국, 스위스 등 선진국 주도의 산업으로 진입장벽이 높아 우리나라가 함부로 넘볼 수 없는 산업 분야였다. 그러나, 코로나19 사태로 인해 K-방역, 진단 키트 수출 등을 통해 한국이 방역 모범국가로 전 세계 주목을 받으면서 절호의 기회를 맞이하게 되었다. 바이오헬스 산업에는 의약품, 의료기기, 재생의료, 헬스케어 분야가 있는데 글로벌 경쟁력을 갖기 위해서는 임상 의사와 과학자 및 공학자의 긴밀한 협력이 절대적으로 중요하다. 나아가, 임상 의사를 양성하는 기존 의과대학과 차별화하여 의사이면서 연구 능력을 겸비한 '의사과학자' 양성 프로그램을 도입할 필요가 있다. 미국은 오래전부터 국립보건원 주도로 MD-PhD 양성과정을 시행해 전체 의대생의 3%를 의사과학자로 양성하고 있는데, 이 프로그램을 통해 지난 15년간 14명의 노벨상 수상자를 배출할 정도로 성공을 거두고 있다.

한편, 과학기술 선도국과 글로벌 협업을 확대해 나가야 한다. 우리나라는 GDP 대비 연구개발 투자비율이 세계 1, 2위를 다투고 있지만, 지난 10년간 총 연구개발 투자는 미국의 1/7, 중국의 1/5, 일본의 1/2 수준이다. 또한 연구 인력도 중국의 1/5, 미국의 1/4, 일본의 1/2 수준이다. 이런 열악한 연구 환경으로 세계적 경쟁력의 연구결과를 창출하기 위해서는 선도국과 협업적 상생을 적극 추진해 나가야 한다. 특히, 국가적으로 중요한 미래 첨단 과학기술 분야로서 거대 연구비가 요구되는 뇌과학, 양자컴퓨팅, 가속기, 핵융합, 항공우주 등 메가 프로젝트(Mega Project)의 경우 양자간 혹은 다자간 국제 공동 연구개발을 능동적으로 추구해야 한다. 최근 발사된 한국 최초 달 궤도선 '다누리' 연구개발 사업은 미국 NASA와 협업한 좋은 사례이다.

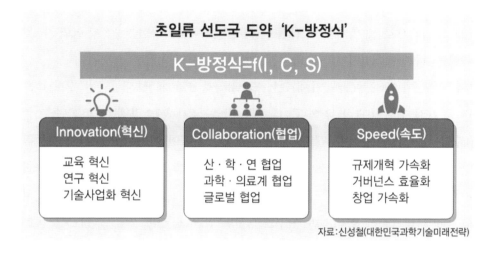

자료:신성철(대한민국과학기술미래전략)

세 번째 K-성공 방정식 : 속도

마지막 핵심 변수는 '속도'이다. 19세기 말 전화가 발명된 후 5,000만 명이 사용하기까지는 75년이 걸렸고, 20세기 중반 발명된 인터넷 이용자가 5,000만 명에 달하기까지 25년이 걸렸는 데 비해, 21세기 초 페이스북 출현

후 이용자가 5,000만 명에 이르기까지는 4년밖에 걸리지 않았다. 4차 산업혁명에 의한 초연결화 추세를 보면 30여 년 후에는 세상의 모든 인류와 전자기기가 모바일 디바이스나 IoT로 연결되어 광속도로 정보를 교환하는 초스피드의 사회에 진입하게 될 것이다. 그러므로 속도를 따라 잡지 못하는 국가, 기업, 조직은 생존이 힘들게 될 것이다. 우리나라에서 속도의 걸림돌이 되고 있는 가장 큰 장애물은 포지티브(positive) 규제 시스템이다. 선진국처럼 '금지 사항만 제외하고 모든 것을 허락' 하는 네가티브(negative) 규제 시스템을 과감히 도입하여 규제개혁을 신속히 이루어야 한다. 이를 위해서는 이해당사자간의 충돌을 효과적이고 빠르게 해결하는 범부처적 콘트롤 타워(Control Tower) 조직을 통해 거버넌스 효율화를 이뤄야 한다. 미국의 경우 백악관 내의 대통령 직속 '과학기술정책처(OSTP)'가 콘트롤 타워 역할을 하고 있다. 우리나라 현 정부에서는 아쉽게도 이런 콘트롤 타워 행정조직이 없는데, 차선책으로 헌법기구인 대통령 위원장의 '국가과학기술자문회의'가 그 역할을 하면 될 것이다.

창업 가속화를 통해 기술기반 스타트업을 빠르게 성장시키는 것도 속도를 증가시키는 중요한 일이다. 대표적 창업 국가 이스라엘은 2020년 기준 6,600여 개 스타트업이 있고, 이 중 30개가 기업가치 10억 달러 이상인 유니콘 기업이다. 미국 나스닥에 상장한 창업 기업이 98개로 유럽연합 국가 전체보다 많다. 이스라엘 창업 가속화의 비결은 과학자는 연구에만 전념하고, 개발된 기술을 와이즈만 연구소 '예다' 같은 글로벌 수준의 TLO를 통해 창업으로 발 빠르게 지원하는 체계가 구축되어 있기 때문으로 우리나라도 이를 벤치마킹할 필요가 있다.

4차 산업혁명은 선도국 도약의 기회

1차, 2차, 3차 산업혁명은 우리나라가 선도국에 비해 50~100년 늦게 시작하였다. 그럼에도 빠른 추격자 전략으로 짧은 기간 내에 성공적으로 따라잡을 수 있었다. 인공지능과 메타버스를 중심으로 지금 인류 사회에 다가오고 있는 4차 산업혁명은 그동안 추격자 전략에 익숙해진 우리에게 큰 도전일 수밖에 없다. 그러나 우리나라뿐 아니라 전 세계 국가들이 공통으로 맞닥뜨린 도전이기에 새로운 기회가 될 수 있다. 대한민국 특유의 혁신, 협업, 속도의 성공 방정식을 만들어 간다면 우리나라는 21세기 글로벌 초일류 선도국으로 도약하며 한민족 자존의 위대한 세기를 열어가게 될 것이다.

08. 인공지능 메타버스 시대 과학기술 정책 미래전략
: 과학기술 초격차와 디지털 혁신경제

이주연

한국시스템엔지니어링학회 회장

아주대 공대 산업공학과 교수

국제미래학회 과학기술정책위원장

새 정부 경제정책방향은 저성장 극복과 성장－복지의 선순환 경제운용을 목표로 민간중심 역동경제, 체질개선 도약경제, 미래대비 선도경제, 함께가는 행복경제 4대 정책방향을 제시하였다. 당면 현안 대응과제로 민생안정과 리스크 관리를 제시하였다. 정부주도에서 민간주도 성장을 위해 규제혁파, 세재개편, 원가부담 완화 등을 추진하면서 기업의 투자확대, 일자리 창출 등으로 경제활성화 동참을 유도한 것은 환영할 만한 경제정책이다. 현재 우리 경제 상황은 녹록치 않다. 우리 경제성장률은 90년대 이후 주요국 대비 급속히 하락하고 있고, 최근 물가 상승세가 확대되고 성장세도 약화되고 있다. 장기간 해결하지 못한 근본적인 문제인 산업구조 전환 지체로 인한 민간의 성장 및 고용둔화, 과거정부의 선심성 재정정책 및 코로나 대응으로 국가채무 1천조로 폭증, 기업활동을 어렵게 만드는 잘못된 노동정책으로 노동생산성을 저하시켰다. 최근 우크라이나 사태로 인한 공급망 차질 및 인플레이션 심화, 통화 긴축 가속화 및 중국 봉쇄조치 등으로 글로벌 도전과 위기를 동시에 맞이하고 있다. 위기의 대한민국 경제를 어떻게 극복할 것인가. 해답은 과학기술 혁신으로 새로운 미래먹거리를 발굴하고 혁신생태계를 일으켜 좋은 일자리를 창출하는 것이다. 꺼져버린 대한민국의 성장엔진을 재점화하고 재도약의 길을 닦자는 것이다. 무엇보다 과학기술 혁신을 통해 기술경쟁력을 확보해야 한다. 치열한 디지털 기술패권 경쟁에서 살아남기 위해서다. 차세대 성장동력 기술을 확보해 미래 먹거리와 좋은 일자리를 창출하는 것이 우리의 생존전략이 돼야 한다. 이것이 우리가 직면한 시대정신이고 나아갈 방향이다.

과학기술 중심의 국정운영, 거버넌스

국정 방향은 과학기술과 디지털 혁신경제를 국정 최우선과제로 삼아야 한다. 과학기술국가, 혁신국가로 '그레이트 코리아(Great Korea)'를 일으켜 세워야 한다. 미래 과학기술 비전 및 발전전략을 디자인하는 국가 과학기술혁신 추진체제를 구축해야 한다. 과학기술혁신이 국가발전의 핵심수단이 되는 국정 최우선과제를 마련하라는 것이다. 과학기술 초격차를 위해 모든 자원과 에너지를 집중해야 한다. 과학기술과 디지털 혁신경제로 신산업을 일으키고, 멈춰선 주력산업의 성장엔진을 다시 뛰게 만들어 새 미래먹거리와 일자리를 창출해야 한다. 과학기술부총리제를 도입하고 과기부내 혁신본부를 국가과학기술혁신전략본부로 격상하고, 정책과 집행, 예산 기능도 부여해야 한다. 미국의 DARPA(고등연구계획국)처럼 미래과학기술 비전과 전략을 디자인하고 구체화하는 추진체계를 구축해야 한다. 과학기술혁신 국가 기본계획을 확정하고 미래첨단과학기술 프로젝트 추진을 위한 첨단전략기술육성법을 제정해 체계적 추진기반도 마련해야 한다.

미래 첨단과학기술의 경쟁력 선점 필요

글로벌 디지털 기술패권 경쟁에서 살아남기 위해선 세계 최고의 첨단과학기술 경쟁력을 선점해야 한다. 대한민국의 미래는 첨단과학기술에 달려있다는 확고한 비전과 목표 아래 우수한 연구진을 믿고 맡기는 장기 집중투자로 세계를 선도할 미래첨단과학 기술력을 확보해야 한다. 먼저 글로벌 선도국가 대한민국의 미래모습을 디지털·반도체 패권국가, 글로벌 바이오헬스·제약 강국, 미래에너지 선도국가, 우주항공기술 강국, 메타모빌리티 선도국가라는 미래비전으로 담을 필요가 있다. 첫째 디지털·반도체 패권국가의 가능성은 열려있다. 디지털 인재 100만명을 양성해 인공지능, 메타버스, 사물인터넷, 빅데이터 등 차세대 SW 원천기술을 확보하고, 차세대 양자컴퓨팅과 지능형 반도체기술, 6G 통신 등 첨단기술 초격차를 구현해 국가 기반을 다져야 한다. 둘째 글로벌 바이오헬스·제약 강국이 되어야 한다. 글로벌 톱 50위에 드는 글로벌 바이오·제약 기업 5개를 육성해 보자. 스타트업과 중소기업, 대기업이 함께 발전하는 바이오헬스 생태계를 일으키면 글로벌 바이오헬스·제약 강국으로 도약할 수 있다. 셋째 미래에너지 선도국가가 되어야 한다. 기후변화의 문제는 우리의 후손들을 위해서라도 반드시 해결해야 하는 과제다. CF100(청정에너지에 원전포함) 달성을 우선적으로 고려해야 한다. 청정에너지 자원을 다 함께 가도록 해야 한다. 에너지 실거래 시장을 활성화하여 에너지 AI기업을 글로벌 스타기업으로 육성해야 한다. 넷째 우주항공기술 선도국가 비전도 중요하다. 누리호 2차 발사 성공으로 우주개발 핵심기술을 확보, 본격적인 우주시대를 열었다. 우주를 놓고 각국이 경쟁하는 뉴스페이스(New Space) 시대를 대비한 우주산업 생태계를 조성해야 한다. 우주개발 컨트롤 타워로 항공우주청을 설치하고 발사체·위성 부품을 국산화하는 우주산업 클러스터를 구축해야 한다. 다섯째 인공지능 기반의 메타모빌리티도 중요하다. 미래차로 대표되는 자율주행차, 전기차, 커넥티드카는 최근 미래산업 경쟁력의 총아로 떠올랐다. 자동차는 단순한 이동체를 넘어 인공지능, 클라우드, 블록체인, 메타버스, 소프트웨어 등 최첨단 기술의 총아로 기업의 운명과 국가의 미래 경쟁력을 결정하는 중대변수로 부상했다. 도심항공모빌리티(UAM)를 보라. 땅 위의 이동혁명을 3차원으로 확장시켜 안전한 이동과 산업의 새로운 공간으로 거듭나고 있다.

본원적인 규제혁신이 국가의 역할

4차산업혁명은 스마트화, 서비스화, 친환경화, 플랫폼화의 특징을 가지고 있는 개방형 혁신이다. 규제혁신은 규제를 없애는 것보다, 규제를 근본적으로 만들지 않게 하는 제도적 장치를 마련하는 것이 중요하다. 규제혁신 국가의 역할은 형식적인 총량중심으로 규제를 줄이는 것보다는 본원적인 규제혁신 걸림돌을 제거해 주는 것이 가장 중요한 역할이다. 첫째 의원발의 법률은 사전 영향평가 의무화가 없어서 규제가 양산되고 있다. 의원발의 법률에 규제영향평가(RIA) 의무화 및 규제일몰제를 도입하여 규제를 사전에 차단하는 것이 중요하다. 둘째 인공지능 공유, 데이터 공유 규제혁신 없는 혁신경제는 공염불이다. 공공부문은 전자주민증 도입, 원격의료 시스템 도입 등 공공 인공지능 및 빅데이터 규제혁신의 빗장을 풀어야 한다. 민간부문은 정치적 이념에 따른 공유경제 기반이 없는 폐쇄적혁신은 이제 그만 해야 한다. 데이터3법이 법제화 되었지만, 실천을 위한 제도적인 장치를 신속하게 마련해 주어야 한다. 셋째, 개방형 혁신시대에 전문가들의 외부 소통활동을 막는 대표적인 규제혁신(청탁금지법 제10조 및 시행령 제24조, 제26조 일부조항)이 필요하다.

국가연구개발시스템을 일대 혁신해야

기초원천기술과 미래 첨단과학기술에 장기적 집중 투자와 지원을 할 수 있도록 연구개발시스템을 일대 혁신해야 한다. 우선 정부출연연구기관이 국가사회 발전과 국민행복, 미래 핵심전략기술 개발을 위한 씽크탱크로 거듭나도록 정부출연연 제도를 혁신해야 한다. 실패해도 책임을 묻지 않고 믿어주는 연구개발(R&D) 규제프리존을 도입해야 한다. 중장기적 연구가 필요한 R&D 사업은 중장기평가체제로 전환해 장기간 결과를 묻지 않고 믿고 기다려주는 연구환경을 만들어 핵심전략기술 개발이 가능하도록 연구개발시스템을 일대 혁신해야 한다. 정부출연연구기관을 공기업중심의 공공기관 운영체계와 분리하여 정부출연연구원 관리·지원체계로 전환함으로써 자율성을 보장할 수 있는 제도혁신을 단행해야 한다. 출연연구원이 혁신생태계에 기여할 수 있도록 일대 혁신해야 할 것이며, 산학연 개방형혁신을 통해 국가 전략기술 개발플랫폼으로 전환하고, 핵심과학기술 개발에 매진할 수 있도록 제도화 해야 한다.

국가과학기술 인재양성 컨트롤타워 필요

국가 차원의 과학기술 인재양성 컨트롤타워가 없어서 비효율적으로 운용이 되고 있다. 인구절벽의 냉엄한 현실에서 디지털 대전환, 코로나 팬데믹, 기술 초격차의 위기를 타개하는 방법은 대한민국의 유일한 자원인 사람, 특히 과학기술 인재 양성를 위한 전방위적 혁신으로 국가경쟁력 강화가 필요하다. 글로벌 디지털 기술패권 경쟁에 대응하기 위해 이공계 인력양성의 중요성이 커지고 있으나, 정부 R&D 인재개발 사업의 중복성·비효율성으로 문제가 지속적으로 발생하고 있다. 국내 주력·신산업 분야의 R&D 인력 수요와 공급 간 양적·질적 미스매치가 지속되는 상황에서 산발적 과학기술 인력양성 정책의 효율적 연계체계가 필요하다. 과학기술 인재양성 역량을 결집하는 범부처 종합기관이 필요하다. R&D 혁신의 구조적 문제를 타파하며 국가적인 과학기술 인재개발을 수행하는 범부처 인적자원(HR) 종합기관 설립·운영이 필요하다. 과학기술 인재양성 컨트롤타워(Control Tower)라는 시대적 소명에 적극 응답하기 위해 국가과학기술인재원으로 법제화가 필요하다.

디지털 플랫폼 정부, 민간 디지털 플랫폼 산업육성

　　디지털 플랫폼 정부를 기반으로 민간 디지털 플랫폼 산업을 육성하는데 주력하여야 한다. 디지털 플랫폼 정부는 정부와 지자체, 정부 산하기관 모든 사이트를 하나로 통합, 국민들이 단일 사이트에 접속하면 모든 정보와 민원을 처리할 수 있는 원스톱 서비스를 우선 제공할 수 있어야 한다. 또 인공지능과 메타버스 기술을 활용해 미래에 발생 가능한 사회적 문제들을 선제적으로 대처해야 함은 물론이다. 민간 디지털 플랫폼 산업을 활성화하기 위한 산업육성 전략, 인프라 및 운영체계, 플랫폼 생태계 조성과 거버넌스 구축이 필요하다. 특히 여소야대 정치대결 속에서 정책논쟁의 결실을 맺기 위해서는 증거 기반의 정책결정(EBPM) 방식을 도입하는 것이 필요하다. 코로나 팬데믹 이후 펼쳐지고 있는 치열한 글로벌 디지털 기술패권 경쟁시대 우리의 생존전략은 과학기술 초격차와 디지털 혁신경제로 꺼져버린 우리 경제의 성장엔진을 다시 켜고, 새로운 도약으로 글로벌 선도국가라는 대한민국의 꿈을 실현해야 한다.

09. 인공지능 메타버스 시대 지역 발전 미래전략
: AI 메타버스로 지방소멸 위기 극복

한상우

삼일회계법인 고문

한국헌법학회 부회장 역임

국제미래학회 지역미래법제위원장

현실이 된 기후위기와 코로나19 팬데믹의 영향으로 세계적인 스태그플레이션(stagflation)과 에너지·식량 등의 위기까지 닥치고 있다. 인류를 위협하는 위험 요소가 동시다발적으로 우리를 긴장시키고 있는 상황이다.

여기에 더하여 우리나라는 세계 최저의 출산율, 세계 최고 수준의 고령화(高齡化) 속도와 경제·교육·문화 등의 수도권 집중으로 지방소멸의 위기가 고조되고 있다. 수도권 집중으로 합계출산율은 더 떨어지고 코로나19 등의 영향까지 더해져 인구의 자연감소도 2년 이상 지속되고 있다.

또한, 수도권의 인구 집중으로, 우리나라 국토 면적의 11.6%에 불과한 수도권의 인구 수(數)가 지방의 인구 수를 초과하여 이제 수도권에, 전체 인구의 50% 이상이 거주하는 '인구의 역전(逆轉) 현상'까지 도래되었다. 지방이 제대로 된 자생력(自生力)을 갖지 못하고 있는 가운데, 서울과 경기도를 중심으로 한 수도권은 마치 거대한 블랙홀(black hole)처럼 아직도 지방의 사람과 자본을 빨아들이고 있다.

역대 정부에서 지역균형발전을 위한 다양한 정책을 시행해 왔고 막대한 예산을 쏟아 부었지만, 연계성과 시너지 효과가 부족한 산발적인 정책으로 지방 지역 낙후와 소멸위기에 제대로 대응하지 못했다. 미국이나 독일 등과 같은 국가에서는 유수(有數)의 대규모 기업들과 대학들도 지역에 기반을 두고 지역 발전을 위해 큰 역할을 하고 있는데, 우리나라는 그러한 방향으로 발전되어 가는 것은 고사(姑捨)하고, 상당수의 지방자치단체가 이제는 그 자체가 소멸될 수 있는 현실적인 위기에 봉착해 있는 것이다.

인공지능(AI) 메타버스, 공간 극복과 지방 이전은 지방소멸 위기 극복의 동력

비정상적으로 모든 것이 수도권으로 집중된 상황에서, 지방 낙후와 소멸의 위기에 효과적으로 대응하기 위해서는 개인과 기업 등이 지방으로 이전할 수 있도록 방안을 마련하고 과감하게 실행하는 것이 불가피하다. 따라서 이전 결정이 가능할 정도로 만족할 만한 여건을 조성하고 동시에 세제 혜택 등과 같은 확실한 인센티브를 부여하여 지방 이전을 결단하도록 하고, 이를 통해 수도권의 집중도를 완화시키면서 이전하는 개인과 기업 등을 통해 해당 지역도 발전되도록 하는 것이 현실적이다.

그런데 코로나19 팬데믹으로 크게 앞당겨진 AI 메타버스 시대에서는 현실과 가상세계의 초연결이 가속화되고 있고, 일·여가·소통 등의 활동이 시간과 공간을 초월해서 데이터와 디지털 기반으로 이루어지는 디지털 경제 (Digital Economy)로의 급속한 전환이 이루어지고 있다. 이제는 가상세계에서 운영하는 커뮤니티, 행사, 오피스, 전시장, 게임과 공연 등 엔터테인먼트 등의 분야별 메타버스 플랫폼을 통해 사이버 세상에서도 AI 연계의 개인맞춤형 서비스를 제공받으면서 일상생활과 경제활동을 영위하는 것이 가능하게 되었다.

Metaverse
City

실제 우리나라 통신 3사도 메타버스 플랫폼 구축에 뛰어 들어, SK텔레콤은 일반 소비자와 기업 모두를 위한 '이프랜드', KT는 기업·소비자 간 거래(B2C) 서비스인 '지니버스'와 기업 간 거래(B2B) 서비스인 '메타라운지', LG유플러스는 사용자 특화의 서비스인 'U+가상오피스'와 '키즈동물원' 등의 메타버스 플랫폼 서비스를 일반소비자와 기업에 제공하고 있거나 개시할 예정이다.

이를 통해 지방에서도 수도권 못지않거나 그보다 더 높은 삶의 질을 유지하면서 의미 있게 일상생활이나 기업활동을 영위할 수 있는 가능성이 열리게 된 것이다. 다만, 이러한 새로운 기회가 의도치 않게 빨리 다가 왔지만, 다음과 같은 몇 가지 조건이 충족되어야 만족스러운 현실이 될 수 있을 것이다.

첫째, 실제 지방에서 계속 살고 일할 수 있도록 하기 위해서는 이 정도라면 지방에서 살 수 있겠다는 생각이 들 정도로 실질적으로 강력한 유인(誘因)이 될 수 있는 특단의 정책이 준비·실행되어야 하고, 무엇보다도 디지털 공간정보를 중심으로 한 미래의 신산업 등 디지털 시대의 핵심 인프라가 구축되어야 한다. 귀향·귀촌 등의 목적으로 지방으로의 이전을 고려하는 사람들을 인터뷰해 보니, 현실적으로 깊게 고민하는 사항은 대체로 세 가지 위험, 즉 소득 감소에 따른 경제적 위험, 높은 수준의 의료서비스를 받을 수 있는지 등의 건강과 관련된 위험, 가족과 지인 등 사회적 관계의 소멸 위험이었다. 그리고 이와 함께, 문화·예술과 레저·스포츠 활동 등을 통해 여유로우면서도 즐길 수 있는 삶을 영위할 수 있는가 하는 것이었다. 이렇게 실제 느끼는 위험을 해소하고 요구 사항을 잘 충족하기 위해서는 초연결·초지능·초실감의 4차산업혁명 기술을 수요자 입장에서 적용하는 창의적인 정책이 필요하다.

둘째, 베이비부머 세대와 청년 세대의 입장에서 그들의 귀향·귀촌 등의 욕구를 뒷받침하고, 이들의 세대별 특성과 능력에 맞는 지식창조형 일자리 등 새로운 직업 분야를 고민하면서 세대 간의 분업과 지역별 배치 방안까지 고려하는 정교한 융합 정책적 설계가 있어야 한다는 것이다. AI·메타버스와 4차 산업혁명의 여러 스마트 기술 등을 활용하면, 공간적인 제약이 없이 대도시권에서 누려왔던 다양한 편의와 혜택을 지방에서도 실감 나게 체험할 수 있을 것이다. 우수한 자연환경과 여유로움을 누리면서 정서적 안정감까지 줄 수 있는 상황이 된다면, 지방에서 계속 살거나 수도권에서 지방으로 이전하겠다는 결심도 충분히 가능할 수 있게 될 것이다.

첨단 스마트 기술을 토대로 한 지역별 특화산업 등의 인프라 구축

인공지능과 메타버스를 활용한 첨단 스마트 기술 서비스가 확대되면서 공간적 한계가 극복되고 편의성이 높아지면 상당수의 청년 세대가 수도권이 아닌 지방에서 터전을 잡을 수가 있을 것이다. 많은 청년 세대가 지방에서 베이비부머 세대와 공존(共存)하는 가운데 어느 정도 직업의 세대 간 분화와 공간적인 분업까지 이루어져 간다면, 수도권보다 오히려 지방에서 성공적으로 정착할 가능성이 더 높아질 수 있을 것이다. 특히, 인공지능(AI), 사물인터넷(IoT), 빅데이터와 로봇 등 4차산업혁명 기술, 디지털 트윈(digital twin)과 메타버스 플랫폼 기반하의 디지털 경제권에서 그들은 수도권으로 이전하지 않고도 지방에서 비대면 스마트워크(smart work) 등을 통해 일상생활을 편리하게 즐기고 창의적인 경제 주체로서도 활동하면서 충분히 만족스러운 발전의 기회를 창출할 수 있을 것으로 보인다.

이렇게 농산어촌에서도 4차산업혁명 기술의 발전을 활용한 스마트워크를 통해 대도시권에서 수행하던 업무도 공간적인 제약 없이 언제 어디서나 유연하고 효율적으로 수행하면서 경제활동을 지속해 나갈 수 있게 할 수 있다. 이런 상황에서 현재 시도별로 2~4가지 정도의 지역주력산업 분야를 선정하여 지역특화산업으로 육성하고 있지만, 지역 거점별로 그 특성을 고려하여 적합한 특화산업을 좀 더 세밀하게 정하고 관련 인프라를 구축하여 지원하는 등 지속 가능한 경제활동이 될 수 있는 생태계와 시스템을 마련할 필요가 있다.

물론 지방에서 농업 등에 종사한다고 하더라도 예전처럼 힘들고 어렵게 농사 등을 짓는 것이 아니라, 스마트폰 등으로 AI, IoT와 농업용 지능형 로봇 등의 스마트 기술을 활용하여 이를 원격 관리하면서, 노동력과 에너지를 효율적으로 관리하는 방식으로 '스마트 팜(smart farm)'을 도입하여, 편의성은 물론, 농업 생산의 효율성까지 크게 높일 수 있을 것이다. 이렇게 농업 등 분야에서도 고부가가치 산업화를 통해, 지방으로 이전한 후에 농업 등에도 종사할 수 있는 충분한 여건이 만들어지고 있다.

지역의 공간 재편과 정주(定住) 여건의 개선으로 저출산과 일자리 문제 해결

지방에서의 일상생활에서 비대면 스마트 기술을 활용하는 것과 함께, 편의 등을 위한 다양한 시설은 한정된 재원(財源)을 고려하여 어떤 지점에 모이게 하여 집중적으로 조성하는 방법으로 정주(定住) 여건을 개선하는 것이 효율적이다. 현실적으로 거주 지역과 가까운 교통 결절점(結節點), 즉 중소도시나 지역 거점을 중심으로 병원 등 의료시설, 관공서, 도서관, 문화·예술·체육·여가시설과 복지·행정시설 등을 설치하는 것을 고려해 볼 수 있다.

지방에서도, 사이버 공간은 물론이고 이렇게 시설과 사람이 실제 모일 수 있는 좋은 공간을 만들면, 다른 사람들과 소통·교류하고 자연환경과 경관(京觀)을 즐기면서 편리하고 차원이 높은 도시적 삶까지도 함께 누릴 수 있게 될 것이다. 이러한 분위기에서 창조적 상상력이 솟는 가운데, 경험과 전문지식을 토대로 한 분야나 신기술·신사업 분야에서 수준 높은 다양한 일자리가 창출될 수 있는 가능성과 기회가 늘어날 수 있을 것이다.

사실 인구가 밀집된 수도권에서의 젊은이들은 높은 집값과 물가, 안정된 일자리 확보의 어려움 등으로 미래 설계가 어렵고, 그래서 결혼이 늦어지거나 결혼과 출산은 엄두도 내지 못한다. 통계청에서 발표한 합계출산율을 보더라도, 2021년(잠정)의 경우 서울은 0.63명이고 경기는 0.85명에 불과한 반면, 지방인 전남은 1.15명이고 경북은 0.97명인데, 현재의 상황에서도 지방의 합계출산율이 수도권보다는 상대적으로 높다는 것을 알 수 있다. 이는 청년 세대가 지방에서 정착하고 여건이 만들어지기만 한다면, 해결이 어려웠던 저출산 문제와 청년 일자리 문제까지도 동시에 해결할 수 있는 실마리를 풀 수 있다는 것을 의미한다.

지방소멸 위기 대응과 지역 발전을 위한 미래전략

지역 발전을 위한 새로운 전략은 종전과는 완전히 다르게, 철저히 지방에서 삶터와 일터를 마련하려는 사람과 기업의 입장에서 접근해야 한다. 지역 발전을 위해서 그나마 다행인 것은 많은 주체들이 지방소멸의 심각성을 인식하면서, 민간과 공공 부문에서 이를 극복하기 위한 법제도의 마련 등을 위해 본격적으로 나서기 시작했다는 것이다.

「인구감소지역 지원 특별법」 등 지방소멸 대응을 위한 단일의 특별법이 최초로 제정되었다. 아울러 지방소멸 위기에 제대로 대응하기 위해서는 보다 실효성 있는 국가적 추진 체계를 구축해야 하고, 꼭 필요한 지원·특례 사항도 대폭 보완해야 하며, 앞에서 제시한 대안의 실현을 위해 필요한 사항도 빠짐없이 반영해야 한다. 빠른 시일 내에 이 특별법이 보완되어 지방소멸 위기 대응과 지역 발전을 위한 든든한 법제의 틀이 마련되기를 기대한다.

10. 인공지능 메타버스 시대 협업 미래전략
: 인간과 AI로봇이 공존하는 시대

윤은기

한국협업진흥협회 회장

전 중앙공무원교육원 원장

국제미래학회 자문위원

경쟁이냐 협력이냐

인류가 번영해오는데 가장 큰 동력 두 가지는 경쟁과 협력이다. 경쟁은 실력을 겨루어 보다 큰 성과를 낸 사람이나 집단이 더 많은 보상을 가져가는 방식이다. 잘하나 못하나 비슷하게 보상을 받게 되면 경쟁의 동력이 떨어지게 된다. 경쟁을 기반으로 한 시장원리를 택한 서방국가들이 번영한 대신 국가가 기업을 운영한 동구권 국가들은 몰락하였다. 이런 흐름에 따라 나타난 사조가 자본주의 3.0으로 불리는 신자유주의다. 시장원리와 경쟁촉진이 혁신 성장 번영으로 간다는 확신에 따른 것이다. 1980년도 전후로 불어닥친 신자유주의는 초기에는 큰 성과를 가져왔으나 무한경쟁 승자독식으로까지 치닫자 많은 문제점을 가져왔다.

지나친 경쟁에 따른 스트레스와 피로감, 개인주의와 불신감, 팀워크 저하, 양극화 심화 등의 문제가 나타난 것이다. 이런 문제점을 보완하고 해결하기 위해서 나타난 것이 자본주의 4.0이다. 지속가능경영, 동반성장, CSR, ESG, 이해관계자 자본주의 등은 모두 상생과 인본주의를 기반으로 하고 있다. 개개인의 경쟁보다 팀워크와 협업을 통한 성과창출을 중시한다. 인간은 예로부터 혼자만의 힘으로 해결할 수 없는 큰 일은 협력과 팀워크로 해결해 왔다. 신자유주의가 끝날 무렵 많은 기업이 내건 슬로건이 있다. "팀워크가 천재를 이긴다" 이 슬로건은 "소수의 탁월한 인재가 조직 전체를 먹여 살린다"는 신자유주의적 발상을 뒤집는 개념이다. 비인간적 무한경쟁보다는 협력 협동이 더 좋은 성과를 가져오며 지속가능하다는 인식이 확산된 것이다. 물론 인류발전에 경쟁이 중요한가 협력이 중요한가를 놓고 하나를 고를 수는 없다. 이 두 가지 동력은 앞으로도 균형점을 찾으며 인류발전의 기본으로 작동할 것이다.

4차산업혁명 시대와 협업

2016년 다보스포럼에서 클라우스 슈밥이 주창하여 널리 퍼졌고 코로나19 팬데믹으로 가속화된 4차산업혁명의 핵심은 인공지능(AI)의 활용이다. 인공지능이 모든 산업뿐만 아니라 일상생활에까지 활용되는 시대가 도래한 것이다. 제3의 물결 정보혁명이 컴퓨터로 견인되었듯이 4차산업혁명은 AI가 이끌고 있다. AI는 인간만이 할 수 있는 영역을 파고들어 인간 노동력을 대체하고 있다. 정보혁명시대에서 컴퓨터는 인간의 단순 계산과 단순노동을 대체했다면 이제 인공지능은 인간의 사고영역까지 대체하고 있다. 정보혁명 시대 컴퓨터나 로봇이 인간의 노동력을 절감하고 무인화를 통해 성과에 기여했다면 이제는 인공지능과 인공지능 로봇이 인간과 함께 일하는 시대로 바뀌고 있다. 인간과 인공지능 협업의 시대가 열리는 것이다.

협업은 다름의 결합이다

서로 돕는 모든 행위는 협력이다. 협동은 같은 목표를 달성하기 위해 서로 비슷한 기능(전문성)을 가진 사람들이 돕는 것이다. 협업은 같은 목표를 달성하기 위해 서로 다른 기능을 가진 사람들이 돕는 것이다. 농업인들이 조합을 만들어 공동구매 공동생산 공동출하하여 소득을 늘리는 것은 협동이다. 대형병원에 환자가 왔을 때 서로 다른 전공의들이 모여서 진단하고 치료하는 것을 협진이라 부르는데 이게 바로 협업이다. 정보화사회 이후 인간은 정보공유가 수월해지고 연결성이 좋아지면서 협업경제(Collabonomics)시대를 맞이하게 되었다.

유무인으로 진화하는 협업의 미래

오늘날 협업이 가능해지고 점점 확산되는 이유가 있다. 협업은 서로 다른 기능이 연결되어 시너지를 창출하는 것이다. 산업혁명시대부터 나타난 분업은 업무특성에 따라 칸막이를 만들어 놓고 일을 하는 것이다. 옆 부서가 무얼하는지 신경쓰지 않고 각 부서별로 고유 업무를 하고 나중에 이를 통합하는 방식이다. 이래야 시간이 단축되고 사고도 줄어들게 된다. 삼각형 수직조직과 업무특성별 업무를 나눠서 하는 분업은 생산성을 크게 높여서 '과학적 관리', '관리혁명'이라는 좋은 평까지 들었다. 그러나 정보혁명이후 컴퓨터와 정보통신기술이 보급되면서 세상은 '연결경제' 시대를 맞이하게 되었다. 실시간 정보공유가 가능한 세상이 된 것이다. 인류가 협동에서 협업으로 일하는 방식을 바꿀 수 있게 되었다. 인간과 인간의 협업 그리고 조직과 조직의 협업이 가능해진 것이다. 이게 '제1차 협업'이었다면 이제는 인간과 인공지능이 협업하는 '제2차 협업'시대가 열리는 것이다.

인간과 인공지능이 협업하는 시대

최근 용산 대통령실 주변은 경호실 요원과 로봇개가 함께 근무하고 있다. 로봇개는 감지와 식별능력이 인간이나 개보다 뛰어나다. 피로감을 느끼지도 않고 착각하지도 않는다. 그동안 미국 공군부대에서 고가의 군용기들을 지키기 위해 군견을 활용해 왔다. 그러나 이제는 군인과 로봇군견이 함께 근무하거나 로봇군견이 단독으로 감시업무를 맡고 있다.

또한 미 공군이 추진중인 유무인 전투비행대는 인간조종사가 탑승한 전투기가 AI조종사가 탑승한 무인전투기와 함께 작전을 수행하는 체계로 발전시킬 계획이다. AI조종사는 편대장의 지휘를 받아 임무를 수행할 수 있고 독자적 임무수행도 가능하다. 지상에서는 군인과 AI로봇 군인이 함께 작전을 수행할 것이다. 스마트국방의 핵심은 AI를 기반으로 한 유무인협업시스템이다.

"앞으로 AI로봇이 최고경영자(CEO)가 되는 시대가 올 것이다" 이 말은 세계적 컨설팅회사인 PwC 대표인 스콧 라이켄스가 수년 전에 한 말이다. 이 말을 할 때만 해도 반신반의하던 사람들이 많았지만 인공지능의 획기적인 발전을 보면서 이제는 이 말을 많은 사람들이 받아 들이고 있다.

이미 병원에서는 서로 다른 전공의와 AI의사가 협업하여 진찰하고 치료하고 있다. 이 스마트 의료체계는 점점 고도화되어 의료혁신을 가져오고 인간 수명연장에 획기적 기여를 하게 될 것이다. 많은 조직의 이사회에는 인간이사와 AI이사들이 함께 협의하고 의사결정을 하게 될 것이다. 정부에서도 국무회의에는 각 부처 장관들과 각 부처 AI장관들이 함께 참석할 것이다.

향후 인간의 모든 생활 영역에는 AI로봇이 참여하게 될 것이다. 집집마다 AI로봇 집사가 가사를 돕고 AI개나 AI고양이가 반려동물 노릇을 할 것이다. 의회에는 AI로봇 의원들이 함께 토론하고 표결에도 참여할 것이다. 인간과 AI가 협업하고 공존하는 세상이 앞으로 다가올 제5차 산업혁명의 모습이다.

인간은 만물의 영장인가

인간은 모든 생명체보다 지능이 높다. 그래서 스스로 '만물의 영장'이라고 부르고 있다. 그러나 이제는 이 말을 쓰기가 어렵게 되었다. 인간의 지능을 뛰어넘는 AI로봇이 나타나 산업현장뿐만 아니라 일상생활에서 활동하기 때문이다. 이제부터의 협업은 인간과 인간, 인간과 AI로봇, AI로봇과 AI로봇의 협업 등 다양한 방식으로 발전될 것이다. 인간이 만든 AI로봇이 인간보다 지능적이고 힘도 강해지는데 따른 위험성도 나타나고 있다.

모든 AI로봇에는 인간을 공격할 수 없도록 안전프로그램을 의무적으로 장착하는 문제, 로봇이 범죄행위를 할 수 없도록 통제하는 문제 등 인류가 함께 풀어가야 할 새로운 과제도 함께 나타나고 있다.

메타버스는 또 하나의 우주다

메타버스의 개념과 기술이 나타난 지는 오래되었지만 인류가 코로나시대를 겪으며 이 기술을 산업과 일상에 끌어들이게 되었다. 이제 메타버스는 인류에게 또 하나의 우주를 제공하고 있다. 꿈과 현실을 융합시킬 수 있는 기술이다. 다양하고 담대한 생각을 큰 비용이나 위험없이 가상현실에 구현시킬 수 있게 된 것이다. 장자가 오래전 말했던 '나비의 꿈'이 실현되는 철학적 의미도 담고 있다.

꿈에서 나비가 되어 이곳저곳을 날아다니며 실상을 즐기다가 꿈을 깨고 나니 다시 인간세계로 돌아왔고 장자는 '나'라는 존재는 인간인가 나비인가를 철학적 과제로 던진 것이다. 생각하고 활동하는 게 나라면 나는 인간이기도 하고 나비이기도 한 것이다. 장자는 꿈을 꾸었지만 현대인은 메타버스를 통해 그 꿈을 미리 디자인하고 체험할 수 있게 되었다.

메타버스라는 가상의 세계로 출근하고 업무도 할 수 있다. 오락도 하고 여행도 할 수 있다. 연애도 하고 결혼도 할 수 있다. 결혼을 했으니 아이도 낳을 수 있고 가정도 꾸릴 수 있다. 메타버스의 영역은 무한하다. 매일 우주여행도 할 수 있고 내가 좋아하는 아바타로 변신할 수도 있다.

인간의 영역이 무한대로 뻗어나가는 신세계인 동시에 인간의 정체성에 큰 혼란을 가져올 수도 있다. 앞으로 메타버스의 고도화와 일상화에 따른 장단점을 고려하여 현실과 가상현실의 균형점을 찾는 일이 중요한 문제로 다가오고 있다.

인간과 로봇의 평화로운 공존을 위하여

인공지능과 메타버스가 일상화되면 인간영역은 확장되는 것일까 축소되는 것일까. 인간과 로봇의 동거는 편리한 것일까 불편한 것일까. 로봇과의 협업으로 인간의 안전과 편익이 높아질 수 있지만 로봇의 감시를 받고 잔소리까지 듣게 될 수도 있다. 인간과 로봇은 어떤 관계로 설정되어야 하는지가 인류의 새로운 사회적 과제다. 생각하고 느낄 수 있는 인공지능 로봇을 노예처럼 부릴 수 있을까. 로봇은 끊임없이 복종하기만 할까.

협업이 상생이고 지속가능한 철학을 담고 있다면 인간과 로봇의 관계는 협업파트너로 설정하는게 바람직하지 않을까. 많은 의문점에도 불구하고 이제 인류는 인간과 인공지능 로봇의 공존시대로 나아가고 있다.

PART
03

인공지능 메타버스 시대
정치 · 의료 · 문화 미래전략

11. 인공지능 메타버스 시대 정치 변화와 미래전략
: 탈중앙 시대 정치개혁 성숙한 민주주의 꽃피운다

김형준

명지대학교 특임교수/정치평론가

한국정치학회 부회장

국제미래학회 미래정치위원장

코로나 팬데믹 이후 초지능, 초연결 초실감의 4차 산업혁명이 가속화 되고, 확장현실(XR) 기술, 5G 네트워크, 클라우드 등의 기술이 발전 하면서 인공지능과 이를 기반으로 하는 메타버스가 중요해지고 있다. 현실 을 초월한 디지털 가상의 세계를 뜻하는 메타버스는 특정 세대나 영역이 아 닌 모든 영역으로 확장되고 있다.

인공지능과 메타버스로 인한 정치와 선거의 변화 1단계

이런 인공지능 메타버스 시대에 정치와 행정 영역에서의 변화도 불가피 하다. 김세연 전 국민의힘 의원은 인공지능 메타버스 시대의 미래정치를 전망하면서 정치·행정 시스템의 대격변을 예고했다. 정부의 위상과 대의정치가 크게 흔들리면서 탈중앙 시대에 맞는 정치개혁이 필요하다고 역설했다. 그 내용을 토대로 '인공지능 메타버스'가 고도화되면서 정치와 선거 영역에서 어떤 변화가 이뤄질지 단계별로 살펴보면 다음과 같다.

제1단계는 아직 현실세계 활동의 비중이 높은 진입단계다. 이 단계에서 정당의 형태는 기존 오프라인 정당의 온라인화를 자극하면서 온－오프 하이브리드 정당 형태로 수렴되어 갈 것이다. 각종 선거운동도 메타버스 안으로 확장되며 상호 융합이 이뤄질 것이다. 코로나19 대유행의 여파로 전례 없는 언택트(비대면) 선거운동이 본격화되면서 메타버스 기술이 주요 선거 전략으로 자리 잡고 있다.

가령, 2020년 미국 대선 당시 민주당의 조 바이든 후보는 '포트나이트'와 닌텐도 게임인 '동물의 숲' 등을 활용해 자신의 공약을 설명하고 선거유세를 벌였다. 작년 6월부터 시작된 우리나라 대선 레이스에서도 메타버스 선거 운동이 선을 보였다. 지난해 8월 더불어민주당은 부동산 앱 '직방'의 디지털 플랫폼 '메트로폴리스'에서 경선 토론회를 개최했다. 이낙연, 박용진, 이광재, 원희룡 등 당시 후보들은 토종 메타버스인 '제페토(ZEPETO)'에 맵을 꾸미고 선거 캠프 출범식을 치르는 등 국민과의 만남을 가졌다. 안철수 당시 국민의 당 후보는 '게더타운(Gather Town)'에서 폴리버스 캠프를 열고 기자 간담회를 열었다.

이렇게 선거에서 메타버스의 활용은 상대적으로 레거시 미디어 이용이 적은 MZ 세대(밀레니얼+Z세대)의 정치에 관한 관심을 높이고 이들의 표심을 공략하기 위한 의도로 보인다. 흥미로운 것은 버츄얼 인플루언서(Virtual Influencer) 기술로 특정 정치인의 외모와 언행을 모방하여 유권자에게 다가가는 새로운 선거운동이 선보였다. 국민의힘 당 윤석열 대선 후보는 자신을 본뜬 'A.I. 윤석열'을 만들어 홍보했고, 민주당 이재명 후보는 '인공지능 이재명'을 선보였다. A.I. 윤석열은 '위키윤', '인공지능 이재명'은 '명탐정 이재명'으로 불렸다.

이러한 버츄얼 인플루언서 기술은 적대적생성신경망(Generative Adversarial Network, GAN)을 이용하여 동영상, 사진 및 목소리를 위변조하는 딥페이크(deepfake) 기술이 자리잡고 있다. 성균관대 최재붕 교수는 메타버스가 선거 캠페인에 제공하는 이점으로 "메타버스 플랫폼에서 아바타를 사용하는 것이 예전 카메라 앞에서 말하는 것보다 앞서나가는 후보라는 느낌을 준다"고 말했다. 그는 또 "메타버스 아바타를 활용하면 많은 정보를 한 번에 많은 사람에게 전달할 수 있다"며 "이는 줌과 같은 화상회의 도구보다 더 효율적"이라고 덧붙였다. 가상현실 기기나 증강현실 기기를 이용한 '실감형 메타버스'가 일반화되면서 메타버스내 선거운동과 정치 활동은 더욱 대중화될 것으로 전망된다.

인공지능과 메타버스로 인한 정치와 선거의 변화 2단계

제2단계는 발전단계로 총 경제활동에서 가상세계의 비중이 현실세계의 그것과 비슷해질 무렵이다. 여기에 위·변조가 불가능한 블록체인 기술이 접목되면서 직접민주주의를 확장해 대의민주주의의 한계를 빠르게 보완하려는 경향이 뚜렷해 질 것이다. 상당한 부분에서 직접 투표와 의사 결정권의 일시 위임을 가능케 하는 '유동적 민주주의'(liquid democracy) 방식이 도입될 수도 있다. 선거운동에서 딥페이크 기술로 버츄얼 인플루언서 정치인이 일상화될 것이다.

인공지능과 메타버스로 인한 정치와 선거의 변화 3단계

제3단계는 성숙단계로 인간의 총 경제활동에서 가상세계의 비중이 현실세계의 그것을 확연히 넘어간다. 이 시점엔 가상세계(온라인 접촉)에서 인간관계를 맺는 빈도가 잦아지고, 그 대상은 꼭 사람이 아니라 AI가 될 수도 있다. 인간의 정치 활동영역도 오프라인 세계에서 온라인 가상세계로 확장될 수밖에 없다. 블록체인 기반의 탈중앙화 기술들이 정치 영역에서 다양하게 실현되면서 국가 귀속감, 소속된 공동체의 역할은 크게 축소될 수밖에 없다.

중앙정부, 중앙당과 같은 집중화된 권력과 정치구조가 대변혁을 맞이할 것이다. 세대, 종교, 성별로 인한 선입감이 사라진 메타버스 공간이 아고라 광장이 되어 보다 합리적인 토론이 가능해져 '메타버스 광장 민주주의'가 실현될 수 있다. 여기에 '무결성(integrity)', '비밀성(privacy)', '검증성(verifiability)', '부인방지(non-repudiation)'를 특징으로 하는 블록체인 온라인 투표 시스템이 구축되면 '직접민주주의'의 확장에 크게 기여할 것이다. 메타버스 공간은 직접 민주주의뿐만 아니라 성숙한 민주주의를 구현하기 위한 토대가 마련될 수 있다.

〈인공지능 메타버스 시대 선거 및 정당의 변화 단계〉

	특성	핵심 변화	전망
제1단계 (진입단계)	현실 세계 활동의 비중이 높음.	온-오프 하이브리드 정당 형태로 수렴	각종 선거운동도 메타버스 안으로 확장되며 상호 융합이 시작
제2단계 (발전단계)	총 경제활동에서 가상세계의 비중이 현실세계의 그것과 비슷해짐. 블록체인 기술의 접목이 활성화됨.	대의민주주의의 효용성과 정당성에 대한 문제 제기와 도전 가능성이 제기됨.	직접 투표와 의사 결정권의 일시 위임을 가능케 하는 '유동적 민주주의' 부상. '버츄얼 인플루언서 정치인'의 영향력 확대
제3단계 (성숙단계)	총 경제활동에서 가상세계의 비중이 현실세계의 그것을 확연히 넘어서는 단계	가상세계(온라인 접촉)에서 인간관계를 맺는 빈도가 잦아짐. 그 대상은 꼭 사람이 아니라 AI가 될 수도 있음.	블록체인 기반의 탈중앙화 기술들이 정치 영역에서 다양하게 실현되면서 국가 귀속감, 공동체 역할 축소 성숙한 '메타버스 광장 민주주의'와 '정치 DAO'의 확산

　가령, 페이스북 메타 플랫폼 '호라이즌'은 참여하는 시민들이 서로 존중할 수 있도록 하는 문화를 만들어 갈 것이라고 한다. 이는 향후 인공지능 메타버스를 통해 성숙한 민주 시민 의식을 확산시킬 수 있는 계기를 만들 수 있다. 최근엔 가상 세계에 아바타를 만들어 놓고 어느 순간 뇌가 착각을 일으켜 내가 진짜 저 존재 안에 들어갈 수 있다고 믿게 만드는 '유체 이탈 실험(Out of Body Illusion)' 실험이 이뤄졌다.

　예를 들어, 인종차별주의자인 백인을 유색 인종 몸 안에 놓고 그 아바타를 경험하게 하는 실험이다. 이와 같은 가상현실 속 신체 바꾸기 실험은 다른 인종, 다른 성별을 서로를 이해하는 새로운 가능성을 보여주고 있다. 가상현실의 경험이 실제 세상에서 갖고 있던 편견과 차별을 바꿀 수 있다는 뜻이다.

　메타버스가 갖고 있는 큰 가치 중의 하나가 다양한 사람, 다양한 문화를 가진 사람들이 어울리다 보면 차별과 혐오가 줄어들 수 있게 만들고, 더 많은 경험을 하다보면 더 많은 것들이 바뀌게 된다.

이는 '메타버스 광장 민주주의'가 꽃 피울 수 있다는 가능성을 보여준다. 제3단계에선 정치 조직의 형태도 큰 변화를 가져올 수 있다. 가령, 가상 세계에서 완전하게 탈중앙화된 자율적 조직인 DAO(Decentralized Autonomous Organization) 형태로 존재할 수 있다. 정치 DAO 참여자는 블록체인 기반 '스마트 컨트랙트'(smart contract)를 기본으로 중앙의 통제 없이 모든 사람들이 참여해서 어떻게 조직을 만들고 운영되어야 하는지 결정할 수 있다. 다양한 제안을 할 수 있고, 동등한 자격을 갖고 각종 투표에 참여할 수 있다. 심지어 활동성과에 대해 보상을 받을 수도 있다. 기존 정당도 이런 정치 DAO로 변화될 수 있다. 박혜진 바이야드 대표의 주장처럼, DAO는 코드에 의해 통제되면서 오히려 불확실성으로부터의 자유, 불신으로부터의 자유, 불이행으로부터의 자유를 누릴 수 있다.

인공지능과 메타버스로 정부 변화와 미래전략

인공지능 메타버스는 행정 영역에도 큰 변화를 예고하고 있다. 지난 대선에서 윤석열 대통령은 디지털 정부를 만들기 위한 정책의 일환으로 "메타버스 부처"를 신설하겠다고 공약했다. 그러나 단순한 부처 신설을 넘어 시공간 제약을 뛰어넘는 확장성과 현실감을 갖는 '메타버스 정부' 구축이 필요하다. 5G, IoT, XR 등 기술 발전, 3D 활용 서비스 및 콘텐츠 다양화, 디지털 소비층 변화 등 메타버스 정부 기반이 빠르게 성숙되고 있어 메타버스 정부 구현에 대한 기대감이 높아지고 있다. 메타버스 정부는 가상화된 공간에서 정부를 운영하고, 공공서비스 전달·이용방식을 혁신하여 국민에게 새로운 디지털정부 경험을 제공하는 것을 목표로 한다.

메타버스 내 화상회의, 전자문서유통증명(블록체인), 종이 없는 행정업무, 내부 세미나 개최 등 업무 효율성이 확보될 수 있다. 이를 통해 언제 어디서나 어떤 접속 환경에서도 동일한 스마트 행정업무 환경 제공이 가능해진다. 향후 메타버스 정부는 '메타버스 기반 정부서비스 확대'(1단계), '메타버스를 활용한 정부업무 방식 혁신'(2단계), '지속가능한 메타버스 정부 인프라 강화'(3단계)라는 세부적인 추진 전략을 만들어 접근한다면 큰 성과를 이뤄낼 수 있을 것이다.

특히, 메타버스 정부 표준 플랫폼을 구현하는 것이 중요하다. 인공지능 메타버스는 단기간에 구축하기 힘들다. 하지만 현실과 가상의 융합을 통해 현실에서 불가능한 경험을 가능케 하는 공간으로서 활용된다면 정치와 행정에서의 대변혁을 이끌어 낼 수 있을 것이다. 이를 위해선 정교한 미래전략을 수립해야 한다. 핵심은 블록체인 기반의 메타버스 생태계를 구축하는 것이다. 메타버스 내부에서 현실세계의 콘텐츠를 그대로 활용할 수 있도록 해야 한다.

구체적으로 '메타버스 특별법'을 제정해서 일상 사회 활동을 지원하는 메타버스 서비스 발굴 등 생태계를 활성화하고, 블록체인을 통한 신뢰 기반을 조성해야 한다. 더불어 사회 전반에 경계의 파괴와 융합을 핵심으로 하는 '빅 블러'(Big Blur) 바람을 일으켜야 한다. 또한, 4차 산업 혁명 경쟁우위를 위해 New ICT의 기술, 인재, 인프라, 서비스, 제도 등 정책수단이 종합·집중되어야 한다.

12. 인공지능 메타버스 시대 의료와 헬스케어 미래전략
: 메타버스 진료 다가올 미래

강건욱

서울대학교 의대 교수
서울대 의대 방사선의학연구소 소장
국제미래학회 헬스케어위원장

20년 인류에게 닥쳐온 코로나19 팬데믹은 의료에서도 많은 변화를 가져왔다. 인공지능 기술을 활용하고 정부와 기업간 뿐만 아니라 글로벌 협업을 통해 전례 없이 빠른 속도로 백신을 개발하고 허가 절차를 신속하게 하여 전 지구적 대응을 할 수 있었다. 코로나 감염환자의 급증과 방역으로 인한 사회적 거리두기가 강행되어 기존 의료 시스템의 붕괴가 예상되자 미국에서는 만성질환 등에서 원격의료를 적극적으로 시행하여 환자 뿐만 아니라 의사도 재택에서 진료행위를 할 수 있게 하였다.

우리나라도 코로나 팬데믹이 장기화되자 비대면 진료라는 이름으로 원격의료를 한시적으로 도입하였고 미리 알고 대비하였던 것 같이 닥터나우, 올라케어 등 비대면 진료 앱들 20여 개가 쏟아져 나왔다. 2020년 2월부터

2022년 1월까지만 1만 3천개소 의료기관에서 352만건의 진료가 이루어져 이미 거스를 수 없는 형국이 되었다. 필자도 비대면으로 감기약을 처방받았는데 송파구에 있는 의원과 전화 통화 후 전자 처방전이 인근 약국으로 전달되고 우체국 택배로 집에까지 배달되어 외출을 하지 않아도 치료를 받을 수 있었다.

그러나 전화로 하는 진료는 의사와 얼굴 대면을 하지 않는 한계가 있다. VR/AR 장비들의 발달로 현실감 있는 메타버스가 눈앞에 다가왔다. 현실에서 해야 할 일들이 가상 또는 가상현실과 혼합되어 더 많은 일들이 가능해지고 있다. 따라서 메타버스는 아직 여러 제약이 있는 비대면 진료를 대면 진료화 하거나 나아가 AR을 이용하면 환자의 CT, MRI 등 의료영상이 3차원으로 구성되어 의사가 환자를 바라볼 때 환부의 위치를 겹쳐서 볼 수 있게 한다. 이러한 디지털 의료정보가 시각화되어 입체적으로 더해진다면 메타버스에서는 지금의 대면 진료보다 더 정확하고 편리한 진료가 이루어질 수 있다.

아바타가 나 대신 진료 받는다

환자가 직접 병원에 방문하지 않고 아바타가 대신 진료를 받을 수는 없을까? 진료에서는 환자의 생성한 정보를 바탕으로 진단 및 치료를 한다. 환자가 호소하는 증상, 신체 징후, 각종 검사 결과를 분석하여 결론을 내리고 처방을 한다. 만약 자신의 아바타에 이러한 정보가 들어 있으면 메타버스에서도 진료가 가능하다는 얘기다. 그러나 각종 검사를 아바타가 대신할 수는 없다.

즉 아바타에서 피를 뽑아 혈액검사를 하고 아바타가 CT촬영을 대신 해줄 수는 없기 때문이다. 단 의료기기의 발달로 인해 가정용 초음파나 아파트 커뮤니티센터 또는 지역 노인회관에 비치된 여러 검사 장비를 이용하여 손쉬운 검사가 가능해지고 스마트워치 등 웨어러블 장치를 이용하여 혈당, 산소포화도 등 다양한 검사가 비침습적으로 가능해지고 전달이 된다면 병원에 가지 않더라도 이러한 신체정보가 아바타에 저장되어 조기 검진이나 진료가 가능하게 된다. 특히 유전체 정보, 매일 생성되는 신체활력 정보와 병의원에 보관된 의료정보가 나 자신을 기준으로 합쳐진다면 병이 진행되기 전 초기에 이상 징후를 발견하여 맞춤 예방 처방이 가능해진다.

의료 마이데이터와 권리찾기

이런 꿈같은 이야기에는 넘어야 할 산이 많다. 나의 의료정보를 내가 갖고 있지 못하기 때문이다. 정부가 추진하는 마이데이터 사업은 금융에서는 많은 진전이 있었다. 내가 가진 은행, 증권, 보험계좌 등을 한꺼번에 찾아 내가 미처 모르고 있던 휴면계좌나 중복보험 등을 손쉽게 찾아주었다.

의료 마이데이터도 4차산업혁명위원회와 보건복지부가 추진하여 2021년 초 '나의건강기록' 앱을 출시하였다. 이 앱을 이용하면 국민건강보험공단에 들어있는 나의 검진, 투약, 예방주사 접종 등의 기록을 PDF형식으로 다운 받을 수 있다. 단, 아쉬운 점은 각종 검사 기록은 병의원에 흩어져 있어 검색과 접근이 어렵다. 그러나 이를 해결하는 방법이 어렵지는 않다. 보건복지부는 '마이차트'라는 사업을 통해 병의원간의 진료정보를 교류할 수 있도록 의료정보의 표준화와 상호전달이 가능하게 한 진료정보교류 시스템을 운영하고 있다. 의원에서 병원으로 또는 병원에서 의원을 환자를 의뢰할 때 진료기록을 종이로 프린트하여 환자나 보호자가 직접 가져가야 하는 것을 인터넷을 통해 전달이 가능하다.

그러나 환자의 정보를 정작 환자는 접근할 수 없고 상호교류를 동의하는 절차만 있다. 종이로 프린트하여 가져갈 때는 환자나 보호자가 내용을 읽어볼 수도 있고 민감한 정보는 제외할 수도 있지만 마이차트에서는 환자 자신의 정보에 대한 접근권한이 없다. 의료법에도 명시되어 있는 환자가 자신의 의료정보의 사본을 받을 수 있는 권한을 마이차트에도 적용하여 다운로드할 수 있는 기능을 넣고 나의 건강기록과 연계하면 건강정보의 마이데이터 서비스가 완성될 수 있다.

유전체와 개인맞춤 예방 의료

건강정보의 중요한 요소 중 하나는 유전자 정보이다. 23앤드미라는 미국회사는 침만 보내면 자신의 유전체 정보를 알려주는 소비자 대상 직접서비스(DTC; direct to customer)를 하고 있는데 우리나라에서도 199불을 지불하고 침을 뱉어 보내면 65개 이상의 유전체 기반 건강정보를 받을 수 있다.

홍콩을 기반으로 한 써클DNA는 우리나라를 포함 전 세계를 대상으로 유전체 정보 DTC 서비스를 하고 있는데 500개 이상의 건강정보를 알려준다. 정작 우리나라 유전체 정보회사들은 2015년 개정된 생명윤리 및 안전에 관한 법률과 시행령에 의해 탈모, 카페인 대사 등 12개 항목만이 의료기관을 거치지 않고 DTC를 할 수 있다. 예를 들어 치매, 암발병 리스크 등 중요한 질환 예방을 위한 유전자 정보는 알려주면 불법이다.

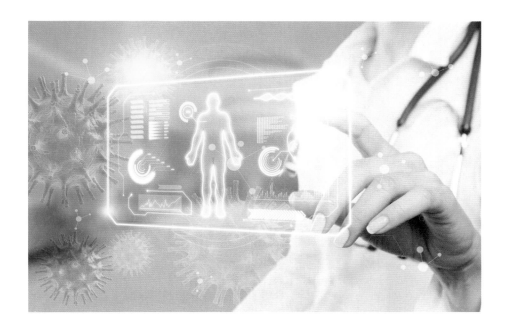

　외국회사들은 자유롭게 우리 국민을 대상으로 마케팅도 하고 서비스를 하는데 정작 국내회사들만 국민에게 제한된 서비스를 하고 외국에서 다양한 서비스를 하고 있다. 같은 술을 마셔도 취하는 정도가 개인마다 다른 이유는 간에 있는 알콜 분해 효소의 대사 능력이 다르기 때문이고 이는 유전자가 다르기 때문이다. 각종 약물 역시 분해효소의 개인차이가 있어 같은 용량의 약이라도 부작용이 나타나기도 하고 효과가 없기도 하다. 이와 관련한 정보는 약물유전체라고 하여 잘 알려져 있다. 필자는 나 자신의 약물유전체 검사를 받아 보고자 대형종합병원에 문의한 결과 서비스가 준비되어 있지 않다는 답변을 들었다. 할 수 없이 재미교포가 미국에서 운영하는 있는 다이에그노믹스 유전체 검사회사에 200불을 지불하고 침을 보내 검사결과를 얻었다. 검사결과 나는 플라빅스라는 흔히 복용하는 혈전 예방제가 효과가 떨어지는 유전자를 가졌다는 뜻밖의 정보를 얻었다.

　의료기관은 의료수가 수익성이 떨어져서 유전체 서비스를 하지 않고, 유전체 기업은 규제에 의해 못하게 되어 개인 건강관리 및 예방에 중요한 유전체 정보를 얻으려면 해외 기업을 통해 서비스를 받는 웃지 못할 일이 벌어지고 있는 것이다. 유전체 정보는 나의 것도 있지만 내 몸에 있는 장내 세균의 정보도 있다. 건강한 사람과 환자의 장내 세균, 즉 마이크로바이옴이 다르다는 것은 잘 알려져 있으며 장질환 뿐만 아니라 치매, 자폐증 등 정신 질환도 관련이 있다는 것이 밝혀졌다. 대변 이식을 통해 장내 유익균을 증가시켜 치료 효과를 보기도 한다. 장내 세균 유전체를 모니터링하면 건강한 식이요법과 운동 등 생활 습관을 개선한 효과를 측정할 수 있다.

웨어러블 장치와 건강정보 빅데이터

　스마트폰에는 운동, 식이와 관련된 생활습관을 측정해 주는 앱이 있다. 스마트워치는 심전도, 산소포화도, 수면의 질 등 중요한 건강정보를 측정해 준다. 필자는 당뇨가 없지만 애보트사의 연속혈당 측정기 프리스타일 리브레를 2주간 착용한 적이 있다. 자그마한 바늘이 있는 센서를 팔에 붙이면 스마트폰 앱에 혈당 수치가 실시간으로 측정되고 기록된다. 당뇨가 없어도 혈당을 높이는 음식과 당을 낮추는 적절한 운동을 알 수 있기 때문에 당뇨뿐만 아니라 비만을 예방하는 데에도 큰 도움이 된다.

　같은 음식을 먹으면 누구나 같은 수준의 혈당이 올라갈 것으로 생각하지만 실상은 그렇지 않다. 바나나와 쿠키 중 혈당을 올리는 음식은 개인마다 다르다는 연구가 있다. 즉, 자신에게 맞는 음식이 따로 있다는 것이다. 더 이상 바늘로 찌르지 않아도 연속으로 혈당이 측정되는 스마트워치가 출시 예정이다. 이러한 웨어러블 건강모니터링 장비는 나보다도 나 자신에 대한 건강정보 빅데이터를 계속 수집하여 인공지능으로 분석할 수 있게 한다.

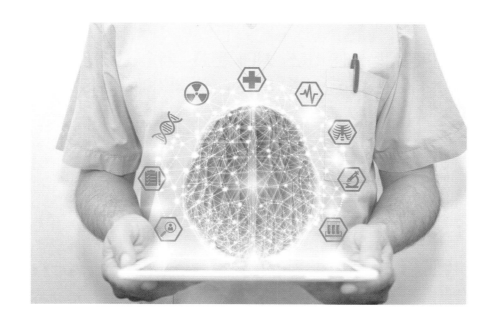

의료 미래전략: 공공과 민간 의료간 협업

구슬이 서말이라도 꿰어야 보배가 된다. 나 자신의 건강정보, 의료정보가 상호 연결되고 연동되어야 인공지능을 이용한 빅데이터 분석이 가능하다. 기술적인 한계보다는 각종 규제가 풀리지 않고 서비스 개발이 이루어지지 않았기 때문이다. 보건복지부, 질병관리청과 같은 정부나 국민건강보험공단, 건강보험심사평가원, 한국보건의료정보원 같은 공공기관은 정보를 독점하여 직접 서비스를 하고자 하지 말고 규제를 풀고 독점하고 있는 개인건강정보를 소비자 본인이 다운로드 받을 수 있게 하여 병의원, 검진기관, 보건소 등의 공공영역 및 네이버헬스케어, 카카오헬스케어 등 민간영역에서도 자유롭게 경쟁서비스를 받을 수 있도록 유도하고 인증사업 등 질관리를 통해 서비스 수준을 향상시켜야 한다.

나의 건강 아바타가 내 자신보다 나의 건강정보에 대해 잘 알고 있다면 메타버스에서 내가 일하고 있거나 놀고 있을 때에도 나 대신 검진과 진료를 받는 세상이 오지 않을까?

13. 인공지능 메타버스 시대 문화·예술 미래전략
: 뉴 폼 아트 창출, 문화 예술 위기를 기회로

이남식

인천재능대학교 총장

전주대학교 전 총장

국제미래학회 명예회장

17세기 바로크 회화의 선구자인 카라바조나, 19세기의 신고전주의 화가 앵그르는 천재적인 소묘력을 가진 것으로 많은 감동을 주었다. 후일 데이비드 호크니는 '명화의 비밀'이라는 그 저서를 통하여 이러한 천재적인 소묘력이 거울-렌즈를 통하여 피사체를 캔버스에 투시하여 사진을 찍듯이 (카메라 루시다, 카메라 옵스크 등) 그린 결과라는 것을 밝히기도 하였다. 이후 사진이 발명되자 이와 같은 화풍은 퇴조하고 세잔에 의하여 원근법에서 벗어나 인간이 주관적으로 느끼는 대로 그리는 인상파 화풍이 대두하게 된다. 이처럼 기술의 발전은 예술의 방향에 지대한 영향을 미쳐왔다.

위기가 새로운 기회

코로나 팬데믹으로 인하여 지난 3년여 문화공연예술 분야는 큰 타격을 받고 무대도 닫아야 했으며 극장 또한 관객을 받기 어려웠다. 하지만 새로운 기술인 초고속 무선통신과 모바일 기술, 그리고 실감체험을 가능케하는 VR, AR, XR 등의 결합, 그리고 인공지능 기술과 메타버스가 여러 가지 측면에서 문화예술 분야에 접목되고 영향을 끼치게 되며 새로운 변화의 속도가 그 어느 때보다 빨라지게 되었다.

코로나가 시작되자 베를린 필과 뉴욕 메트로폴리탄 오페라가 온라인공연 아카이브인 '디지털 콘서트'를 시작했으며, 관람객을 받지 못한 대부분의 미술관이나 박물관들이 온라인, VR 등을 활용하여 서비스하기 시작했으며 구글 아트앤컬처 플랫폼을 통하여 지금은 전 세계 80여개국에 서비스되고 있고, 연간 순 방문자 수는 1억명을 넘어섰다. 프랑스 루브르박물관과 뉴욕현대미술관, 구겐하임미술관 등 총 1800여곳의 기관이 이곳에서 전시하고 있다. 한국의 국립중앙박물관도 여기에 참여하고 있다. 그러나 공연예술이나 전시가 가지고 있는 현장감, 객석과의 교감 등 실감체험을 살리기에는 아직 많은 한계를 가지고 있는 것 또한 사실이다.

메타버스는 이러한 한계를 뛰어 넘을 뿐만 아니라 전 세계의 고객들과 하나 될 수 있는 확장성을 제공함으로써 문화예술의 새로운 전성기가 열리고 있다. 포트나이트(Fortnite)에서의 트래비스 스콧(Travis Scott)의 가상공연을 메타버스 공연의 새로운 시도로 볼 수 있는데 45분의 공연으로 2000만 달러의 수익을 올렸는데 그동안 현장 콘서트 투어의 하루 매출이 170만 달러에 불과했던 것에 비하면 오히려 위기 속에서 새로운 기회를 창출하게 되었다. 메타버스 플랫폼인 제페토에서의 팬싸인회나 월드, 쇼룸을 운영하고 있는 블랙핑크나 셀레나 고메즈 등은 이미 현실세계에서 보다 폭발적으로 많은 팬들의 호응을 받고 있다.

메타버스 연속체(Metaverse Continuum)

문화예술 분야에서 메타버스 시대에 올바른 전략을 세우기 위해서는 메타버스의 속성을 먼저 이해하는 것이 필요하다. 다음 도표에서처럼 메타버스는 여러 계층을 가지고 있다. 총체적으로 다양한 분야에서 훨씬 충실한 경험을 제공하기 위하여 가상의 공간을 만들고 아바타를 배치하는 기본적인 기능과 가상공간 내에서 이동하고 상호작용하는 휴먼인터페이스를 어떻게 구성하는가 하는 요소, 공간컴퓨팅과 창작자 경제, 디지털 자산의 관리 기능 등 다양한 메타버스의 기능 요소들을 먼저 이해하고 이에 합당한 문화예술 콘텐츠를 구축하는 것이 메타버스 생태계가 선순환 구조를 이루며 더 많은 사용자들을 참여할 수 있도록 만들 것이다. 궁극적으로는 메타버스에 의한 연속체—즉 현실과 디지털세상이 하나로 융합되고 확장되는 경험을 완성시킬 수 있게 될 것이다.

〈메타버스의 7가지 계층〉

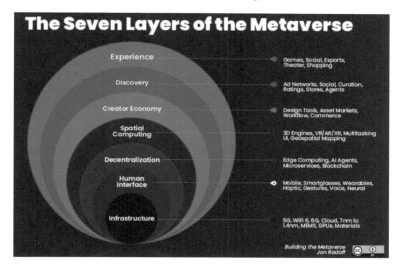

문화예술에서 메타버스를 효과적으로 활용하기 위해서는 첫째, 고객 또는 관객과 어떻게 상호작용할 것인가. 둘째, 업무가 어떻게 수행될 것인가. 셋째, 어떤 제품과 서비스를 제공할 것인가. 넷째, 어떻게 제품과 서비스를 생산하고 전달할 것인가. 다섯째, 어떻게 비즈니스를 운영할 것인가의 전 과정에서의 혁신적 변혁(transformation)이 필요하다. 연극, 뮤지컬, 영화, 드라마, 웹툰, 게임, 음악, 캐릭터 등 문화예술콘텐츠들이 메타버스 상에서는 어떤 변화를 가지게 될 것인지에 대한 상상력이 필요하다.

문화공연예술의 메타버스 접목 사례

서울예술대학교가 최근 메타버스와 함께 화제가 되는 확장현실(XR: Extended Reality)의 의미론적 개념과 기술적 접목을 시도하여 3개의 시간, 3개의 공간 축을 통합해 새로운 양식의 XR공연을 개발하여 구현하였다. 기존의 XR공연이 주로 콘서트, 뮤직비디오 등 하나의 곡과 하나의 시공간에서 실험적으로 펼쳐진 사례가 대다수를 차지하고 있었다면 이번 'Invisible Touch'라 명명된 공연은 10개의 장, 다섯 번의 공간 이동과 함께 특별히 대륙 간 물리적으로 함께할 수 없는 한국과 뉴욕에 있는 두 명의 무용수가 하나의 공간에서 실시간으로 이뤄내는 중장편 공연이었다.

이를 위해 서울예대는 최근 도입된 3면 LED XR스튜디오에서 100% 언리얼 엔진으로 개발된 실시간 가상공간 내 인간과 인간을 닮은 초월체(아바타), 인간과 생체 구조의 신비로움, 그리고 자연(현실)과 인공(가상)의 이질적 결합에 관한 개념을 360도 공간으로 혼합 구성하였다. 이를 통해 모션 캡처, 리얼타임 스트리밍, AR 등의 첨단 기술 요소를 통해 전례 없는 융복합 퍼포먼스로 표현되었다. 본 공연은 한국과 뉴욕 두 무용수의 만남과 이별, 그리움, 발견, 경이로움 등으로 구성된 환상의 이야기로 실시간 합성과 동시에 서울예술대 유튜브 채널에서 온라인 생중계를 통해 전 세계에 송출되었다. 'Invisible Touch'는 '컬처허브'에서 자체 제작한 LiveLab 소프트웨어 및 기타 프로그램을 사용하여 전 세계 관객을 동시간으로 연결하고 화상이 아닌 데이터 전송을 통해 기존의 원격공연, 그리고 5G 인터넷망의 숙원 과제인 지연속도(Latency)를 최소화시킨 공연작품의 사례이다.

〈메타버스 기술 접목하여 한국과 뉴욕에서의 시공을 초월한 공연〉

창작자 경제

과거 출판사, 방송사, 통신사가 가졌던 파워가 소셜미디어 등으로 이전되었으나 여전히 플랫폼이 주도권을 가지며 모든 수입은 플랫폼이 가져가고 전체 부가가치의 아주 일부분이 창작자들에게 제공되고 있다. 즉 매우 중앙화되어 있는 경제계인 것이다. 하지만 급속한 디지털 트랜스포메이션은 창작자 경제에도 큰 변화를 예고하고 있다. 즉 창작자 경제의 탈중앙화 이슈이다. 메타버스나 웹 3.0이 각광을 받는 이유는 디지털 자산에 대하여 창작자들이 직접 그 가치를 수확할 수 있는 구조를 만들어가기 때문이다.

예를 들자면 음원을 만들어도 음원을 스트리밍하는 사이트에 올리고 다운로드 횟수에 의해 음원사이트에 많은 수수료를 지불해야 하는 현재 구조로부터 NFT(대체불가토큰)화된 음원은 NFT에 기록된 거래의 조건에 따라 지속적으로 수익이 창작자에게 직접적으로 돌아오는 탈중앙화된 경제 구조가 가능해지기 때문이다. 이를 위하여 창작자들이 모여 DAO(탈중앙화자율조직)를 만들어 콘텐츠의 기획, 제작, 유통의 과정을 기존의 중앙화된 기득권으로부터 독립하여 더 많은 수익을 지속적으로 만들어내는 창작자 중심의 경제가 미래의 방향으로 자리 잡아 가고 있다.

메타버스는 코로나로 대두된 위기의 상황에서 문화예술 분야의 새로운 돌파구로 부상하고 있다. 새로운 미디어에 대한 이해와 더불어 전략적인 접근을 한다면 메타버스는 새로운 혁신 예술인 New form art를 창출하는 신대륙이 될 것이다.

14. 인공지능 메타버스 시대 디자인 미래전략
: AI와 디자인 협업하는 디지털 창의시대

이순종

서울대 미대 명예교수

전 한국디자인총연합회 회장

국제미래학회 미래디자인위원장

손에서 두뇌로의 변화 : AI 디자이너

현대의 디자인은 컴퓨터의 도움으로 비약적인 발전을 해왔다. 컴퓨터 지원 디자인(Computer Aided Design)은 오늘날 디자인 현장에서 선택이 아닌 필수가 된 지 오래다. 이제 종이, 연필은 디자인 초기 개발과정에서가 아니면 찾아보기가 힘들게 되었고, 대부분의 실무 작업은 컴퓨터에서 진행된다.

최근 들어 기존의 컴퓨터 활용수준을 한 단계 뛰어 넘는 '인공지능(AI)'을 활용한 디자인들이 출현하면서 디자인의 창작 환경에도 다시금 큰 변화가 예고되고 있다. CAD가 디자이너의 '손'을 확장시키는 것이었다면 AI는 '두뇌'의 확장이라고 말할 수 있을 정도로 큰 변화이다. 기존의 컴퓨터 지원

디자인이 디자이너가 렌더링이나 제도와 같이 디자이너가 상상하는 창작물의 시각적인 완성도를 높여가고 디자인을 결정해 가는 과정에서 사용하였다면, 최근의 인공지능 디자인은 형태를 인공지능이 생성하고 제안하며, 디자이너는 이들 중에 하나를 단순히 선택하고 확인하는 방식으로 디자인 프로세스가 진행된다.

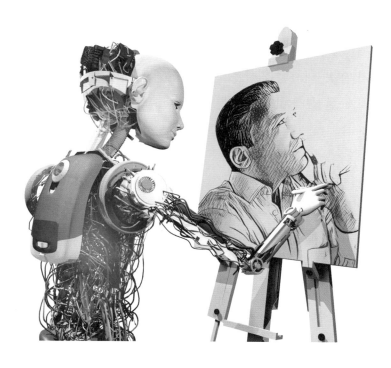

즉 매크로나 액션스크립트에 의한 초기의 컴퓨터 지원 기술이 디자인의 '효율성' 향상의 영역이었다면 머신러닝이나 딥러닝에 의한 인공지능 디자인은 '창조성'을 인공지능이 스스로 진행하고 제안한다는 측면에서 놀라움을 안겨주고 있다. 예로 HP사의 모자이크 소프트웨어는 사용자가 입력한 기초 도안을 AI가 내부 알고리즘을 통해 거의 무한대에 가까운 디자인을 창조해 낼 수 있다. 이제 이름만 넣으면 AI가 다양한 형식으로 기업의 로고 디자인을 완성해주는 자동 서비스가 놀라운 발전을 거듭하고 있으며, 명함이나 광고 리플릿 등 기업의 홍보물을 즉석에서 디자인해주는 AI프로그램 역시 큰 화제를 모으고 있다.

이러한 AI의 디자인 창작의 흐름은 비단 시각디자인뿐만 아니라 제품, 패션, 건축 등 전 디자인 분야로 확장되고 있으며, 인간의 영역이라고 믿었던 창의성을 무기로 하는 디자이너의 역할을 AI가 대체해 나가고 있다. 한편 최근에 가상현실 플랫폼 디센트럴랜드(Decentraland)에서 열린 '최초의' 메타버스 패션위크에서는 런웨이 쇼와 뒤풀이 행사가 마련되고, 가상의 무대에서 아바타가 입은 디지털 의상은 온라인 팝업 매장에서 성황리에 판매되는 등 메타버스가 현실 세계를 대체해 나가는 급속한 변화의 모습을 잘 보여주고 있다.

AI 메타버스 시대의 디자인 역할

이렇듯 이제 현실 세계의 많은 디자인 대상들이 AI와 메타버스로 대체되어 가고 있다. 따라서 AI나 메타버스가 더욱 가속화될 디지털 사회에서 전개될 미래 디자인 분야의 변화의 모습을 살펴보고, 분야가 미래 사회에서 바람직한 인간의 삶과 사회를 창조할 수 있도록 준비하여야 할 때이다.

먼저 AI와 메타버스의 발전으로 디자인 분야가 맞닥뜨릴 중요한 변화의 하나는 '모두가 디자이너가 될 것'이라는 것이다. 오늘날의 디자이너는 창의성과 사회적 지성에 기반하여 심미적인 삶의 제 환경을 창조하는 전문가이다. 이를 위하여 디자이너는 문제에 대한 공감, 문제점 정의, 창의적 해결, 시각적 종합 및 전달 능력 등, 디자인씽킹(Design Thinking)이라는 전문성을 갖고 있다. AI의 영향은, 창조성이 중요한 시대를 맞아 시간이 갈수록 '비 디자이너'들이 그들 스스로 창조력의 증진을 위하여 창의성과 사회적 지성을 향상시켜 나갈 것이라는 점이다. 또한 실제로 선진국은 물론 우리나라 대기업들도 소속 직원들의 창조성 함양을 위하여 이미 디자인씽킹을 교육하고 '디자이너처럼 행동하라'는 지침을 내리고 있다. 더욱이, 디지털 기반 창의시대의 도래와 함께 미래사회는 빅데이터, 정보통신네트워크, 3D 프린터 등 디자인 창조를 돕는 기술의 발달로 일반인들이 창조적인 활동에 쉽게 참여할 수 있어 일반인과 전문디자이너의 경계가 모호해지는 '모두가 디자이너'가 되는 환경으로 진화될 것이다.

AI와 메타버스의 발전에 의한 또 다른 디자인 분야의 변화는 미래의 디자이너의 역할이 '창작자에서 기획자나 코디네이터'로 변화될 것이라는 점이다. 앞으로는 인공지능에 의해 수백만 개의 디자인 시안들이 빠르고 쉽게 생성 가능해짐에 따라 디자이너들의 업무 효율성은 눈에 띄게 높아질 것이다. 예로 오토데스크의 드림캐쳐(Dreamcatcher)는 인공지능 스스로 디자인 문제를 학습하고 해결해 나가는 창작프로그램으로, 방대한 양의 선택지와 제약, 목표와 해결해야 할 문제점 등에 대한 정보만 제공해주면, 이 프로그램은 스스로 수백 가지의 디자인을 제안해주고, 디자이너는 그중에 마음에 드는 디자인을 선택하거나 손을 조금 더 보면 된다.

이탈리아 가구회사 카르텔의 'AI' 의자는 바로 드림캐쳐 인공지능과 유명 디자이너 필립 스탁이 협업한 성공적인 프로젝트이다. 이 프로젝트에서 필립 스탁의 역할은 인공지능에게 "인체에 편안한 착좌 위치를 제공하면서 동시에 최소한의 소재와 에너지를 이용해 제작될 수 있는 의자를 디자인하라!"라는 명령과, 인공지능이 생성한 수백여개의 디자인들을 보고 다시 의견을 피드백하는 것이었다.

이와 같이 미래의 디자이너의 주된 역할은 기획자나 코디네이터로서 대상 디자인의 목표와 변수와 제약을 제시하고, 그에 따라 인공지능이 만들어낸 결과들을 점검하고 다듬는 일이 될 것이다. 그리하여 앞으로 디자이너는 과거의 조형 창작자로서의 전문성에서 벗어나, 미래의 인간 생활과 그 환경 시스템의 바람직한 비전과 목표, 전략적 가치를 제시하는 '기획'의 역할이 중요해 질 것이다.

이러한 관점에서 이제까지의 디자이너가 핸드폰의 형태와 인터페이스를 디자인하고 게임의 흥미로운 이미지와 스토리를 디자인하였다면, 앞으로 디자이너는 어린이나 인간에게 해악이 없는 '올바른 삶'을 안내하는 핸드폰과 게임을 위하여 '제품 목표와 핵심 가치'를 기획하고 디자인하는 것이 보다 중요할 것이다.

더 나아가 증강현실(AR), 가상현실(VR), 메타버스 등 디지털 기술의 발전에 또 다른 디자인 분야의 변화로는 '가상세계 디자이너로의 기회가 더욱 확산'될 것이란 점이다. 메타버스와 같은 가상의 세계가 새롭게 다가온다는 것은 디자이너들에게 좋은 기회일 수 있다. 메타버스에서, 증강현실과 가상현실을 활용한 시공을 초월한 표현 등, 인간이 서로 교류하고 커뮤니케이션하는 방식은 기존에 없던 새로운 매체 기반의 연구일 뿐만 아니라 창조적인 경험을 요구하는 디자인 작업으로서 인공지능이 처리하기 어려운 부분이다.

그뿐 아니라, 메타버스에서 아바타를 위한 새로운 건축이나 인테리어 디자인, 사물 디자인, 패션 등의 필요는 전통적인 디자인 원리와 경험에 대한 수요가 오히려 더 늘어날 것이다. 더욱이 디자인 분야는 AI와 메타버스의 무한한 가상의 비물질적인 콘텐츠 영역은 물론 실제 세계의 기존 산업 영역을 넘어 사회·도시 분야 등을 포괄하는 디자인 영역의 확대로 과거보다 디자인의 기회가 더욱 증대될 것이다.

그리고 앞으로 AI와 메타버스의 발전으로 인한 디자인 분야의 변화는 궁극적으로 인간의 미래 세계를 'AI와의 협업과 융합'에 의하여 디자인하게 될 것이라는 점이다. 앞서 거론한 오토데스크의 드림캐쳐 프로그램 외에도 인공지능과 인간이 함께 작업을 함으로서, 디자이너가 혼자서는 할 수 없는 훌륭한 결과물을 내는 경우가 이제 어렵지 않게 볼 수 있다. 예로 마이클 한스메이어의 작품 언이매지너블쉐잎스(Unimaginable shapes)에서 생성되는 수백만 개의 면들과 그 놀라운 건축의 형태는 도저히 사람의 능력만으로는 창작해 내기가 불가능하며, 어떤 면에서는 건축을 재 정의하는 정도의 결과를 보여주기도 한다.

그리하여 미래 사회에서 보다 혁신적인 창조를 위해서는 AI와의 협력이 필수적인 요소가 될 것이다. 또한 AI, 사물인터넷, 빅데이터, 로봇 등 신기술의 발전으로 미래의 디자인 창조에서는 인간과 로봇, 이동수단과 주택, 정보기술과 도시의 결합 등 인간 삶의 서로 다른 영역들을 첨단기술을 통해 엮는 '융합'의 역할이 더욱 활발하게 펼쳐질 것이다.

AI 메타버스 시대의 디자인 미래전략

앞서 살펴본 바와 같이 미래의 AI와 메타버스의 발전으로 '디자이너의 일반화'와 '창작의 기획자화', '디자인 기회의 확산'과 'AI와의 협업' 등은 미래 디자인 분야의 주요 변화와 기회들이 될 것이다.

이와 같은 디자인 변화의 방향에 주목하면서 디자인 분야는 무엇보다도 바람직한 미래 인간의 실제와 가상세계의 종합적인 창조를 위하여, 'AI 메타버스의 디자인 시스템'을 새롭게 기획하고 디자인하는 데 노력을 기울여야 할 것이다. 그리고 이를 위하여 AI 메타버스 디자인 툴이나 미래의 AI 메타버스 서비스와 플랫폼을 어떻게 디자인할 것인지? 또한 이러한 시스템이 인간의 창의력과 관계성과 휴머니티에는 어떻게 영향을 줄 것인지? 등에 대한 올바른 비전과 구체적인 해결책을 강구하여야 할 것이다.

또한 지난 산업시대의 '디자인의 가치'가 물질, 기능, 보편, 혁신에 바탕을 둔 부분과 분리적 개념의 가치창조였다면, 이제 디지털기반의 지식 창의시대의 '디자인 가치'는 전체적 관점에서 물질과 비물질―정신, 기능과 의미, 보편과 다양, 변화와 지속을 공존시키는 '통합'의 가치가 보다 중시될 것이다. 따라서 디자인 분야는 이와 같은 디자인통합의 시대를 이끌고 조화로운 인간의 삶과 사회·환경시스템의 창조를 위하여 기획자와 코디네이터의 역할을 중추적으로 수행하여야 할 것이다.

이를 위해서는 무엇보다도 초학제적 융합교육과 기업가정신에 기반한 '창조적 리더십교육'이 강화되어야 할 것이다. 무엇보다도 디자인 분야는 산업경제, 사회문화, 국가이미지의 창조 등 사회 전 분야와 밀접하게 관계하여 국가발전의 기반으로서 다루어져야 한다.

"디자인이 아니면 사표를 쓰라(Design or Resign)"라는 일화로 유명한 대처수상의 '디자인을 통한 경제재생(Revival, 1980)' 국가 정책 이후, 영국은 2018년 '5 – 16세 공교육 커리큘럼에 디자인과 기술, 예술과 디자인' 교육, '미래 엔지니어, 과학자, 디지털 선구자에게 디자인교육', '전공을 넘는 통합 디자이너교육' 등 디자인 교육정책을 강화하고, '영국 통합디자인정책(A UK Design Action Plan)' 등 디자인 대국을 위한 토대를 구축하고 있다.

AI 메타버스 등 디지털 창의시대를 맞아 이 시대의 우리의 삶, 산업, 사회혁신의 목표와 실천전략을 정립하기 위한 국가 정책이 시급한 때이다.

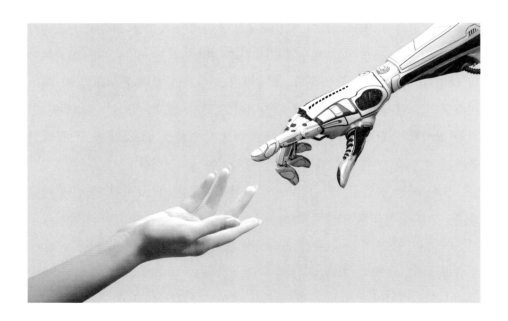

15. 인공지능 메타버스 시대 게임스토리텔링 미래전략
: 새로운 디지털 지구 함께 만들기

이재홍

한국게임정책학회 회장

숭실대학교 글로벌미래교육원 원장

국제미래학회 게임정책위원장

인류의 판타지틱한 퍼포먼스

메타버스(metaverse)라는 이름으로 디지털 지구를 구축하는 행위는 우주 질서에 도전하는 인류의 판타지틱한 퍼포먼스다. 메타버스라는 디지털 지구의 완성은 확장현실(XR, eXtended Reality)기술이 최절정을 이루게 되는 시점이고, 가상공간의 3D그래픽 인터페이스와 현실공간의 실상 인터페이스가 완벽하게 복합 구성되어 4차 산업 혁명이 완료되는 날이다.

메타버스 세계는 현대판타지 SF멜로드라마 "알함브라 궁전의 추억(2018)"을 통해 어느 정도 이해가 가능하다. 1989년에 미국의 재론 래니어(Jaron Lanier)에 의해 최초로 제시된 가상현실은 인류의 육체이탈의 욕망을 위해 끊임없이 연구 대상이 되고 있다. 현실세계의 삶과 3차원 가상세계의 삶이 자연스럽게 교차하고 공존하는 공간을 구현하는 "메트릭스(1999)", "토탈리콜(2012)", "인셉션(2010)", "아이언맨(2008)" 등과 같은 영화를 통해, 우리들은 지구상에서 벌어지는 모든 생활구조를 그대로 가상으로 옮겨 놓고 현실처럼 사용하고 활용하는 초고속, 초연결 시대를 이해하고 있다.

4차산업혁명의 초입에 우리들은 "아이러브스쿨(1999)"과 "싸이월드(2000)"를 통해서 메타버스를 이미 경험하기 시작하였다. 그 당시의 메타버스는 이용자들이 온라인상에서 네트워크를 형성하여 채팅하는 SNS(social networking service) 수단에 불과했다. 2003년에 린든 랩(Linden Lab)이 출시했던 3차원 가상현실 기반의 "세컨드 라이프(Second Life)" 게임이 현재의 메타버스 플랫폼에 가장 근접한 사례였다고 볼 수 있겠다.

가상현실에서 아바타를 생성하여 일정한 시나리오도 없이 자신이 원하는 제2의 삶을 만들어가는 새로운 형태의 MMORPG(대규모 다중 사용자 온라인 롤플레잉 게임: Massively Multiplayer Online Role-Playing Game)류 게임이었다. 그러나 영어중심의 미국적 라이프 스타일의 한계성, PC전용플랫폼의 제약성, 콘텐츠의 빈약성, 과도한 역기능성(사행성 · 폭력성 · 선정성), 어려운 인터페이스 등의 이유로 인하여 모바일 발전과 함께 이용자가 대거 이탈하며 실패한 플랫폼으로 전락할 수밖에 없었다.

감성 밸런싱 작업

코로나 팬데믹 상황을 거치면서 가상세계에 대한 인류의 도전은 메타버스를 다시 활발하게 가동시키고 있다. 실감기술들의 발전과 함께 4차산업의 기술 및 서비스가 융복합되며 메타버스는 산업적인 측면에서 새로운 비즈니스모델로 각광을 받고 있다.

최근에 블록체인, NFT, 가상재화 등과 같은 문제들로 인하여, 메타버스가 게임인가 아닌가라는 문제로 열띤 토론이 벌어지고 있지만, 이 시점에서 우리가 분명하게 인식해야 되는 것은 게임이 메타버스 토대를 마련하는 기본 기술이라는 사실이다. 메타버스의 뼈가 되고 살이 되고 있는 게임이 메타버스가 가고자 하는 지향가치와 다르다고 하여 단절시킬 수 없는 관계다.

현 상황에서 볼 때 실감콘텐츠기술의 완성도가 미흡하고 확장현실(XR)로 가는 길이 매우 험난하리라 생각되지만, 우리들의 미래에 웅대한 메타버스 시대가 열릴 수 있을 것이라는 희망을 갖게 되는 것은 그동안 다양한 디지털 기술들을 차곡차곡 쌓아 온 '게임산업'이 존재하기 때문이다. 특히, MMORPG에 구축되고 있는 다양한 게임 환경들은 메타버스 생태 환경 구현에 크게 기여하고 있는 것이 사실이기 때문이다.

게임 메카닉이 주축을 이루는 실감 기술이 현실공간과 가상공간으로 중첩되어 자연스럽게 확장현실 환경을 구축하는 과정에서 게임스토리텔링은 자연스럽게 메타버스 스토리텔링으로 연계될 수밖에 없다. 따라서 시공간의 상호작용 차원에서, 생존을 위한 생산 및 경제의 건강한 질서 차원에서, 인류에게 휴식과 즐거움을 주는 정신적 소통 차원에서 스토리텔링으로 합리적인 해결점을 찾아나가야 한다.

스토리텔링은 인류의 무한 욕망을 실현시켜주기 위하여, 상상력과 창의력을 극대화시켜 최대한의 만족도를 높여주기도 하고, 소유욕을 충족시켜 환희를 느끼게 만들기도 하지만, 좀 더 넓은 의미에서의 스토리텔링은 어떤 목적을 달성하기 위한 환경 변화 때문에 발생하는 감정을 컨트롤해 나가는 일이다. 따라서 스토리텔링은 이용자에게 원하는 만큼의 감동을 안겨주기 위해 정서를 자극하는 감성 밸런싱 작업인 것이다. 이러한 감성 밸런싱은 지구상의 모든 유형의 직업군에서 필요한 작업이다. 사적인 삶, 예술적인 행위, 콘텐츠 창작 행위, 의술행위, IT산업을 비롯하여 자동차 및 선박 산업, 우주항공산업에 이르기까지도 이용자들에게 최상의 서비스를 위해 극히 세심한 스토리텔링이 요구되는 시대이기 때문이다.

　　그뿐만 아니라 메타버스의 완성도를 높이기 위해 필요한 확장현실(XR)을 구축하는 인공지능(A.I.), 5세대 이동통신(5G), 위성항법장치(GPS), 가상현실(VR), 증강현실(AR), 혼합현실(MR) 등과 같은 고도의 기술들의 개요와 융합에 대한 기초적 이해 또한 스토리텔링으로 풀어야나가야 한다.

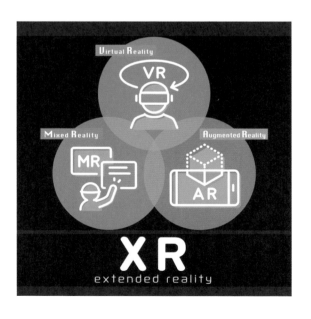

가상세계에 듬성듬성 실행되고 있는 지금의 메타버스 작업은 우후죽순과 같다고 표현할 만큼 어수선하기 짝이 없다. 우리 미래의 꿈이 담긴 가상의 지구에 무엇을 어떻게 이식시켜 나갈 것인지에 대한 기획은 심사숙고하여 실행되어야 한다. 메타버스 세계에 도로 하나를 건설하고 건물 하나를 짓더라도 그동안 우리들이 경험을 축적해 온 게임스토리텔링 방법론이 기본 바탕을 이룰 수밖에 없다고 사료된다.

게임스토리텔링의 미래전략

　　디지털지구 생태 환경을 스토리텔링하기 위해서는 현실세계(지구)의 생태구성요소인 배경, 인물, 사건이 핵심구성요소로 작용된다. 여기에 현실과 가상의 상호작용을 매끄럽게 연결해주는 매개 요소가 첨가되면, 게임스토리텔링 4요소(배경, 인물, 사건, 매개체요소)가 구성된다. 그렇다면 이 구성요소들을 활용하여 미래 메타버스시대를 어떻게 활성화시켜 나갈 것인지에 대한 게임스토리텔링의 역할에 대해 생각해 보자.

　　'배경' 스토리텔링은 지리와 공간 조건이 개입되는 물리적 환경에 가상의 사물 및 인터페이스 등을 혼합하는 혼합현실(MR)과 현실세계의 경제, 사회, 정치 등이 버무려진 시간의 변혁에서 파생되는 문화적 세계를 확장시키는 가상세계(Virtual Worlds)의 세계관을 구축해야 한다. 게임의 세계관은 판타지성이 극대화되는 경향이 있지만, 메타버스의 세계관은 현실세계의 섬세한 시공간이 고스란히 재현되어야 한다.

　　'인물' 스토리텔링은 육체, 감정, 경험, 움직임 등의 정보를 가상공간에서 재현하는 라이프로깅(Life Logging), 실제 세계의 모습, 정보, 구조 등과 같은 물리적 세계의 다양한 현상들을 가져와서 메타버스 세계에 정교하게 구현하는 거울세계(Mirror Worlds) 등을 구축해야 한다. 지금까지의 캐릭터 재현 기술로 미루어 볼 때, 컴퓨터그래픽에 의해 탄생되는 3D 아바타가 마치 메타버스의 토착 인종인 것처럼 고착시켜서는 안 된다. 진정한 메타버스세계의 인종들은 이용자의 커스터 마이징으로 탄생하는 정체불명의 아바타로부터 벗어나 현실세계의 모습과 똑같은 거울세계가 구현되어야 하고, 익명이 아닌 자신의 풀네임으로 가상세계를 활보할 수 있게 되어야 한다.

이렇게 구축된 배경(세계관) 속에서 캐릭터들의 움직임은 수많은 사건들을 연출하게 된다. '사건' 스토리텔링은 인류가 살아가면서 직면하는 다양한 삶의 이야기와 서비스 문제로 직결된다. 메타버스 가상세계를 제아무리 정교하게 지구의 복사판으로 짜나간다고 하더라도 현실과 가상이 같을 수는 없는 법이다. 어떤 경지에 이르게 되면 한계에 봉착하게 되는 인간들의 유한 삶에 비해, 가상세계는 무한 상상력이 극대화되는 세계이기 때문에 무한 체험, 무한 활동, 무한 능력을 발휘할 수 있는 곳이다. 따라서 가상의 매력을 이해하는 이용자들은 무한 재미성에 기대를 걸게 된다.

결국, 메타버스에는 가상세계에 대한 관심 유발을 위해 재미, 즐거움, 보상, 경쟁이라는 게임메카닉을 활용하는 게이미피케이션(gamification) 방법으로 감정, 행동, 욕망을 자극하고 경쟁심까지도 유발하는 스토리텔링이 필요하게 된다. 이때 가상세계 삶의 특성에 따라서 적당하게 획득과 사용을 반복하게 되는 아이템, 문제풀이 형식으로 몰입성을 유도하는 퍼즐, 효과음 및 배경음으로 판타지성을 리얼하게 유도하는 게임음악 등과 같은 '매개체 요소' 스토리텔링 또한 적절하게 활용되게 된다.

우리들의 지구가 숱한 세월 속에서 좌충우돌하며 오늘날의 역사와 과학과 문화를 생성시켜왔듯이, 새로운 디지털지구를 만든다는 것은 결코 쉬운 일이 아니라고 생각한다. 지금까지 지구촌의 문명을 하나하나 쌓아 왔듯이 전 세계의 인류가 합심하여 디지털지구를 함께 건설해 나갔을 때, 아주 건강한 메타버스가 구축되리라고 생각한다.

향후 완성도 높은 메타버스 환경을 구축하기 위해서는 현실 세계에서 쉽게 접하지 못했던 풍부한 정보, 풍부한 체험, 풍부한 소통 등이 뒤따라줘야 한다. 건강한 메타버스 생태 환경을 위하여 학문적으로, 기술적으로, 시스템적으로, 서비스적으로, 다양한 정책적 연구가 이루어져야 한다.

따라서 대한민국은 이러한 지구촌의 새로운 e-문명시대의 주도권 장악이라는 차원에서 브레인스토밍으로 촉발되는 무한 융합 게임스토리텔링을 적극 활용하여 건강하고 독창적인 메타버스 시대를 열기 위한 노력을 해야 한다. 이러한 노력들은 한 개인집단에서 이룰 수 없는 거대한 가상 신대륙 개척인 만큼, 정부가 주도적으로 참여하여 거시적인 안목에서 일관성 있고 통일된 지원책을 제시해 나가야 한다.

PART
04

인공지능 메타버스 시대
경제 · 직업 미래전략

16. 인공지능 메타버스 시대 공간변화와 투자 미래전략
: 미래산업 경제권, 메타버스 공간통합 해야

엄길청

국제투자리서치포럼 회장

전 아태경제연구소 소장

국제미래학회 미래경영위원장

세계 지역공간 역사와 변화

역사를 살펴보면 시대를 가르는 혁신의 세기에는 특히 공간 활용과 공간 도전의 패러다임에 확연한 변혁이 두드러진다. 이른바 축의 시대(axis age)라는 고대 지성 문화의 시간에서 넘어오는 시기에는 로마나 아테네 등을 위시하여 지중해 일대에서 새로운 문명과 전투의 역사들이 많이 기록되었으며, 중세유럽의 시간을 지나면서 시민혁명과 종교혁명 등의 갈피에서는 유럽의 역사적 지도는 중앙부의 공간이 후대로 가는 이정표 역할을 상당히 담당했다. 현대사의 종횡을 재단하는 역사와 사건의 구도에는 대서양과 북미지역에서의 국제관계 공간 획정의 의도와 파급력이 지금도 상당하다. 미군이 홀연히 아프가니스탄에서 떠나고 얼마 되지 않는 후, 거기서 그리 멀지 않은 곳의 흑해 주변 힘의 공백 지역에서 우크라이나가 러시아의 공격을 처연히 받기 시작했다.

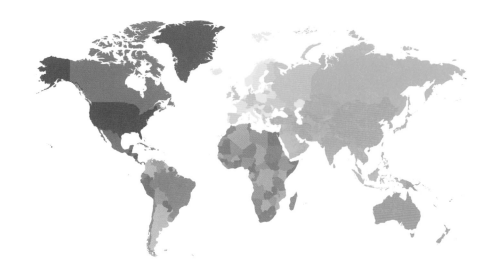

얼마 전까지만 해도 노동력과 공산품의 공급이 늘어난 동아시아의 공간적 부상을 예상하는 목소리들도 적지 않았고, 석유 에너지의 힘이 아직도 여전하지만 정말 20세기의 갈등과 분쟁의 중심은 단연 중동과 중남미의 산유국 주변 지역공간이었다.

국가마다 내부적으로는 도시와 지역의 공간적 역할이 일정한 경향성을 보이며 경제적 가치나 인구의 이동을 바꾸어 놓는 일들이 뚜렷하다. 특히 최근에는 나라마다 수도권의 자본집중과 산업혁신 주도력의 강도는 날로 강해지고 있다. 당연히 이외의 지역들은 이에 맞서느라 지역연합으로 대응하는 도시 광역화가 등장하고 있다.

런던의 지역 확장세가 공공연한 영국은 점점 약해지는 지방도시들이 하나로 힘을 모아서 맨체스터도시연합(MA) 같은 수십 개의 지역도시간의 공간 규합이 각지에서 분주하다. 일본 도쿄일대의 배타적인 지역성장에 반발한 오사카지역은 자체 지역공간에서 지역토착 정당을 중심으로 중앙정부와 정치적 권력분화로 치닫는 중이다.

당장 서울과 경기도의 비중이 모든 면에서 확연히 커진 우리나라만 해도 성장 한계에 몰린 부산, 울산, 경남이 부울경 특별자치단체로 공간연합에 들어간 상태이고, 광주와 전남과 대구와 경북도 지역통합의 시계가 빠르게 돌아가고 있는 형국이다.

뉴 지역공간 패러다임

미국이 기술경제번영네트워크(EPN)란 새로운 기술과 경제의 연대를 구성하는 노력의 과정에서 당초 미국의 오프 쇼어링 정책이 프랜드리 쇼오링(friendly shoring)이란 용어로 압축되며 미국과의 경제적 친소공간을 더욱 협소하게 특정하고, 국가적 이해관계의 새로운 설정과 자유민주적 가치관 공유라는 동맹관계로의 변혁의도를 분명히 드러내고 있다. 여기에다 미국의 주도로 인도태평양이란 공간용어는 이제 경제안보외교의 강력한 공간범주화 단어로 우리 앞에 커다란 이슈를 던지면서, 이전의 아시아태평양이란 공간용어의 점진적 퇴장을 알리고 있다. 이러면 중국과 러시아가 미래의 국제공간에서 배제되거나 배척지역으로 밀리는 것은 삼척동자도 알게 된다.

그러는 와중에 푸틴이 예민한 식량과 에너지 공급의 긴장 조성 가능공간에서 무고하게 이웃 나라를 침공해 국제사회를 일순에 고통에 빠트리며 인류의 공분을 사고 있다. 그는 일견 국가 영토공간의 확장을 노리면서, 세계적 타격이 유효한 공간에서 서방과 국내를 향한 지도력 강화 전쟁을 무모하게 도발한 것이다. 중국은 지금 코로나로 그 기세가 눌린 상황에서 국내로의 공간봉쇄 통제에 들어갔지만, 흑묘백묘 이래로 상당한 경제발전의 힘을 모은 뒤로는 일대일로의 지리공간 확장정책으로 세계사 힘의 재편에 도전하려는 공개적인 패권시도를 드러낸 바도 있다. 시진핑이 있는 한 중국은 여전히 대외공간 확장정책을 유효한 카드로 만지작거릴 것이다.

　최근까지 우리나라 정부는 중국과 북한과의 갈등관리로 한반도 안보의 평화적 공간관리 정책을 추진하던 집권정당이 올해 초 선거패배로 임기를 마쳤다. 지난 5월부터 한국의 새로운 정부는 한미일 안보경제동맹국 강화라는 국가 이해관계의 공간적 범주의 개편을 분명히 하면서, 신임 대통령은 일본과 같이 나토회의에도 다녀오는 새로운 공간이동의 동선을 내외에 선보이고 있다. 게다가 원자력에너지 회복과 우주항공산업 도전이라는 미래산업과 과학기술 신장의 혁신 어젠다를 던지며 앞으로 5년간의 나라운영이 보여줄 산업기술 공간동선의 구상을 선명히 보여주고 있다. 특히 산업과 과학의 기술혁신이 이제 우주와 해양에서 새로운 "뉴 스페이스 패러다임"으로 전개되는 세계적 추이를 수용하고 서방과 협력하여 협업하려는 정책방향으로 보인다.

투자시장, 신 공간기술 기업투자에 관심

이런 기류 속에서 기업혁신과 청춘지성들의 미래 기술개발과 자본투자의 항로는 역시 새로운 공간으로 가치화 패러다임을 만들어내고 있다. 누구는 우리 청년들의 주식투자를 돈벌이에 매몰시키는 개미투자라고 호도하지만, 청년들의 투자선택에 의해 새로운 기업이 등장하고 더 확장된 미래공간이 열리게 될 것이다. 특히 청년 주식투자자들은 그동안 데이터 역량과 정보화 성능위주에서 발달해온 디지털 공간의 다원적 기능성을 고도로 확장하면서 다양하고 역동적인 가상공간들을 만든 창업가와 기업들을 투자처로 찾아내고 있다. 또 그 투자의 경험이 현실과의 접점에서 속속 일상생활로의 활용도가 높아질 것으로도 기대가 된다.

코로나의 참극이 찾아온 시간에 국제증권시장은 빅테크 기업들과 첨단기업들의 인공지능 메타버스 비지니스가 이끄는 새로운 공간창조와 관련 기술기업들이 놀라운 실적고양과 투자증대로 활약상이 눈부시게 드러났다. 우리나라 삼성전자도 이 같은 트렌드를 지원하면서 반도체 리더로서의 더욱 존재감을 높였다. 이제 그 스포트라이트는 이제 한국에서 인공지능 메타버스화된 산업현장의 미래 공간투자로 향할 것이란 기대가 크다.

교통과 인터넷의 발달로 금융, 무역, 여행, 문화 등의 수평적 교류와 교환이 지구화 속도의 증진과 세계화의 경제규모 신장을 획기적으로 키워왔으나, 이제 그 피해를 오롯이 팬데믹 희생과 전쟁물가 피해로 부메랑처럼 맞이하면서, 특히 서방경제권은 다시 제한되고 친밀하며 안전한 공간연결 속에서, 서로 약속된 교역과 믿을 수 있는 교류시대로 세상을 전환시키려 한다.

따라서 동아시아 극동의 외진공간에서 서방과 교역하는 국제산업국가로 성장한 우리 산업현장은 지역산업 현장과 지역기업 경영현장이 통합된 인공지능 메타버스 도입으로 전략적 공간국제화로의 혁신이 필요한 시점이다. 새로운 패러다임 개척을 추구하는 우주항공, 해양산업, 자율자동차, 스마트

시티, 친환경공장설계 등 미래 산업분야가 발달하는 지역에서의 인공지능 메타버스 도입은 공간발달과 지역경제의 큰 성과가 기대된다. 예컨대 부울경특별자치지역은 당장 정부업무를 중심으로 인공지능 메타버스행정공간으로의 지역통합 노력이 절실하다. 나아가 지역의 산재된 생산공간들이 통합된 부울경의 인공지능 메타버스 연합공단 도입을 구상한다면 미래산업이 포진된 부울경 미래산업 경제권을 미리 가동하고 보강하는 좋은 사례가 될 수 있다.

지방산단, 인공지능 메타버스로 공간통합이 절실

특히 이 지역 조선산업은 울산, 부산, 창원, 거제, 고성 등으로 나뉘어 있다. 그러나 현실의 조선사는 곧 국제적 협력만 얻으면 점점 하나로 통합되어야 하는 과제를 안고 있다. 머지않아 하나로 기업통합이 불가피한 이 지역들은 곳곳의 현장마다 현장작업이나 연구개발은 물론, 복지서비스, 문화생활 등에서 기업과 지역의 구분을 넘어 광대한 동남권 조선산업의 통합생산개발공간으로 재구성하고 재창조하는 민관학협력의 인공지능 메타버스공간화 작업은 지금이라도 시작할만한 일이다.

이런 산업도시의 인공지능 메타버스화 통합구상은 수도권에서 소재, 부품, 장비 등의 중소기업이 산재한 수원, 용인, 화성, 평택, 안성, 천안, 아산 등지에서도 더 시급히 필요하다. 당초 산업도시계획의 국가지원이 불비한 채, 시군마다 스스로 발달한 이 지역이 차제에 국가의 인공지능 메타버스 공단화 지원으로 광대한 통합이 이루어지면 국제교류, 물류유통, 인재구인, 발명촉진, 구매효능, 마케팅 발달 등 중소기업 취약분야의 경영효능 증강과 토지이용 효과에 큰 성과가 기대된다.

유감스러운 일이지만, 이번의 국제적인 주가폭락 사태로 SNS 등 가상공간과 소프트기술기업은 그 자체만으로는 자본유입이 일정기간 쉽지 않을 전망이다. 그러나 인공지능 메타버스는 현실경제와의 연계확장 실천이 하루가

급한 실정이다. 작금의 인플레이션 문제도 이런 실물과 가상의 통합된 가치화에서 해법이 나올 수 있다.

이제 시간의 축에서 공간의 축이 더 주도적인 의미를 가지며 4차 산업혁명은 질병과 전쟁과 대 혼돈의 와중에서 자유민주와 인간지성의 공간을 중심으로 가치관 공유의 기준이 가동되기 시작하고 있다. 마치 페스트와 천연두로 이어지는 유럽의 대참사 기간을 지나고 나서 찾아온 르네상스의 재현구간이라고 보아도 무방할 것이다. 당시도 대외 침략과 장거리 교역의 위험에서 초래한 질병 전파의 고통을 교훈 삼아, 안전하고 정숙한 실내중심의 사유와 학습과 창조의 내적 공간을 더 중히 여기게 되었다. 그로서 미켈란젤로의 천지창조와 다비드상, 레오나르도 다빈치의 암굴의 성모와 최후의 만찬 같은 거대한 실내 교유공간과 성전공간에 장치된 걸작들이 오늘에 전해진다.

하나의 공간적 우려로는, 금전적 탐욕으로 디지털자산의 투자공간에 빠져들다 보면 디지털 코인과 NFT 투자를 둘러싼 일부 시민들의 경제적 불상사가 불을 보는 듯하다. 특히 청년들은 코인이나 NFT와 같은 공인되지 않은 디지털자산 공간투자는 실물가치와의 연계자산이 없이는 위험하다는 점을 꼭 유념하였으면 좋겠다. 작금의 세계적인 인플레이션 소동은 과도했던 무형자산 투자 붐에 대한 유형자산 가치균형의 대반격이기도 하기 때문이다.

17. 인공지능 메타버스 시대 중소 · 벤처 미래전략
: 디지털 대전환 시대 중소벤처기업 혁신방향

주영섭

서울대학교 특임교수
제14대 중소기업청장
국제미래학회 자문위원

4차 산업혁명이 모든 산업은 물론 사회, 생활 등 전 분야에 대변화를 가져오고 있다. 디지털 기술 기반으로 모든 사물이 연결되는 네트워크 혁명인 4차 산업혁명을 다른 말로 표현한다면 디지털 대전환이라 할 수 있다. 디지털 대전환은 모든 사람 · 사물 간 연결을 기반으로 만들어지는 대규모 데이터가 핵심이다. 모든 사람 · 사물 간 연결이 5G/6G 통신을 통해 초연결이 되면 이를 통해 얻어지는 엄청난 빅 데이터를 인공지능이 분석하고 활용하여 새로운 부가가치와 성장동력을 만드는 것이 바로 디지털 대전환이자 4차 산업혁명의 핵심이다.

아울러 4차 산업혁명과 디지털 대전환은 물리적 세계와 사이버 세계의 융합을 의미하는 사이버물리시스템(CPS)의 구현을 지향하고 있다. 사이버물리시스템은 우리가 살고 있는 물리적 세계, 즉 현실 세계를 디지털 기술을 통해 사이버 세계, 즉 가상 세계에 구현하여 융합된 시스템으로 최근 메타버스로 발전하며 큰 주목을 받고 있다. 인공지능과 데이터, 메타버스를 중심으로 한 4차 산업혁명, 즉 디지털 대전환이 바로 이 시대의 시대정신이요 메가트렌드가 되고 있는 것이다. 인류 문명에 대전환을 가져온 코로나 팬데믹도 디지털 대전환을 한층 가속시켜 인공지능 메타버스의 시대를 앞당기고 있다.

기업생태계 경쟁의 시대

디지털 대전환을 통한 인공지능 메타버스 시대가 되면 국가 간 경쟁구도는 기업 단위의 경쟁보다 기업 생태계 간 경쟁이 중요해진다. 기술과 비즈니스 모델 혁신의 속도가 너무나 빠르고, 그 규모와 범위가 커서 한 기업은 물론 한 국가만으로도 따라갈 수 없기 때문에 대기업, 중소벤처기업을 포함하는 기업 생태계가 경쟁력의 원천이 되고 있다. 우리나라의 기업 발전사를 보면 창업 기업, 중소기업, 중견기업, 대기업의 정상적인 성장 사다리를 통한 자연발생적 기업생태계 발전이라기보다는 과거 단기간에 압축 성장을 위한 정부 주도의 대기업 육성이 이루어지면서 중소벤처기업 육성이 따라오는 수순의 기업생태계 발전이 이루어지고 있다고 볼 수 있다.

우리 대기업이 이제 삼성, 현대차, LG, SK 그룹 등 글로벌 경쟁력과 지배력을 가진 대기업으로 성장한 만큼 우리 중소벤처기업을 시급히 육성해야 건전하고 지속가능한 기업생태계 발전을 통하여 인공지능 메타버스 시대가 요구하는 글로벌 기업생태계 경쟁에서 우리나라가 선도국으로 발돋움할 수 있을 것이다.

중소벤처기업의 중요성 증대

더욱이 4차 산업혁명에 따른 디지털 대전환 시대에는 기업생태계 경쟁에서 중소벤처기업의 중요성이 대단히 커진다. 디지털 대전환은 전술한 바와 같이 초연결 사물인터넷, 데이터, 인공지능 등 디지털 기술혁신으로 비즈니스 모델을 혁명적으로 혁신하게 된다. 즉, 비즈니스 모델이 과거 대량 생산·소비 체제에서 맞춤화 및 개인화 생산·소비 체제로 바뀌는 것이 그 요체이다.

디지털 대전환 이전에는 기업과 소비자의 연결성이 약하여 불특정 다수의 소비자에 대한 시장조사를 통하여 제품 개발과 판매가 이루어지는 대량생산·소비 중심의 비즈니스 모델이 주류를 이루었다. 반면에 디지털 대전환 이후에는 디지털 기술을 통하여 기업과 소비자 간의 초연결을 기반으로 소비자 개개인의 니즈와 취향에 맞춰 제품 개발과 생산·판매가 이루어지는 맞춤화 내지 개인화 생산·소비 중심의 비즈니스 모델로 바뀌고 있다.

즉, 초연결을 통한 고객 데이터 확보 및 인공지능 분석을 통해 소비자 개개인에 대한 '취향 저격'이 가능해진 것이다. 패션, 화장품 등 소비재(B2C)의 경우 이 추세는 완연하게 나타나고 있고, 이에 따라 소재, 부품 등 중간재(B2B)의 경우도 단위 생산량이 과거 대비 현저히 작아짐에 따라 기종 변경이 대폭 증가하고 있어 생산의 유연성이 매우 중요해지고 있다.

디지털 대전환이 야기한 비즈니스 모델의 변화에 따라 기업은 규모의 경제보다 속도 및 유연성 경쟁력이 더욱 중요한 핵심 성공요소가 되고 있다. 따라서 속도와 유연성에 강점을 가지고 있는 중소벤처기업의 경쟁력이 두각을 나타낼 수 있는 환경이 만들어지고 있는 것이다. 높은 기술력을 가진 혁신 중소벤처기업 중심의 기업생태계를 가진 나라가 디지털 대전환 시대의 승자가 될 것이다.

빠른 중소벤처기업이 서로 협력하여 그룹이나 네트워크를 만들어 공동 마케팅·R&D·생산·구매 등 공동사업을 통해 속도와 규모 경쟁력을 함께 확보해 나가면 기업생태계에서 대기업 못지않은 영향력을 발휘할 수 있다. 우리나라 중소벤처기업 정책에 많은 시사점을 던지는 대목이다.

디지털 대전환 중소벤처기업 5대 혁신 미래전략

전술한 바와 같이 디지털 대전환의 특성과 전개 방향을 살펴보면 디지털 대전환 시대에 중소벤처기업의 미래전략 방향을 읽을 수 있다. 이러한 맥락에서 중소벤처기업의 미래전략은 데이터 기반의 디지털 대전환을 통한 비즈니스 모델, 기업 시스템, 기술, 사람, 시장의 5대 혁신으로 정리될 수 있다.

비즈니스 모델 혁신

첫째로, 비즈니스 모델 혁신은 5대 혁신 중 가장 선행되어야 한다는 면에서 중요성이 제일 크다. 4차 산업혁명과 디지털 대전환은 기술혁신이 촉발한 비즈니스 모델 혁명이다. 따라서 중소벤처기업은 물론 대기업도 비즈니스 모델의 혁신이 선결 요건이다. 비즈니스 모델은 기업 경영의 핵심 모델로서 고객, 제품 및 서비스, 운영 모델, 수익 모델의 네 가지 요소로 이루어져 있다.

디지털 대전환 시대의 비즈니스 모델 혁신은 데이터를 기반으로 한다.

고객 데이터 확보가 시작점이다. 고객 데이터베이스의 지속적 유지 관리가 필요하고 회원제를 통한 회원 확대도 효과적이다. 확보된 고객 개개인 데이터 분석은 물론 온라인상에서의 빅데이터 분석을 통하여 고객 개별적 및 전반적 취향을 파악하고 이를 기반으로 고객이 원하는 제품 및 서비스 개발이 가능해진다.

운영 모델은 데이터 마케팅, 디지털 트윈 기반의 모델링과 시뮬레이션을 통한 제품 개발 및 생산의 최적화, 온라인 및 오프라인 판매의 융합 등 다양한 디지털 대전환 기술로 혁신되고 있다. 수익 모델은 초연결과 데이터를 기반으로 '사용한 만큼 지불하는 모델'(Pay-per-use), 구독모델 등 새로운 모델이 등장하고 있다.

제품 및 서비스 혁신에서는 대량 맞춤화를 넘어 개인 맞춤화와 함께 친환경 제품이 MZ 세대를 중심으로 소비자의 관심이 커지고 있다, 아울러, 제품의 서비스화 등 제품과 서비스의 융합을 기반으로 한 비즈니스 모델 혁신이 세계적 추세로 부상하고 있다.

과거에는 제품 판매에 집중되었으나 이제 제품 판매와 함께 제품 사용 전주기에 걸친 서비스를 상품화하고 있다. 예를 들어, 자동차 산업의 경우 자동차 판매만이 아니라 유지보수는 물론 카쉐어링, 광고, 전자상거래, 위치정보서비스, 보험, 클라우드 서비스, 충전서비스 등 각종 서비스 모델을 망라한 모빌리티 산업으로 빅뱅하고 있다. 온라인 플랫폼화, 제품과 금융의 융합, 데이터 기반 모델 등 다양한 비즈니스 모델이 제시되고 있다.

기업 시스템 혁신

둘째로, 마케팅, 개발, 제조, 경영 등 기업 시스템 혁신이다. 여기서 순서가 중요하다. 비즈니스 모델 혁신이 먼저 이루어지고 이에 맞는 기업 시스템 혁신이 이루어져야 한다. 최근 중점 추진되고 있는 스마트 공장 구축 사업도 비즈니스 모델 혁신 없이 제조 시스템만 바꿔서는 안 된다. 기존의 대량 생산 기반인지 새로운 개인화·맞춤화 생산 기반인지 등 비즈니스 모델 혁신이 먼저 이루어지고 이에 적합한 스마트 공장 등 제조 시스템이 구축되어야 성공할 수 있다. 기업 시스템 전반에 데이터 기반의 디지털 대전환이 이루어져야 할 것이다.

기술의 혁신

셋째로, 기술 혁신의 중요성은 아무리 강조해도 지나치지 않다. 비즈니스 모델과 기업 시스템 혁신이 모두 기술 혁신을 기반으로 두고 있다. 인공지능, 데이터, 사물인터넷, 5G/6G 통신, 클라우드, 메타버스, 로봇 등 디지털 대전환의 핵심 기술에 대한 역량 확보가 핵심이다.

인적·재무적 자원이 부족한 중소벤처기업은 개방형 기술혁신과 기술 협력에 주력해야 한다. 대학, 국책연구원 등 외부 역량을 최대한 활용하고 기업 간 공동 개발 등 기술 협력에 적극 나서야 하고 정부는 이를 위한 지원을 강화해야 한다.

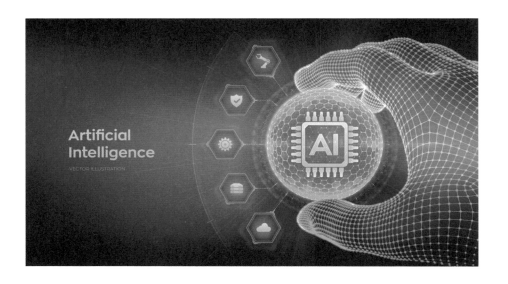

사람의 혁신

넷째로, 사람의 혁신이 중요하다. 디지털 대전환이 기업 환경에 대변화를 초래하고 디지털 네이티브로 이전 세대와 확연히 다른 MZ 세대가 소비자와 조직 구성원의 신주류가 됨에 따라 기업의 비즈니스 모델, 마케팅, 인사 등 경영 전략 전반에 걸친 총체적 변화가 진행되고 있다.

새 시대의 새로운 인재 육성을 위한 교육 등 인적 투자의 확대가 중요하다. 중소벤처기업의 인적 투자 확대를 위한 정부의 지원도 절실하다. 아울러, 중소벤처기업이 우수 인재를 확보하고 유지하기 위한 우리 사주, 스톡옵션, 직무 발명 보상 등 회사－직원 간 성과공유 제도의 확산에 기업은 물론 정부의 획기적 지원이 중요하다.

비즈니스 모델 혁신

다섯째로, 시장 혁신은 글로벌화 확대가 중요하다. 작금의 보호무역주의의 부상, 코로나 팬데믹과 미중 갈등에 따른 글로벌 공급망 재편 등 일련의 상황을 우리나라는 글로벌화의 후퇴와 자국 회귀로 해석해서는 안된다. 사실상 탈세계화는 탈중국화를 의미하여 글로벌 시장에서 우리 기업에 큰 위협인 동시에 글로벌화 확대를 위한 절호의 기회가 되고 있다. 구조적으로 대외의존도가 높은 우리 경제에 글로벌화는 필수적 숙명이다. 위기를 기회로 만드는 역발상의 지혜가 필요한 시점이다.

인공지능 메타버스 시대에 디지털 대전환을 통한 비즈니스모델·기업시스템·기술·사람·시장의 5대 혁신으로 우리 중소벤처기업의 성공을 기대한다.

18. 인공지능 메타버스 시대 공정거래 미래전략
: 공정거래 정책 AI-META 경제에 맞게 진일보해야

문형남

대한경영학회 회장

숙명여대 경영전문대학원 교수

국제미래학회 지속가능위원장

AI-META경제에서 공정거래 패러다임 대전환

공정거래는 인공지능(AI)과 메타버스(Metaverse)가 주도하는 AI − META 시대에 매우 중요한 이슈 중의 하나다. 세계 및 국내 경제가 매우 어려운 환경에 놓여 있으며, 이러한 상황에서 우리 경제와 산업·기업의 성장을 위해서는 공정거래와 동반성장(상생협력)이 매우 중요하다. 대기업과 중소기업, 프랜차이즈 가맹본부와 자영업자인 가맹점주, 플랫폼사업자와 플랫폼사용자 등이 갑을 관계에서 탈피해서 공정거래를 하면서 동반성장과 상생협력을 추구해야지만 우리 경제가 지속가능한 성장을 할 수 있다.

AI-META경제는 디지털경제보다 진일보된 개념

공정거래(fair trade)는 공정하게 하는 거래이며, 시장경제에서 독점화를 억제하고 경쟁 제한적이거나 불공정한 거래 행위를 규제하여 공정하고 자유로운 경쟁 질서를 확립하는 데 필수적이다. AI-META경제에서는 경제 패러다임이 과거와 크게 다르게 변화된다. AI-META경제는 디지털경제보다 진일보된 개념이며, 이에 따라 거래 관행과 공정거래 패러다임의 대전환이 필요하다. AI와 메타버스가 공정거래에 적극 활용되어야 하며, 새로운 세상인 메타버스에서의 공정거래 룰과 정책이 뒷받침되어야 한다.

경제성장을 이끌어 갈 중요한 원동력으로 손꼽히는 공정거래와 동반성장(win-win growth). 그 중심을 이루는 대·중소기업 간 상생협력의 해답으로 공정거래협약이 떠오르고 있다. 공정거래협약(fair trade agreement)은 대기업이 그들과 거래하고 있는 중소협력업체와 체결하는 것으로서 대기업과 중소기업이 상호협력하여 함께 성장해가기 위한 각종 프로그램을 담고 있다. 정부가 중소벤처기업부 산하 협력재단인 동반성장위원회를 대통령 직속 기구인 상생위원회로 격상하는 방안도 논의중이다. 이는 조속히 추진되어야 하며, 공정위와 상생위는 긴밀한 협조체제를 구축하여야 한다.

공정거래위원회(공정위)는 디지털 공정경제 구현으로 지속가능한 혁신 기반을 마련하고, 갑과 을이 동행하는 따뜻한 시장환경을 조성하며, 대기업 집단의 건전한 지배구조와 거래질서를 정립하는 것을 올해 핵심과제로 제시했다. 디지털 공정경제 구현을 첫 번째 핵심과제로 선정한 것은 공정위의 정책방향은 바람직한 것으로 판단된다. 그러나 디지털경제는 이미 수년 전에 등장한 개념이며, 이제는 진일보한 AI-META경제에서의 공정거래 정책이 요구된다. 또한 규제보다는 진흥에 초점을 둔 정책이 필요하다.

공정위의 올해 첫 번째 정책과제인 '디지털경제에서의 경쟁촉진 및 소비자 권익 증진' 부분을 자세히 들여다보면, 온라인 환경에서의 경제적 약자

보호 강화 및 거대 플랫폼의 불공정 행위 근절, 신산업분야 진입장벽이 낮아지고 기업들이 혁신과 창의성으로 경쟁하는 건강한 시장 생태계 조성, 소비자가 안전할 권리와 알 권리를 보장받고 합리적 선택을 통해서 시장을 주도하는 것 등 세 가지를 세부 과제로 선정했다.

공정거래협약 · 공정거래자율준수(CP) 확대 필요

공정거래협약은 대 · 중견기업이 중소 협력사에게 자금 · 기술 등을 지원해주거나 법에 규정된 것보다 높은 수준의 거래조건을 적용할 것을 약정하고, 공정위가 그 이행 결과를 평가하는 제도이다. 공정거래협약은 대 · 중견기업이 중소 협력업체 · 납품업자 · 가맹점주 · 대리점 등과 불공정행위 예방및 경쟁력 강화를 위한 세부방안을 1년 단위로 협약을 체결 · 이행하고, 공정위가 그 결과를 평가하는 제도로서 2007년에 최초 도입되었다. 도입 15년을넘어 AI − META경제시대를 맞아 시대 변화에 맞게 업그레이드가 필요하다.플랫폼사업 및 메타버스경제에서의 적극적인 적용과 진흥정책도 요구된다.

공정거래위원회(KFTC, Korea Fair Trade Commission)는 기업들이 공정거래 협약에 담아야 할 원칙과 내용들을 제시하고, 그 이행수준을 점검 및 평가함으로써 기업들이 공정거래협약을 내실있게 운영할 수 있도록 장려하고 있다. 공정거래협약 이행평가 업무는 공정위 산하 공공기관인 한국공정거래조정원(조정원)이 맡고 있다. 정부 정책에는 규제와 진흥 기능이 있다. 공정위가 규제를 하고, 조정원이 진흥을 해야 한다. 주요 분야마다 진흥원이 있는데, 공정거래 분야에는 아직 진흥원이 없다. 현재 조정원이 실질적인 진흥 업무를 하고 있다. 조정원이 올해 초 업무 계획에서 조정원을 진흥원으로 개편하겠다는 계획을 밝혔는데, 이는 조속하게 추진하는 것이 바람직하다.

공정거래 생태계 구축의 긍정적 나비효과

공정거래위원회는 중견기업 등을 비롯한 중소기업과의 거래 단계까지 자율적인 상생문화가 확산될 수 있도록 지난해 8월 공정거래협약 이행평가기준(하도급분야)을 개정했다. 하도급분야 공정거래협약 이행평가기준은 대·중견기업이 중소 협력사에게 자금·기술 등을 지원해주거나 법에 규정된 것보다 높은 수준의 거래조건을 적용할 것을 약정하고, 공정위가 그 이행결과를 평가하는 제도이다. 실제로 지난해 하도급분야 공정거래협약 이행평가기준 개정 이후 공정거래협약이 활발하게 이뤄지고 있다.

공정거래협약을 통한 국제경쟁력 강화

공정거래위원회 예규인 '대·중소기업간 공정거래협약 이행평가 등에 관한 기준(하도급분야)'을 개정함으로써 국내 제조업의 자력 생태계 구축 및 공정한 금형 거래관행 정착, 산업안전 예방문화 확산 등에 도움이 될 것으로 기대된다. 공정거래협약 체결을 통해 대기업은 중소기업에 기술·제품 개발 등을 위한 자금·인력 등을 지원하게 되며, 중소기업은 기술력·생산력 향상으로 매출 증대를 이루게 된다. 이를 통해 중소기업은 대기업에 우수한 품질의 부품·제조장비를 납품하게 되며, 이에 따라 대기업은 완성품의 품질을 제고하고 제조비용을 절감하게 된다. 이 같은 과정을 통해 우리나라 기업과 산업은 국제경쟁력을 강화하게 된다.

기업·산업·경제 성장의 양대 축, 공정거래와 동반성장

공정거래협약이 얼마나 잘 지켜졌는지 평가하는 '공정거래협약 이행평가'는 대기업과 중소기업이 상호 공정한 하도급거래질서 정착을 위해 체결한 공정거래협약에 대해 한국공정거래조정원이 그 이행사항을 점검·평가하여 직권조사 면제 등의 인센티브를 부여하는 제도이다. 기업들의 '공정거래 자율준수 프로그램(CP)' 도입 확대도 필요하다.

공정거래와 동반성장은 기업·산업·경제 성장의 양대 축이라고 할 수 있다. 공정거래를 위해서는 공정거래협약이 매우 중요한 기본이라고 할 수 있다. 국내에서는 최근에서야 공정거래협약이라는 용어를 사용하고 있는데, 공정거래협약이라는 용어가 오래전에 일상화된 해외에서는 국내보다 앞서서 대기업과 중소기업이 상호 협력하여 함께 성장해가기 위한 각종 프로그램을 모범적으로 추진하는 사례가 많다. 공정거래협약이 국내에서는 공정위에서 틀을 정해서 정형화되고 한정된 형태로 추진되는 데 반해, 해외에서는 정해진 틀 없이 매우 광범위하게 진행되고 있다.

상생협력의 필요충분조건, 공정거래협약

그동안 대·중소기업 간 상생협력 노력을 통해 대기업의 금융지원 실적이 지속적으로 향상되었다. 이를 통해 중소기업 등의 협력사들이 상생결제

시스템을 통해 대금을 현금으로 지급받는 규모가 점차 커지는 등 괄목할만한 성과가 나타나고 있다. 기업뿐만 아니라 중앙 및 지방 공공기관에서도 모범거래모델을 적극 도입하는 등 협력업체와의 거래관행 개선 및 상생문화 확산을 위해 노력하고 있다.

공정거래위원회는 앞으로도 공정한 시장환경을 조성하는 데 기여할 공정거래협약을 확산하고자, 대·중소기업이 서로를 포용하는 거래환경을 구축하기 위해 지속적으로 노력할 것이라고 한다. 특히 하도급대금 조정신청권자로 추가된 중소기업중앙회와의 긴밀한 협력 등을 통해 중소기업의 협상력 강화를 위해 노력하고, 상향식 표준하도급계약서제·개정, 가맹·유통분야 표준계약서 도입업종 확대 등을 통해 공정하고 현실에 맞는 계약문화 정착을 위해서도 힘쓰겠다고 한다.

공정거래협약 제도는 대기업과 중소기업의 동반성장 및 상생협력 문화가 시장 전반에 확산되는 데 상당한 기여를 하고 있다. 한국공정거래조정원은 앞으로 협약이행평가 실무 및 기업 컨설팅 수행 등을 통해 공정거래위원회와 협력하여 협약 제도를 든든하게 뒷받침하겠다고 한다. 공정거래위원회는 기존에 대기업에 편중되었던 협약 제도의 외연을 확장하여 중견·중소기업이 상생협력의 주체가 될 수 있도록 적극 독려함으로써 상생협력 문화가 시장에 깊고 넓게 뿌리내릴 수 있도록 지원할 계획이다. 이에 따라 공정거래협약을 맺는 기업들이 지속적으로 늘어날 것으로 전망되며, 민간의 자율성을 확대해야 한다.

AI-META 시대를 맞아 공정거래·동반성장 정책은 더욱 중요해졌으며, 기업들이 자율적으로 공정거래와 동반성장(상생협력)을 추구해야 하며, 정부는 대기업과 중소기업, 갑과 을이 공정한 거래를 통해 동반성장할 수 있도록 정책적 뒷받침을 해야 한다, 또한 AI-META 시대에는 공정거래와 동반성장 정책도 크게 변해야 한다. 공정거래에도 AI와 메타버스가 작용하고, 메타버스에서도 공정거래가 이뤄지도록 해야 한다.

19. 인공지능 메타버스 시대 직업 변화와 미래전략
: 디지털 시대 내다볼 10대 미래 메타버스 직업

심현수

국제미래학회 미래직업위원장

중소기업을돕는사람들 이사장

미래창의캠퍼스 학장

코 로나19 팬데믹(Pandemic) 이후 세계는 인공지능과 메타버스를 중심
으로 새로운 패러다임으로 빠르게 변화해 가고 있다. 이는 직업과
일자리에 혁명적 변화를 가져오고 있다. 세계경제포럼(WEF)은 코로나19 팬
데믹(세계적 대유행) 유행으로 향후 5년 안에 로봇이 인간을 대체해 8500만개
의 일자리를 소멸될 것이고 반면에 인공지능(AI)과 메타버스와 콘텐츠 창출
분야에서 9700만개 일자리가 등장할 것이라고 예측하였다. 4차 산업혁명과
더불어 나타나는 변화 중 일자리와 직업의 문제가 가장 큰 사회적 화두가
될 것으로 예측된다.

최근 인공지능과 메타버스의 빠른 속도로 사회 변화의 범위와 발전 속
도도 빨라지고 우리 모두에게 익숙해질 미래이고, 현실로 빠르게 다가오고

있다. 이는 미래 산업에 큰 영향을 미치며 직업 분야에서도 새로운 기회를 만들어줄 변화임에는 분명하다. 따라서 미래 직업에 대한 관심이 커진 만큼 모든 세대가 디지털 시대의 흐름에 미래를 내다볼 수 있는 혜안을 갖고 직업 변화에 전략적으로 대응하고 준비해 나가야 할 중요한 시점이다.

인공지능과 메타버스 발전에 따른 직업 환경 변화

미래 일자리 변화를 바라보는 관점은 크게 두 가지로 바라볼 수 있다. AI기술과 로봇 등 자동화로 인하여 일자리가 감소될 것이라는 비관론적인 관점과 AI와 자동화 등으로 영향을 받는 직업은 있겠지만 새로운 직업이 많이 생겨날 것이라는 낙관론이 있다. 초연결 사회 구현으로 전 세계가 서로 연결된 세상 속에서 인공지능과 메타버스가 제공해 줄 상상 속의 거대한 미래는 새로운 직업들이 많이 나타날 것으로 예상된다.

우리 사회는 점차 스마트폰과 인터넷으로 쉽게 구현되는 메타버스 속에서 하루의 모든 시간을 보내면서 디지털 가상 공간에 대한 관심 또한 높아졌다. 현실 세계와 디지털 가상 세계에서의 활동이 서로 연결되고 있으며, 미래를 내다볼 때 어쩌면 우리는 현실보다 더 현실 같은 디지털 가상현실 속에서 앞으로 생활하게 될 것이다. 이에 따라 직업 환경 변화 요인을 사회 문화적 관점, 기업 환경적 관점, 기술 발전적 관점으로 나누어 알아보면서 미래 직업의 변화에 전략적으로 대비해야 할 것이다.

첫째, 사회 문화적 관점으로 전 세계적으로 코로나19 팬데믹(Pandemic) 이후 사회 전반에 재택근무, 비대면 온라인 교육, 디지털기술의 발달에 따라 사회적 언택트 수요를 충족하는 새로운 대안으로, 시공간 제약을 뛰어넘는 메타버스 서비스의 출현과 디지털로 소통하고 교감하는 디지털 네이티브 세대의 등장이다. 이는 기존에 물리적 공간에서 이루어졌던 다양하고 복잡한 사회활동들이 메타버스 공간으로 이전될 수 있다는 사례를 보여주고 있다.

이를 입증하는 사례로 대학교 메타버스 입학식, 유명 연예인들의 팬 사인회, 정부 행사와 기념식 등을 들 수 있다.

둘째, 기업 환경 관점으로 새로운 비즈니스 모델이 필요하며 기업에서는 새로운 미래 성장에 필요한 동인으로 메타버스에 대한 관심이 집중되고 있다. 특히 메타버스 플랫폼을 이용하는 소비자가 급속히 늘어나고 있으며 글로벌시장에서도 메타버스에 대한 미래 성장 주도 산업으로 성장 가능성을 크게 보고 있다. 세계적인 플랫폼 기업인 facebook이 회사명을 메타(META)로 변경한 사례, 게임 개발 업체인 로블록스의 메타버스 플랫폼으로의 변신처럼 메타버스로의 사업 전환이 높아졌다. 특히 디지털 자산에 희소성과 고유성을 부여하는 NFT는 블록체인 기술 활용이 활발하면서 경제적 가치창출로 디지털 자산을 거래하는 새로운 비즈니스 모델로 성장하고 있다.

셋째, 기술적 관점으로 컴퓨터 및 스마트폰의 성능이 급속히 향상되고 통신 네트워크의 5G 서비스와 6G 시대를 준비하는 현시점에서 통신기술의 발전이 AI(인공지능), XR(확장현실), 3D, 블록체인, 클라우드 등과 상호 융합하면서 메타버스 시대가 조기 정착하는데 촉매제 역할을 하고 있다.

이러한 변화들은 자연스럽게 기존 직업과 일자리를 소멸시키고 동시에 새로운 직업과 일자리를 창출해 나가고 있다.

인공지능과 메타버스시대에 일자리 감소 또는 사라지는 직업

인공지능, 사물인터넷, 빅데이터, 가상현실, 블록체인, 3D프린터, 드론 등과 같은 새로운 기술은 기존 직업의 수행 업무를 변화시키면서 기존 직업의 수요를 감소시키거나 소멸시키고 있다. 최근에 감소되는 직업 사례를 살펴보면 매장에 키오스크가 설치되면서 계산원, 자동화된 주차장 관리원, 금융앱을 통하여 은행 업무를 볼 수 있음에 따라 은행 점포와 은행원도 자연스럽게 감소되고 있다.

이와 같이 인공지능과 메타버스로 인해 업무가 대체되거나 감소되어 미래에 사라지거나 감소가 예상되는 직업을 살펴보면 텔레마케터, 콜센터요원, 생산 및 제조 관련 단순 종사원, 치과기공사, 의료진단 전문가, 금융사무원, 번역가(통역가), 창고작업원, 법률비서, 경리, 검표원, 보험설계사 및 이외에도 수많은 직업이 있다.

인공지능과 메타버스 시대에 새로 나타나는 직업

4차 산업혁명이 활성화되며 새로 나타나는 미래의 직업은 분야별로 인공지능 개발 전문가와 활용 전문가, 메타버스 제작자와 활용 전문가, 암호화폐(암호화 코치, 모기지 전문가, 탈중앙화 관리자 등), 드론산업(스웜봇 무인항공기, 엔지니어, 드론, 커맨드 등), 보건의료(기억증강 치료사, 유전문제 해결사, AI건강관리사 등) 빅데이터(개인정보보호 전략가, 데이터 관리자, 블록체인 디자이너 등), 3D프린트, 자율운송, 미래농업(토양분석가, 관개 관리자 등), 상업용 우주 산업, 로봇(로봇 분류 전문가, 인증 전문가, 기능엔지니어 등), 바이오 등 많은 분야에서 새로운 직업이 나타날 것으로 예상된다.

이외에도 4차 산업혁명 기술과 산업 관련한 새로운 비즈니스를 창출하여 스스로 일자리나 직업을 만드는 창직 활동이 활발할 것으로 보인다. 이와 같이 새로 나타나는 많은 직업 중에서 인공지능 메타버스 시대에 새로 나타나거나 유망한 새로운 직업에 대하여 노동연구원, 한국직업능력개발원, 세계적인 인사관리 컨설팅 기업인 아데코그룹 등에서 선정한 미래 직업 중 메타버스 관련 10개 직업에 대하여 살펴보면 다음과 같다.

첫째, 메타버스 크리에이터(Creator)

최근 가장 많이 떠오르는 직업의 하나로 메타버스 내에서 창작물을 제작하는 직업으로 3D모델러라고 볼 수 있으며 가상세계 속에서 아바타의 패션(의상) 제작은 물론 드라마, 애니메이션, 웹툰, 예능 등 콘텐츠를 만드는 직업이다. 아바타를 위한 패션디자이너, 메이크업 아티스트 같은 직업도 생겨날 수 있다.

둘째, 메타버스 게임 개발자

메타버스에서는 메타버스 크리에이터와 같이 누구나 게임 개발자가 될수 있다. 메타버스 플랫폼 안에서 게임을 개발하면, 수요에 따라 판매수익을올릴 수 있는데, AI 분석 능력을 기반으로 게이머의 선호도, 선택, 역량 등에따른 전혀 다른 게임을 즐길 수 있는 개인화된 게임을 제작하는 직업이다.

셋째, 메타버스 건축가(Construct Architect)

메타버스 건축가는 메타버스 속에서 아바타가 활동할 수 있게 공간을설계하고 구축하는 직업으로 실제로 구현되기 때문에 건축가의 능력인 공간설계, 디자인감각, 도면 설계 공간 컴퓨팅, 코딩, 인공 지능, 응용 물리학, 그래픽 디자인, 3D 모델링, 사진 측량 등 실제로 건축사와 같은 능력이 요구된다.

넷째, 메타 휴먼 의사(Meta human Doctor)

메타버스 시대에 우리의 건강 데이터는 아바타와 연결되어 병원 의료진이 아바타를 통해 진료와 처방에 이르게 될 것으로 예상된다. 실제로 우리의모든 생체 인식 및 생리학적 데이터는 디지털화되어 메타휴먼 아바타, 특히건강 상태와 관련된 아바타에 포함될 것이다. 메타휴먼 닥터의 필수능력으로 일반의학과 전문의, (바이오)바이러스학, 데이터분석, 코딩, 암호학, 인공지능, 사이버보안 등을 들 수 있다. 그리고 메타 휴먼 회사들은 이 새롭게 형성되는 환경에서 원격으로 의료 서비스를 제공하게 될 것으로 보인다.

다섯째, 미래 직업과 미래 지도사

인공지능과 메타버스로 인한 사회의 급격한 변화와 발전이 예측됨에 따라 급격한 미래 사회 변화를 이해하고 예측하여 유연하게 대응하고 스스로미래 진로와 미래 직업 생애 설계 및 실천계획을 입안토록 지도하는 미래지도사의 역할이 크게 부각될 것으로 판단된다. 또한 미래지도사는 미래를 대비하기 위해 인공지능과 메타버스를 생활과 비즈니스 곳곳에서 잘 활용할 수 있도록 지도하는 역할을 하기도 한다. 관련 직종으로는 미래지도사, 미래진로 지도교사, 생애설계지도사, 평생교육기관 미래학강사, 미래변화 교육가 등이 있다.

여섯째, 디지털 자산 관리자(Digital Asset Executor)

메타버스의 모든 자료는 데이터이기 때문에 상품 자체도 디지털 상품 형태가 될 것이다. 따라서 개인 데이터는 가장 소중한 개인 자산이며 개인이 소유한 데이터 자산으로 대표적인 것이 NFT이다. 이러한 디지털 상품을 관리하고 판매하는 전문적인 직업인 디지털 자산관리자가 새롭게 늘어날 것으로 예상되며 데이터 바운드 헌터같은 직업도 나타날 것이다.

일곱째, 메타버스 이벤트 전문가

현실 세계의 각종 행사 기념식 등이 메타버스내에서 개최됨에 따라 수요 또한 많아 질 것으로 예상된다. 각종 이벤트를 기획 설계하고 홀로그램등의 기술을 기반으로 콘텐츠를 개발하고 시행하는 직업이다.

여덟째, XR등 융복합 콘텐츠 창작자

메타버스 기반의 모든 VR, AR, MR 플랫폼과 콘텐츠 기획을 총괄하는 직업이다. 콘텐츠에 대한 아이디어를 발굴하고 스토리 및 기능 구현을 위한 프로세스를 운용하고. XR 콘텐츠 UI/UX 설계와 상세 스토리보드 작성 전반의 기획서를 작성하고 XR 콘텐츠 상용화를 수행하는 직업을 일컫는다.

아홉째, 메타버스 안전 관리자

디지털 세계가 안전한 공간이라고 생각되려면 인터넷상에서의 프라이버시, ID 확인 등, 이 모든 사항에 대한 지침과 감독을 제공하여 해당 규제와 안전 요구사항을 충족하거나 초과하는지 확인하는 직업을 말한다.

열번째, 메타버스 월드빌더

메타버스 월드 또는 가상세계 테마를 직접 만드는 전문가이다. 메타버스 플랫폼 안에서 각종 행사가 열리고 있는데 이런 행사 공간을 어떻게 배치하고, 어떻게 설치할지를 전문적으로 기획하고 시행하는 직업이다.

미래 직업 변화에 따른 대응전략

인공지능과 메타버스로 인한 시공을 초월한 업무환경 변화와 직업 세계와 일자리의 변화에 대응하는 미래 지향적이면서 동시에 현실적인 대응 전략이 필요하다. 특히 국가 차원에서는 미래 직업과 미래 일자리 변화를 정확히 예측하여 현실적으로 소멸해가는 직업의 종사자들이 미래 사회에서도 지속적인 직업과 일자리를 가질 수 있게 스스로 미래 직업 계획을 세우고 준비할 수 있도록 미래 지도와 미래 역량 교육 지원 정책을 적극적으로 시행해야 한다.

또 한편으로는 미래 직업과 일자리의 수요를 예측하여 이에 대응할 수 있는 전문가들이 양성될 수 있도록 대학 전공 및 평생 교육을 미래 지향적으로 혁신토록 하고 미래 전문 인력 양성을 지원하는 정책이 시행되어야 한다.

그리고 미래의 직업과 일자리는 인공지능과 메타버스 등 4차 산업혁명 기술과 산업을 기반으로 새로운 아이디어에 의해 무한대로 창출 가능하므로 새로운 창직과 스타트업을 적극 육성하고 지원하는 정책이 시행되어야 한다. 즉 미래를 대비하고 미래의 전문가를 양성하며 미래의 직업과 일자리를 만들어가는 교육과 지원 시스템을 갖춰서 미래를 준비하면서 새로운 직업과 일자리를 만들어 가야 할 것이다.

PART
05

인공지능 메타버스 시대
경영 미래전략

20. 인공지능 메타버스 시대 스마트 워크 미래전략
: 스마트 경영과 스마트 워크, 스마트 메타 팩토리·스마트 팜

안종배

국제미래학회 회장

대한민국 인공지능메타버스포럼 공동회장

한세대학교 미디어영상학부 교수

인공지능이 좌우하는 미래 스마트 경영

인공지능은 이제 경영 현장은 물론 우리 삶의 터전인 일터도 새롭게 변화시키고 있다. 특히 복잡하고 역동적으로 급변하는 불확실한 경영 환경에서 인공지능은 미래 경영의 핵심 역할까지 맡고 있다. 글로벌 기업들은 이미 특정 업무 영역에서 시작해 전사적으로 인공지능을 도입하면서 기업 경영의 효율을 높이고 경쟁력을 강화해 나가고 있다.

포스코경영연구원은 글로벌 기업들의 인공지능 적용 '미래 경영 프레임 워크'를 4단계로 분석했다. 인공지능 조직 환경 구축 단계 – 인공지능 핵심 기술과 솔루션 획득 단계 – 인공지능의 경영 적용과 차별화 단계 – 인공지능 적용 경영 성과 확산 및 전사 전략 연계 단계다. 실제로 글로벌 기업들은 고객 경험 개선과 기업 경영 효율성 증대 및 비용 절감, 그리고 신규 비즈니스 창출 등 인공지능 적용 경영 업무 분야를 계속 확대하고 있다.

한국경제연구원에 따르면 매출액 상위 500대 국내 기업 중 22.1%가 신입 사원 채용 때 인공지능을 활용하고 있으며 해외에서도 구글과 IBM, 유니레버, 소프트뱅크 등 유수의 기업들이 이미 인공지능 채용 면접관을 두고 있다. AI 면접관이 지원 서류로 지원자를 1차 평가한 뒤 내용의 진위 파악 및 부정 채용자 필터링을 하고, AI 원격 화상 영상으로 질의 응답하며 지원자 표정이나 감정, 음성, 언어 행동과 경향, 맥박과 뇌파 등 생체 데이터까지 실시간 분석해 적합한 후보를 선별한다.

인공지능은 직원들의 인사관리 업무에도 적용된다. 많은 기업이 직원들의 업무 성과와 성향, 업무 경력, 근무 기간과 직원 출퇴근 거리까지 감안해 적재적소의 근무지와 업무 배치를 인공지능 인사 담당관에게 맡긴다. 회계 및 재무 분야에도 인공지능 활용이 늘고 있다. 기계학습 및 딥 러닝 AI 기술로 전문가들이 보다 정확하고 효율적인 업무를 수행할 수 있게 돕는다.

최근에는 기업의 핵심 경영 전략 수립에도 인공지능이 폭넓게 활용된다. 인공지능이 기업의 나아갈 방향과 미래 주력 사업 투자 등 중요한 의사결정을 하는 최고경영자에게 경영 환경 분석과 전략 제안 자문의 역할을 하는 사례가 늘고 있다. 영국 프로우저 아이오(PROWLER.io)의 기업경영 인공지능 의사결정 플랫폼 '부크(VUKU)'가 대표적인 서비스다. 부크는 맞춤형 학습 시스템으로 개별 기업의 경영 정책을 지속적으로 학습하는 서비스를 제공하고, 의사결정 시스템으로 기업 맞춤형 최적의 의사결정을 가능하게 해 준다.

인공지능과 메타버스가 바꾸는 미래 스마트워크(Smart Work)

스마트워크는 종래의 사무실 중심의 업무에서 탈피해, 언제 어디서나 편리하고 효율적으로 업무를 수행할 수 있도록 하는 미래 지향적인 새로운 방식의 업무형태(New Way of Working)이다. 코로나19로 인공지능을 중심으로 원격 화상을 포함한 스마트워크 솔루션과 메타버스 워크 플랫폼이 제공되면서 기업과 기관에서의 스마트워크가 급증하고 있다.

스마트워크의 장점은 개인이나 환경의 어떤 상황에서도 업무의 연속성을 유지할 수 있다는 점이다. 관련 업무가 가능한 어떤 현장에서도 신속한 업무 처리를 통해 업무속도와 생산성을 향상하며, 멀리 있는 국내 및 해외 전문가와도 원격 협업으로 언제든 실시간으로 신속한 의사결정과 문제 해결을 할 수 있다. 근무 시간과 형태의 유연화로 육아 여성, 장애인, 고령자 등 근로 취약 계층도 각자의 장소에서 편리하게 업무를 수행할 수 있어 고용 시장이 확대된다는 점도 큰 장점이다.

인공지능과 메타버스 기반의 스마트워크 솔루션은 협업 플랫폼, 원격 화상 회의, 회의 내용 분석, 업무와 시간관리, 업무 성과관리, 보안을 포함한 기능이 더욱 강화되면서 더욱 효율적 업무와 생산성 향상에 기여하고 있다.

기업들은 인공지능과 메타버스 기반의 스마트워크 시스템을 통해 다음 3가지가 이뤄지도록 노력해야 한다. 첫째, 이 시스템으로 업무의 상호 연결과 공유, 협업을 활성화해야 한다. 메타버스를 활용하여 시공을 초월하여 팀워크와 프로젝트 업무를 진행하면서 직원들 간의 의견과 아이디어를 모으고 이를 인공지능의 도움으로 보다 정교하게 분석해 체계화하고 발전시켜 나가야 업무의 효율성과 생산성의 향상이 가능하게 된다.

둘째, 직원 개개인의 능력 발휘를 통해 창의적 집단지성이 발현되게 해야 한다. 메타버스 스마트워크 공간에서 다양한 개성과 다양한 재능 및 생각이 모아지면 인공지능도 더욱 학습하게 되고 결국 모두에게 유익한 문제를 해결할 수 있는 방법이 도출될 수 있다. 이를 위해 직원 각 개인이 능동적으로 재능을 발휘할 수 있도록 기회와 보상 체계를 갖출 필요가 있다.

셋째, 직원 개인으로 하여금 시간과 공간을 최적화시켜 일과 삶의 균형을 취하는 워라밸(Work Life Ballance)을 구현할 수 있도록 해주어야 한다. 개

개인의 자율적 업무 몰입과 창의적 아이디어 도출이 가능하도록 직원들의 효율적 업무관리나 자율적 시간관리를 통해 업무 성과를 공정하게 평가하고 동시에 삶을 즐길 수 있는 여유를 제공할 때 업무 효율이 극대화된다.

최근엔 제주, 해남, 제천 등 각 지자체에서 스마트 워케이션(Work+ Vacation) 공간을 제공하며 스마트워크로 근무하면서 지역의 아름다운 자연과 휴식을 동시에 즐기게 하여 기업과 우수 인재들을 유치하고 있다. 정부도 지역 경제 활성화의 일환으로 지역 워케이션 사업을 지원하고 있다. 이러한 스마트 워케이션 환경을 잘 활용하면 기업의 업무 효율을 높이면서 비용 절감 및 직원의 삶의 질을 동시에 높이는 효과를 거둘 수 있을 것이다.

미래 스마트 메타 팩토리와 맞춤 생산

스마트 팩토리(Smart Factory)는 제조 전 과정을 정보통신(ICT)으로 자동화해 고객맞춤형 제품을 생산하는 지능형 공장이다. 글로벌 시장조사 기관인 마켓스앤마켓스에 따르면 이 시장은 전세계적으로 매년 9.3% 이상씩 성장하고, 한국 시장도 2020년 78.3억 달러에서 연간 12.2% 이상 커져 2022년에는 127.6억 달러에 이를 전망이다.

특히 인공지능과 메타버스가 접목되면서 스마트 메타 팩토리로 날개를 달게 됐다. 전체 생산 공정에서 수집된 데이터에 대한 딥 러닝을 통해 안전과 마케팅, 설계, 공정, 포장, 출하의 전 과정을 최적화하면서 품질과 효율을 발전시켜 나갈 수 있게 됐다. 또한 AI 메타버스로 원격 제어가 원활해 진다. 향후에는 스마트 메타 팩토리 활용 전략이 제조 기업의 성패를 좌우할 것이다. 이미 현대자동차와 현대중공업은 스마트 메타 자동차 팩토리 및 스마트 메타 조선 팩토리를 구축하고 있고 중소 기업들도 이러한 스마트 메타 팩토리를 통해 비용 절감과 고객 맞춤형 생산이 가능하게 될 것이다.

AI 스마트 메타 팩토리가 구현되면 소비자들은 개인 맞춤형 제품을 합리적인 가격으로 구매할 수 있다. 인공지능이 다양한 빅데이터를 분석하고 학습해 생산 규모를 예측하고 구매 고객 데이터를 분석해 메타버스로 구매하는 개별 고객 취향에 맞는 제품을 생산할 수 있다. 숙련공들의 노하우와 생산 현장에서 발생하는 수많은 현상과 상황 빅데이터와 메타버스를 기반으로 불량 제품 발생 확률도 낮추게 된다.

미래 스마트 메타 팩토리는 다음 4가지를 구축해야 한다. 첫째, 생산 전에 가상으로 전체 공정을 시뮬레이션 해 생산 공정과 생산량을 예측한다. 둘째, 인공지능과 사물인터넷 및 메타버스 기술을 활용해 스마트 메타 팩토리 운영과 프로세스를 감독관이 원격 메타버스로 조정하고 AI 시스템이 스스로 제어해 생산 프로세스를 유연하게 변경하게 한다. 셋째, 자율 로봇과 드론 등으로 생산 공정을 자동화한다. 넷째, 제품 공급망의 실시간 관리로 재고 수준을 최적화하고 고객 주문을 동기화해 생산에 반영한다.

인공지능 스마트 메타 팩토리는 주요 분야에 혁신적 상승효과를 가져올 전망이다. 우선, 설비 예방 정비가 가능해진다. 시계열 분석에 효과적인 순환 신경망(RNN: Recurrent Neural Network) 기반의 인공지능 분석 기법이 적용되면서 통계적 인과관계가 분명하지 않은 설비 예방 정비에서도 신뢰성 있는 분석 결과를 보여 주어 사전 예방을 할 수 있게 된다.

공정 간 연계 제어도 가능해지며 특히 전문가 시스템보다 나은 공정 제어로 생산성 향상도 가능하다. 공정 환경의 변화에도 스스로 운영 모델을 수정하며 최적의 제어를 할 수 있게 된다. 인공지능 알고리즘을 로봇에 적용하면서 스스로 최적의 작업 방법을 습득해 제품의 품질과 생산성을 향상시킬 수도 있다. 덕분에 인간의 수작업을 로봇이 대부분 대신하게 된다.

인공지능이 바꾸는 미래 스마트팜

인공지능 스마트팜(Smart Farm) 덕분에 농업도 이제 첨단 성장 산업으로 바뀌고 있다. 농사에 인공지능과 메타버스를 중심으로 정보통신 기술(ICT)이 접목되어 원격 및 자동으로 최적의 생육 환경을 만들고 제어할 수 있는 '똑똑한 농장'으로 변모하고 있다. 인공지능 머신러닝 기술과 AI 로봇, 사물인터넷, 메타버스 원격 제어 등 첨단기술이 융합되어 무인 자동화 농업이 가능해진 것이다

스마트팜은 인공지능과 사물인터넷 기술을 이용해 농작물 재배 시설의 온도와 습도, 햇볕 양, 이산화탄소, 토양 성분 등을 측정 분석하고 계속 학습하며 그 결과에 따라 자동 제어 장치를 구동해 적절한 상태로 변화시킨다. 농장주는 언제 어디서나 스마트폰 등으로 상태를 확인하고 원격 관리할 수 있다. 농업의 생산과 유통 소비 전 과정에 걸쳐 생산성과 효율성을 높이고 품질 향상과 같은 고부가가치도 창출시킬 수 있게 된 것이다.

대부분의 농사일은 이제 사람 손을 떠나 기계가 자동으로 조절한다. 인공지능 로봇이 열매 없는 가벼운 가지만 골라 잘라주고 잡초만 구분해 뽑아준다. 위성과 드론으로 수집한 영상을 기반으로 작물을 분류하고, 빅데이터를 분석해 농산물 수급 예측과 관리를 통해 수확량과 시기까지 알려준다. 스마트 농장, 스마트 온실, 스마트 과수원, 스마트 축산이 구현되어 이제 농촌도 인공지능, 메타버스, 사물인터넷, 빅데이터, 자율 주행 로봇, 자동 및 원격 제어 장치 등 첨단 과학기술이 망라된 곳으로 바뀌게 된다.

스마트팜의 가장 대표적 유형인 스마트 온실은 '식물 공장'으로 불린다. 햇빛과 물 온도 양분 등을 자동 조절해 농작물에게 최적의 생육 조건을 제공하고, 생산성을 높여준다. 시작은 농촌에서 했지만 점차 도시에서도 구현되어 가고 있다. 서울 시내에도 서울 지하철 7호선 상도역 지하 1층에 자리한 '메트로팜'에서 스마트팜으로 식용 채소를 재배하고 있다. 향후 도심의 빌

딩 내 공간을 활용해 스마트 온실로 식용 식물 재배와 환경 정화 효과까지 거두는 곳이 더욱 늘어날 전망이다.

한 토마토 농업인은 "인공지능이 농사를 지어주니 마음 편하게 해외여행도 가서, 궁금할 때마다 메타버스로 상황을 체크할 수 있었다"고 전했다. 스마트팜 도입 이후 인공지능이 사람 눈에 보이지 않는 병충해까지 잡아 주어 토마토 생산량이 78%나 늘었다고 한다. 반면 1일 노동 시간은 2배 이상 줄었고 난방 에너지는 40% 이상 절감되었다고 한다.

21. 인공지능 메타버스 시대 디지털 경영 혁신 미래전략
: 메타버스 비즈니스 일곱가지 유형

이창원

한국글로벌경영학회 회장

한양대학교 경영학과 교수

국제미래학회 디지털경영위원장

현 대 자본주의 문명에 있어서의 개인과 사회 및 개인 간의 관계를 연결시켜주는 가장 중요한 존재는 기업이라고 할 수 있다. 새로운 디지털 문명에서 기업을 동력화시키는 두 가지 기술 혁신의 화두는 단연코 인공지능(artificial intelligence)과 메타버스(metaverse)이다.

인공지능 메타버스시대 가상물리시스템(CPS)

가상 물리 시스템(cyber physical system)에서 메타버스가 서비스 산업 생태계로 자리매김하고 나아가 하나의 디지털 문명으로 형성될 것인가는 기업의 미래전략 관점에서 매우 중요하다. 이를 위해 생태계 내에서의 다양한 기업의 자생적 발현 혹은 인위적 형성을 통해 하나의 새로운 서비스 산업 생태계가 생성될 것이다. 이러한 기술 기반 서비스 산업 생태계에서는 무엇보다도 중소혁신기업중심 경제(entrepreneurial economy) 생태계가 개발됨으로써 지역 균형 발전 및 일자리 창출이 이루어지고 이는 사회 및 국가 경쟁력으로 나타날 것이다. 이를 위해 산-학-관 공동체가 협력을 한다면 선순환적인 결과가 나타날 것이다.

1991년 인터넷이 상용화되고 1992년 닐 스티븐슨(Neal Stephenson)이 쓴 공상과학 소설 스노우 크래쉬(Snow Crash)에서 메타버스라는 용어가 처음 등장하였다. 가상현실(VR) 고글을 통해 액세스할 수 있는 몰입형 가상 영역에 관한 것으로 사람들이 자신의 디지털 아바타를 사용하여 종종 디스토피아적 현실을 도피하는 방법으로 온라인 세계를 탐험하기 위해 매트릭스라는 가상현실 세계를 묘사하기 위해 처음 사용하였다.

이후로 지금까지 인터넷 서비스의 급격한 진보와 성장과 함께 사이버 공간에서 더 많은 가상 상호 작용으로 서비스 사용자에게 수많은 새로운 서비스를 경험하도록 다양한 혁신적인 서비스 기술이 제공되었다. 지금까지 소셜세계(social world)에서 가상게임세계에 이르기까지 수많은 서비스와 애플리케이션의 가상 환경이 몰입형 경험과 디지털 혁신을 통해 개발되었다.

그러나 대부분은 플랫폼에 통합되지 않고 개별적인 형태로 존재하여 시스템의 표준 및 일관성을 보여주지 못하고 있다. 이러한 맥락에서 메타버스는 메타(meta)와 우주(universe)라는 두 단어의 단순 합성의 의미를 넘어 가상 물리 세계를 의미하는 신조어라 할 수 있다. 메타버스는 5세대 및 6세대 네트워크, 가상현실(virtual reality), 인공지능과 같은 첨단 기술에 힘입어 새로운 공유 가상 서비스 세계를 창출하고 있다. 이러한 기술 중 특히 인공지능 기술을 통하여 가상 에이전트의 몰입형 경험을 향상시켜주고 인간과 같은 지능을 구현하기 위해 빅 데이터 처리의 중요성 및 가능성을 보여주고 있다.

인공지능 메타버스 시대 디지털경영의 이슈

인공지능 메타버스 시대에 요구되는 디지털 경영 혁신을 위한 미래전략 수립은 매우 중요하고 이를 성공적으로 구현시키는 노력은 국가 나아가서 미래 세계의 삶이며 새로운 문명의 도약과 직결된다. 이를 위해 다음과 같은 몇 가지 체계적인 분석과 노력이 필요할 것이다. 메타버스 산업의 대·내외 환경 및 국내외 전략 방향 변경에 따른 기존 기술 모델의 혁신을 토대로 한 미래 지속성장을 위해 밑그림 및 정책을 추진해야 할 것이다. 이러한 기저 속에서 크게 두 가지 이슈가 대두되고 있다.

첫째는 세계 메타버스 시장의 역동성 증가 및 수요가 급증하고 있다. 이는 메타버스 시장 환경의 변화가 가속화되고 있음을 의미한다. 구체적으로는 세계적 수준 인프라 등장이 속속 나타나고 있으며 실감경제(immersive economy)에 대한 산업화 강화의 필요성이 대두되고 있다.

실감경제는 시간, 공간 측면에서 경험영역을 확장시키면서, 현실과 가상이 융합된 새로운 산업, 사회, 문화적 가치를 창출하는 경제이며 문명이다. 서비스 산업으로서의 메타버스 제품의 경쟁이 심화될 것으로 예상되며, 개발 인력난 및 초기 산업에서 나타나는 고비용 구조 및 성장 제약이 예상되며, 메타버스 서비스 산업을 추진하기 위한 사회적 역량이 여전히 부족한 실정이다. 이러한 현실을 해결하기 위해 글로벌 트렌드를 반영한 미래 산업 연구가 실효적으로 이루어져야 하며, 메타버스 체계 구축을 위한 연구 및 노력이 요구된다.

두 번째 현실적 상황으로 국내외 환경 변화에 따른 메타버스 산업 역량을 강화시켜 나가는 문제이다. 국내적으로는 산업구조, 서비스 다양화, 신사업 육성, 친환경 정책 이슈가 세워져야 한다. 해외적으로는 메타버스 기술개발 확산, 인프라 및 플랫폼 설비 구축, 대체 경제에 대비한 경쟁력 확보가 필수적인 고려사항이다.

페이스북의 메타버스 디지털경영 혁신

페이스북이 메타 플랫폼(Meta Platform)으로 회사명을 바꾸었다. 이는 기존 사업의 전략적 정체성의 변경을 넘어 기업의 사명 및 정체성을 완전히 바꾸겠다는 것이다. 기존 페이스북 회사는 페이스북, 인스타그램, 왓츠앱 등의 전통적인 인터넷 혹은 모바일 기반 서비스 플랫폼을 제공하는 기업이었다.

그러나 메타 플랫폼으로의 회사명 변경은 기존 비즈니스를 완전히 다른 차원의 가상 물리 시스템을 근간으로 하는 비즈니스로 나아가겠다는 의지이다. 즉, 기존 플랫폼과는 다른 가상 세계에서 작동되는 가상 플랫폼 비즈니스를 하겠다는 것이다. 이는 엄청난 파괴적 혁신이다. 초기 페이스북이 등장했을 때처럼 지금은 아직 가시적인 성과가 나오기 쉽지 않다. 사용자들의 사용 문화가 바뀌고 신기술에 대한 개인 및 사회적 흡수 역량이 뒷받침되어야할 것이다. 아직 우리나라에서는 이렇게 공격적이고 파괴적 혁신을 추구하는 기술 대기업이 없다. 우리나라에서는 기존 비즈니스 플랫폼에 메타버스 서비스를 구현하는 방법으로 사업을 구상하는 정도이다.

인공지능 메타버스 시대 7가지 메타버스 기반 비즈니스

인공지능이 차세대 메타버스 산업에 필수불가결인 이유는 불충분한 데이터로 인해 몰입형 경험을 제한하는 기존의 메타버스 방식과 달리, 새로운 방식은 사용자가 자유롭게 창의적인 콘텐츠를 만들 수 있도록 거대하고 새로운 사용자 및 행동 데이터 소스를 생성할 뿐만 아니라 플랫폼 내에서 전개할 수 있도록 풍부한 인프라를 제공하기 때문이다. 차세대 메타버스 비즈니스를 위해 구축된 표준 플랫폼은 가상 세계, 지속성, 확장성, 상시 작동성, 재정적 충분성, 탈중앙화, 보안 및 상호 운용성 등의 특성을 충족해야 한다. 메타버스 기반 비즈니스에는 메타버스 플랫폼을 유형별로 다음 7가지로 나누고 이를 바탕으로 기업들은 해당 기업에 맞는 포지셔닝을 할 수 있다.

첫 번째 범주이며 가장 하드웨어적 비즈니스는 5G, 6G, WiFi, 클라우드, 데이터센터, CPU 및 GPU를 취급하는 인프라 비즈니스이다. 둘째 범주는 모바일, 스마트워치, 스마트 글래스, 웨어러블 장치, 헤드 마운트 디스플레이, 음성 제스처 전극 번들 등을 다루는 휴먼 인터페이스 비즈니스이다. 셋째 범주는 엣지 컴퓨팅, AI 에이전트, 블록체인, 마이크로 서비스 관련 탈중앙화(decentralization) 비즈니스이다. 넷째 범주는 3D 엔진, 가상현실(VR), 증강현실(AR), 확장현실(XR), 지리 공간 매핑 및 멀티태스킹을 취급하는 공간 컴퓨팅(spatial computing) 관련 비즈니스이다. 다섯째 범주는 디자인 도구, 자산 시장, 전자 상거래 및 워크플로 등 소위 말하는 제작자 경제(creator economy) 분야 비즈니스이다. 여섯째 범주는 광고 네트워크, 가상 상점, 소셜 큐레이션, 평가, 아바타 및 챗봇 서비스를 제작하고 서비스를 제공하는 탐색(discovery) 비즈니스 분야이다. 일곱째 범주는 게임, 소셜, e스포츠, 쇼핑, 페스티벌, 이벤트, 학습 및 업무(일)에 대한 경험을 다루는 경험(experience) 비즈니스이다.

이들 각 비즈니스 범주에서 인공지능 핵심 기술인 머신 러닝(ML) 알고리즘 및 딥 러닝(DL) 아키텍처의 존재 및 적용을 찾는 것은 어렵지 않을 것이다. 인공지능을 증강현실/가상현실, 블록체인, 네트워킹과 같은 다른 기술과 결합함으로써 메타버스를 더욱 안정적이고 상시 가동되는 플랫폼으로서 안전하고 확장 가능하며 현실적인 가상 세계를 만들 수 있다는 점에서 메타버스 산업의 성공적인 생태계 나아가 새로운 문명의 구축을 위해 인공지능은 필수불가결한 기술이 될 것이다.

인공지능 메타버스 시대 대응 미래전략

정부에서는 메타버스 시대에 대응하기 위해 미래전략 방안을 이미 수립하고 진행중이다. 예를 들어 교육, 행정, 의료분야 등 다양한 분야에서 적용 가능한 전략을 세우고 있다. 교육 분야에서는 기존 오프라인 대학, 사이버 대학에서 진화 발전한 메타버스 대학 등 미래 지향적 교육 방안을 고려할 수 있다. 기존 오프라인 대학에 메타버스 기술을 활용하여 교육 효과성을 높이고 모든 대학에서의 활동이 메타버스에서 이루어지는 메타버스 대학을 설립하고 필요한 서비스를 제공하는 것이다.

행정 및 법률 분야 또한 눈여겨볼 분야이다. 기존 2D 기반의 전자정부 혹은 법률 서비스를 3D 기반의 가상정부 및 법률서비스로의 진화를 통하여 누구든지 실제 물리적 세상과 같이 가상의 세상에서도 실제와 같은 행정 및 법률 서비스를 받을 수 있도록 하며 일상적인 민원 및 법률 업무는 디지털 아바타를 활용하여 민원 및 법률 서비스를 제공하는 것이다. 의료분야도 메타버스 서비스를 활용할 수 있는 핵심 분야 중의 한곳이다. 비대면 시대에 적합한 의료 훈련 및 자격시험 등에 메타버스를 도입하고 활용하는 방안을 검토할 수 있다. 모의 환자 및 마네킹을 활용하는 현재의 방식에서 디지털 트윈을 활용한 진료수행평가 및 임상술기 등 세부적이고 실질적인 분야의 적용 방안을 고려할 수 있다.

산업 현장에서 사회문제 해결까지 메타버스 활용을 전면화하기 위해 준비하여야 한다. 예를 들어, 제조, 건설, 의료, 교육, 물류, 국방 등 6대 핵심 산업에 메타버스 플래그십 프로젝트를 추진하며, 지역 균형 발전 및 일자리 창출을 위해 지역 곳곳에 메타버스를 활용하고 투자 기반을 조성하는 것이다. 이를 위해 민간 참여 및 투자를 견인할 메타버스 펀드 등 확산 기반을 마련할 필요가 있다. 이를 통해 사회적 포용과 문제 해결에도 메타버스가 적극 활용될 수 있다.

메타버스시대가 우리들에게 성큼 다가와 있다. 그럼에도 불구하고 여전히 전 지구인구의 70퍼센트는 인터넷 문명조차도 제대로 누리지 못하고 있는 실정이다. 새로운 혁신과 개혁을 통하여 일상에서의 삶이 보다 안전하고 건강하게 영위될 수 있도록 기업은 고객과 사용자의 가치를 높이는데 초점을 두어야 할 것이다. 메타버스가 새로운 문명으로의 보편적 가치를 가지기 위해서는 더 많은 연구개발과 비즈니스로써의 확산에 대한 개방형 혁신 생태계가 뿌리 내릴 수 있도록 해야 할 것이다.

22. 인공지능 메타버스 시대 SCM 경영 미래전략
: 4차 산업혁명 시대 공급망 전략

김태현

서울과학종합대학원 대학교 총장

전 연세대학교 경영대학원장

국제미래학회 자문위원

코 로나19로 인해 기업들의 디지털 전환(Digital Transformation)을 위한 노력과 속도는 대단히 빠르다. 사티야 나델라 Microsoft 회장은 2년이 소요될 디지털 전환이 단 두 달만에 일어난 것 같다고 놀랄 정도였다. 코로나19는 오프라인 업체의 온라인 진출, 비대면 솔루션 시장의 성장, AI, 메타버스(Metaverse)의 확대와 같은 산업구조의 변화도 야기하고 있다.

이러한 변화는 미래 공급망전략에도 영향을 미친다. 선형적으로 이루어졌던 전통적 공급망관리(SCM)에 코로나19로 인하여 더 불확실한 상황들이 발생하니, 이를 극복할 혁신적 공급망의 중요성이 대두되고 AI, Big Data 기술 등을 활용하여 고객니즈에 신속·유연하게 대처하기 위한 혁신적 공급망전략의 필요성이 커지고 있다.

이러한 관점에서 본 글은 전통적 공급망관리에서 탁월한 경쟁력을 보여 글로벌 최고 유통기업이 된 월마트(Walmart)의 공급망관리 전략에서 유익한 내용을 벤치마킹하고 AI, 메타버스 등의 기술을 포함한 4차 산업혁명시대에 필요한 미래의 공급망전략에 대하여 논의한다.

월마트(Walmart)의 SCM 경쟁력

과거, 학자와 경영자들이 SCM에 관심을 가지게 된 주요 배경은 미국의 작은 유통기업 Walmart가 혁신적인 공급망관리(SCM)로 거대 유통기업 Kmart 와의 경쟁에서 승리를 거둔 것에 기인한다. 결국 Walmart는 Kmart와의 경쟁 에서 승리한 후 글로벌 유통기업 1위를 차지하는 거대 기업이 되었다.

1979년 기준으로 Kmart는 1,891개 매장을 보유하고 있었고, 공급망에 서 규모의 경제를 누리고 있어서 저원가 전략으로 소비자들을 매료시켰다.

반면에, Walmart는 229개 매장을 보유한 남부의 작은 소매유통기업이었다.

Walmart는 샘월튼 회장의 고객중심경영을 실천하기 위하여 다음과 같은 전략을 수립하였다. ① 고객과 공급기업들과의 협력을 통한 윈윈 전략 ② Cross-docking 방식 도입 ③ 과감한 IT 투자로 전체 공급망 정보의 실시간 파악과 공유 등이 그것이다. IT 투자를 통해 실시간으로 수요를 파악하여 상품 공급기업들에게 전달함으로써 공급기업의 생산과 재고계획의 안정화로 상호 간 신뢰를 얻었다. P&G와의 협력관계는 대표적인 사례였다.

또한 Cross-docking 시스템은 물류센터를 물자 보관 장소가 아닌 공급업체 차량이 도착하면 즉시 제품을 하차한 후 상품을 지역별로 분류 후 출발지 차량에 싣고 즉시 출발시키는 전략으로 물류센터는 수송과 배송이 이루어지는 Hub로서의 역할을 했다. Cross-docking 시스템의 실천으로 물류센터에는 보관 물자를 최소화하여 엄청난 재고 비용을 줄였고, 매장에는 신속배송을 하였다. Cross-docking과 공급업체와의 협력은 당시 미국 유통업체들이 상품을 2주에 1번 매장에 입고시키는 것에 비해 Walmart는 1주에 두 번 입고시켜 새로운 제품들이 항상 디스플레이 되어 소비자들의 방문회수를 늘리고, 'EveryDay Low Price' 정책(상시저가정책)을 실시로, 공급망 시스템의 변화없이 저가 정책에만 치중했던 Kmart와의 경쟁에서 이기고 세계 최고의 유통업체가 된 것이다.

Walmart의 성공은 결국 ① 거래처와의 연결성(connectivity), ② 공급망의 가시성(visibility), ③ 협력관계(collaboration)를 실천하여 물류 흐름이 신속하게 이루어져 소비자들로부터 환영을 받은 것이다. 그 당시 Walmart의 공급망 전략은 오랜 시간이 지났지만, 디지털 SCM이 주류인 현 시점에도 수요의 정확한 예측 혹은 관리와 신속한 리드타임은 공급망의 안정을 기하여 불필요한 비용을 줄이고 수요를 더욱 창출할 수 있는 기반이 될 수 있다.

Digital Transformation에서의 공급망 전략

그러나 디지털 환경의 출현은 또 다른 공급망 전략의 출현을 예고하기도 한다. 2016년 세계경제포럼인 다보스포럼의 '클라우스 슈밥' 회장은 '제4차 산업혁명'의 화두를 던졌다. '제4차 산업혁명'은 산업구조의 변화뿐만 아니라 우리의 삶도 빠르게 변화시켰고, 국가 경제 및 사회 전반의 패러다임 또한 빠르게 재편시키고 있다.

이러한 디지털 전환(Digital Transformation)의 원동력은 인공지능(AI), 빅데이터, 사물인터넷(IoT), 자율주행차, 3D프린팅, 로봇, AR, VR 등의 '4차 산업혁명 관련 기술(Technology)'들과 '기술 간의 연결성(Connectivity)', 그리고 '데이터 분석(Data Analysis)능력' 등에 기인한다고 본다. 결국 4차 산업혁명은 디지털 파괴(Digital Disruption)가 중심이 될 것이므로 과거 Walmart 시절의 개념보다 더욱 공급망을 초연결(Interconnected), 초지능(Intellectual), 초혁신(Innovation)시키는 SCM 전략이 필수적일 것이다.

특히 디지털 시대에 고객들의 수요는 복잡해지고, 고객니즈 충족이 어려워지고 있어, 기업들은 이에 대응하기 위한 적극적인 노력을 해야 한다. 예를 들면, 소비자들은 모든 스마트 디바이스에 연결되어 무한한 실시간 정보를 보유하고, 개인경험을 중요시하며, 자신의 의견을 명확히 표현하는 능력이 뛰어나고, ESG와 같은 사회적 이슈도 잘 알고 있어서 이를 만족시키기 위한 디지털 SCM 전략을 잘 구축하고 투자해야 한다.

대표적으로, ① 아마존의 Kiva와 같은 아마존 로보틱스, 아마존 대시(Dash), 아마존 에코(Echo), 아마존 고(Go), 그리고 아마존웹서비스(Amazon Web Service: AWS)를 활용한 초연결 능력과 ② Dash 버튼을 통한 예측 배송, Echo를 활용한 수요조절 및 창출, 아마존 Go를 활용한 소비자행태 Big Data 분석과 AI 서비스 구현 등을 통한 초지능 능력을 갖추고 ③ 기존 산업군과 신규 기술의 융합으로 스마트 팩토리, 자율주행차 등의 초혁신 서비스 공급망 능력을 갖추면 디지털 전환시대에 훌륭한 공급망 전략이 될 것이다.

위의 ① 초연결(Interconnected), ② 초지능(Intellectual), ③ 초혁신(Innovation) 능력은 현실세계와 증강현실, 라이프로깅, 거울세계, 가상세계를 결합시킨 메타버스(Metaverse)도 가능하게 만들어 메타버스가 미래 산업의 주류로 등장할 수도 있다.

메타버스에서 SCM 전략의 새로운 혁신을 꿈꾸며

Gartner에 따르면 2026년에는 전 세계 인구 25%가 하루 최소 한 시간 메타버스에서 보낼 것이라고 한다. 메타버스가 일시적 트렌드가 아닌 하나의 글로벌 문화로 자리잡고 있음을 보여 준다.

메타버스에서 공급망 전략에 관한 아이디어는 많지 않지만, 다음의 사례들을 생각하면서 새로운 메타버스에서의 공급망 전략도 디자인 해 보자. 제조산업 관점에서 ① Airbus는 Mira로 불리는 증강현실(AR) 시스템을 통하여 제작 중인 항공기의 모든 정보를 엔지니어들에게 제공하고 있다. 에어버스의 경우 Mira를 통하여 브랫킷 검사에 필요한 소요시간을 3주에서 3일로 단축했다. Boeing사도 보잉 747-8항공기의 배선 작업 공정에 증강현실(AR)을 적용해 작업시간을 25% 단축하고 작업 오류비율은 0%를 기록했다.

② 이태리의 파스타 제조기업인 Barilla Spa 회사는 파스타 시장 세계 시장 점유율 1위를 차지하고 있다. 공급망 구조는 Barilla 생산공장 - Barilla 물류센터 - 대형 유통기업 - 소형 유통회사 - 개인 소비자로 이루어져 있다. 과거 대형 유통기업들이 물류센터에 주문하면 Barilla가 배송하였다. 문제는 유통업자의 수요 예측이 정확하지 못하여 생산이 효율화 되지 못하니 물류센터의 재고는 비정상적으로 많았다. 근본적인 원인은 대형 유통회사의 주문수량을 핸들하지 못하여 생긴 경우라 VMI시스템을 도입하여 문제가 개선되었지만, 수요와 공급의 밸런스의 조정이 쉽지 않아 생산스케

줄은 크게 안정화되지 못했다.

이러한 문제를 해결할 방안으로 Barilla의 생산, 영업, 물류 담당자들과 유통업자들을 포함하는 메타버스를 개발하여 상호 협의하에 최적의 방안들을 도출한다면 수요와 공급 문제가 안정화되지 않을까 상상해 본다. 향후에는 B2B 차원의 메타버스가 설계된다면 메타버스가 공급망의 개선에 크게 기여하리라 생각한다.

물류산업 관점에서도 ① 중동지역의 최대물류회사인 DP월드는 DP메타월드(DPMETAWORLD)명칭의 메타버스를 선보일 예정이고, 화주인 DP월드 입장에서 자신이 의뢰한 제품이 어느 나라에서 어떤 절차를 밟고 있는지 시각적으로 확인할 수 있고, DP월드는 각종 변수로 인한 물류병목현상이 생기면 대체경로를 실시간으로 발굴할 수 있는 장점을 가지고 있다. 새로운 운송루트 개발과 물류 인프라 가동에 앞서 '디지털 트윈'을 활용해 시뮬레이션도 해 볼 수 있다.

② DHL 그룹은 2025년까지 디지털 전환을 위하여 20억 유로투자계획을 발표하였고, 디지털 트윈의 가상공간에서 공급망 각 단계별 '흐름재현 시뮬레이션'을 하여, AI가 접목된 'Resilience 360' 시스템을 통해 트럭 고장이나 창고 침수 등 예상하지 못한 상황에서 신속하게 대처할 수 있도록 물류 각 단계별 공급망과 물자와 정보흐름을 가상현실공간에서 재현하여, 공급망 구성원들에게 가시성(Visibility)제공뿐만 아니라 예상치 못한 상황에 대비한 플랜 B, 플랜 C 등을 수립하여 디지털 지도와 위성지도, 교통패턴 정보 분석, 최적화된 배송트럭 이동 경로 등을 제시할 수 있으며, 향후 솔루션 업체, 물류컨설팅 분야에 활용할 예정으로 보고하고 있다.

　결론적으로, 디지털 시대의 SCM 미래전략은 고객들과 connected된 연결망을 항상 갖추고 그들의 니즈를 신속히 파악하여 AI를 통한 데이터 분석으로 SCM능력을 지능화하고, 지금까지 시도되지 않았던 시공간을 초월하는 메타버스(Metaverse)를 통해 시각적으로 공급망의 개선책을 더 발견하고 글로벌 공급망을 재구성하는 동적역량을 갖추는 노력이 필요하다.

23. 인공지능 메타버스 시대 ESG경영 미래전략
: 사회공헌 탄소중립은 필수 ESG 태풍 분다

> ## 고문현

한국ESG학회 회장

숭실대학교 교수

국제미래학회 ESG위원장

최근 과학기술의 발달로 우리 사회가 바야흐로 메타버스(Metaverse)의 시대에 돌입하였다. 마크 저커버그 페이스북 창업자 겸 최고경영자(CEO)가 하버드대 학생이던 2004년 창업한 세계 최대 소셜미디어 기업 페이스북이 17년 만인 2021년 10월 28일 회사 이름을 '메타(Meta)', 더 정확하게는 'Meta Platforms, Inc.'로 변경하였다. 그러나, 저커버그 CEO의 주장과 달리, 사용자의 정신 건강과 사회적 안정보다 페이스북의 수익을 우선시했다는 내부고발로 인해 정치권과 언론의 강한 비판을 받는 상황에서 사명 변경을 통해 이미지 쇄신을 겨냥한다는 지적이 있는데, 이것은 ESG와 밀접하게 관련된다.

인공지능 메타버스 부상과 맞물린 ESG 열풍

메타버스 시대의 부상과 맞물려 국내외 기업들 사이에서 ESG 열풍이 태풍이 되어 불고 있다. 마이크로소프트, 아마존과 같은 해외 글로벌 기업뿐만 아니라 SK, 삼성 등 국내 대기업들과 KSS해운 등 주요 강소기업들도 ESG 경영을 선언하고 이를 실천하기 위한 행동을 시작했다.

'ESG'란 Environmental(환경), Social(사회), Governance(지배구조)의 앞글자를 따서 만든 약자로, 기업의 비재무적 성과를 판단하는 기준이다. ESG 경영은 기업이 이윤추구뿐만 아니라 투자를 사회적 책임과 연결한다는 경영 방식이다. 기업이 종래 주주들만의 이윤추구에서 이해관계자(Stakeholder)들에게까지 확산되어 고객의 만족과 감동을 통한 팬덤을 구축하여 성장·수익성을 제고하는 것이 ESG의 핵심이다.

그동안 기업의 전통적 목표는 이윤극대화에 초점이 맞춰져 있었다. 따라서 추가적인 비용이 소모되는 환경 보호나 안전문제, 사회 공헌 등의 활동에는 소극적일 수밖에 없었다. 하지만 온실가스로 인한 지구온난화로 기후위기가 심각해지고, 코로나 발생의 궁극적 원인이 기후위기로 인한 생태계의 보복이라는 의미심장한 연구 결과들이 나오면서 인류의 지속가능한 발전을 위하여 UN을 비롯한 각국 정부가 기후위기에 대응하기 위한 정책을 펴기 시작했고 그 결과물이 2015년 12월 12일 파리에서 개최된 유엔기후변화협약당사국총회(COP21)에서 체결된 기후변화협약[이하 '파리협약(Paris Agreement)']이다.

2021년 8월 초 공개된 기후변화에 관한 정부 간 협의체(Intergovernmental Panel on Climate Change; IPCC)의 제6차 평가보고서 중 제1 실무그룹보고서에 따르면, 현재 지구의 평균온도가 산업화 이전보다 이미 1.09℃ 상승했으며, 대기 중 평균 이산화탄소 농도는 410ppm으로 200만 년 만에 최고 수준에 도달했다. 위 IPCC 보고서에 따르면, 현 추세대로 탄소배출이 진행될 경우, 길어도 20년 내에 파리협약에 따른 기온상승 제한 목표치이자 돌이킬 수 없는 기후재앙의 임계치인 1.5℃에 이를 가능성이 크다는 암울한 전망을 제시했다.

이러한 국제 사회적 분위기에서 기업들이 기후위기에 대한 대응을 소홀히 하면, 기업 이미지 악화는 물론, 기업의 지속가능성에 중대한 위기를 초래할 수 있다는 인식이 생겨났다. 이러한 인식은 금년 1월 5일부터 7일까지 미국 라스베가스에서 개최된 CES 2022의 핵심 키워드가 'ESG'임을 테슬라(Tesla)와 SK 등 많은 국내외 기업들이 친환경상품을 전시함으로써 세간의 뜨거운 주목을 받은 것을 통하여 확인할 수 있다.

ESG 경영이 이윤 증대에도 기여

기업이 ESG 경영을 하려면 환경기준과 안전기준 등을 충족시키고 사회공헌을 실천하기 위한 추가적인 비용이 발생하여 이윤이 감소할 것으로 우려할 수 있다. 그럼에도 관련 연구결과들은 장기적 안목에서, 오히려 ESG 경영이 기업에 더 많은 이윤을 창출한다는 것을 보여주고 있다. 특히 요즘처럼 환경규제와 안전규제가 더욱 엄격해지는 상황에서는 ESG 경영을 하지 않는 기업은 오염물 처리비용, 환경사고, 안전사고와 이에 따른 손해배상 문제 등의 리스크에 직면할 수밖에 없고, 종국에는 기업의 평판에 부정적 영향을 받게 된다.

세계 최대 자산운영사인 블랙록(BlackRock)의 래리 핑크(Larry Fink) CEO는 "기후변화 리스크가 곧 투자 리스크이며, 이러한 리스크의 평가를 위해 일관성 있는 양질의 주요 공개정보에 접근가능해야 한다."라고 언급하며 기업의 ESG 경영, 특히 환경의 중요성을 강조했다. 이처럼 투자자가 ESG를 염두에 두고 책임 있게 투자하겠다고 밝힌 만큼 기업은 투자 확보를 위해서라도 ESG를 경시할 수 없게 되어 친환경 투자가 증가하고 있다. 또한, 환경을 중시하여 지속가능한 지구를 위하여 친환경적인 제품이나 폐병을 재활용한 제품 등을 골라 사용하려는 현명한 소비자들도 늘어나고 있는 추세이다.

이에 세계적인 첨단 기업들은 ESG 경영에 선도적 지위를 차지하기 위해 치열하게 경쟁하고 있다. 마이크로소프트는 10억 달러의 '기후 혁신 펀드(Climate Innovation Fund)'를 조성하여 향후 4년간 탄소제거 기술 개발을 지원하고 있다. 아마존은 파리협약의 목표연도를 10년 앞당긴 2040년까지 탄소배출량을 0으로 하겠다고 약속했다. 아울러 재생에너지 사용률 100%를 2030년까지 달성하겠다는 야심찬 목표를 제시하고, 포장재 낭비를 줄이기 위한 노력도 추진한다고 약속했다. 이에 질세라 국내 대기업들도 빠르게 움직이기 시작했다. SK그룹은 ESG를 통한 상생 경영 가운데, 특히 탄소중립 등 환경 분야의 문제 해결과 가치 창출을 적극 강조하였고, "2030년 기준 전 세계 탄소 감축 목표량(210억t)의 1% 규모인 2억t의 탄소를 줄이는 데 SK그룹이 기여할 것"이라고 선언했다.

코로나19에 대한 두려움이 아직도 상존하고 있고, 이로 인해 국가, 사회와 기업 모두가 불확실성의 시대에 직면하고 있다. 그렇기 때문에 환경과 사회를 배려한 투명한 경영을 해야만 기업 가치를 높일 수 있고 위기 시 기업을 응원하는 우군을 확보해 위기관리 역량도 키울 수 있을 것이다. 더 나아가 ESG는 기업을 넘어, 학교 등 공공기관, 지방자치단체 등에서도 마땅히 추구해야 하는 우리 시대의 최고의 지상목표이다.

양주시가 환경부 공모사업으로 조성 중인 스마트 그린도시는 그린아카데미 사업의 일부로 메타버스가 구현될 예정이다. 양주시 메타버스 가상전시관은 양주시 스마트그린도시 거점시설인 신개념 전기차충전시설인 "스마트 그린포트"에서 직접 체험할 수 있는데 환경교육 콘텐츠를 모바일앱을 통해서도 경험할 수 있는 가상전시관이다. 이곳에서는 양주시 환경을 주제로 개발된 실감콘텐츠 3종(홀로그램 AR, 생태축복원 XR, 메타휴먼이 소개하는 양주시생태자원사전)과 유아와 아동을 대상으로 하여 양주시 불곡산을 배경으로 창작된 환경동화와 양주시 환경문제를 풀어낸 환경애니메이션 15편을 자유롭게 경험해 볼 수 있다.

국내 ESG 활동 사례와 미래전략

ESG 시대에 대비하고자 '사단법인 한국ESG학회'가 2021년 9월 창립되어 학계와 산업계 및 공공기관 등 사회 각계의 뜨거운 주목을 받고 있다. 전기차와 ESG의 다보스포럼을 기치로 하는 제9회 국제전기차박람회가 금년 5월 3일부터 6일까지 제주도에서 개최되었는데, 테슬라, 현대자동차, 현대중공업, 한국ESG학회 등 세계 50여개국의 주요 기업과 학회 대표들이 참여하여 대성황리에 개최되었다. 이 기간에 한국ESG학회에서는 '제1회 국제ESG포럼'을 개최하여 산림과 ESG, 해양수산과 ESG, ESG 평가 방안 등을 발표하여 주목을 받았다. 한국ESG학회의 산하기관인 ESG평가위원회에서는 금년 하반기에 지방자치단체 등 공공기관과 기업체 등을 대상으로 ESG에 대한 평가를 수행하여 ESG 우수 기관과 기업 등을 선정하고 시상함으로써 ESG 우수 경영 사례를 공유하고 확산시켜 이른바 '그린워싱(Green-washing)'을 비롯한 '소셜워싱(Social-washing)'을 방지할 계획이다.

아놀드 토인비(Anold Joseph Toynbee)가 인류의 역사를 '도전에 대한 응전'의 역사라고 강조하였듯이, 메타버스 시대에 당면한 최대의 도전과제인 ESG 어젠다를 과감하게 선점하여 이를 해결하려고 적극적으로 노력하는 기업이나 공공기관, 지방자치단체 등은 위기를 기회로 바꾸어 지속가능한 미래의 가능성을 실현할 수 있을 것이다.

한편 메타버스라는 디지털 신대륙의 추세에 막연히 즐거움과 호기심 등으로 맹목적으로 따라가다가 피해를 입어도 구제받기가 어려운 것이 현실이므로 제2의 인류라고 할 수 있는 '메타휴먼 아바타'에 대한 법인격 부여 문제 등에 대해서도 심도 깊은 논의를 통해 시급히 제도적 기반을 마련해야할 것이다. 메타버스라는 플랫폼도 현대 사회의 근본적인 문제인 인간 소외, 자신감 결여와 시간적·공간적 제약 등을 해결하여 개개인이 행복을 더 느낄 수 있도록 하여 우리 헌법 제10조에서 지향하는 기본권 보장의 궁극적

이념인 '인간으로서의 존엄과 가치'를 보장하기 위한 수단에 불과하다는 것을 절대로 잊어서는 아니 될 것이다.

24. 인공지능 메타버스 시대 ESG와 비즈니스 미래전략
: ESG 비즈니스 성공 열쇠 메타버스

문형남

대한경영학회 회장

숙명여대 경영전문대학원 교수

국제미래학회 지속가능위원장

인 공지능(AI)과 메타버스(Metaverse)가 이끄는 AI−META 시대에 ESG (환경·책임·투명경영)가 매우 중요한 이슈로 부각되고 있다. ESG가 전 세계적으로 널리 확산되는 데는 '편지 한 통'이 결정적 역할을 했다. 2021년 초 세계 최대 자산운용사 블랙록의 최고경영자(CEO) 래리 핑크가 기업 CEO 들에게 보낸 연례 서한인데, "앞으로는 기후변화와 지속가능성을 투자의 최 우선 순위로 삼겠다"고 공표했다. 이어 올해 1월에는 "기업의 사업 구조가 탄소중립(넷제로)과 양립할 수 있는 계획을 공개하라"고 했다.

ESG는 환경·사회·지배구조가 아닌 환경·책임·투명경영

　　대부분 언론과 관련 저자 등이 ESG의 개념을 빙산의 일각처럼 부분적으로 잘못 이해한 경우가 많아서 정확한 개념을 정리하고, ESG의 현황과 미래전략을 짚어보고자 한다. ESG는 환경·사회·지배구조가 아닌 환경·책임·투명경영이다. 그런데 거의 대부분 기사, 책, 보고서 등이 ESG를 환경·사회·지배구조라고 틀리게 표현하고 있다. 다행히 지난 1월 문화체육관광부와 국립국어원이 'ESG 경영'을 '환경·사회·투명 경영'으로 순화해서 표현할 것을 권고했는데, 이를 지키는 언론 등은 극소수다. 이 권고가 지배구조를 투명경영으로 수정한 것은 잘 했는데, 사회를 책임으로 고치지는 않았다. 환경경영과 책임경영은 맞는데, 사회경영은 틀린 표현이므로 이것도 조속히 수정돼야 한다.

　　ESG 개념을 잘못 이해하는 일이 영어권에서는 발생하지 않는데, 우리나라에서만 개념을 직역하여 편협하게 잘못 해석하는 경우가 발생한 것이며, 바르게 의역해서 수정하는 것이 맞다. E는 환경(Environment)이 아니고 환경적(Environmental) 책임의 준말이다. S는 사회(Society)가 아니라 사회적(Social) 책임의 준말이라 사회적 책임이라고 하던가 한 단어로 하면 책임이 맞다. G를 지배구조라고 하면 회사가 아닌 공공기관 등 다른 조직에는 해당되지 않으므로 투명경영이라고 하는 것이 정확하다.

ESG는 ESG투자에서 출발 ESG소비·ESG경제·ESG혁명으로 확산

　　ESG는 오래전 지속가능성에서 출발해서 유엔의 MDG(새천년개발목표)와 SDG(지속가능발전목표)도 밀접한 관련이 있는데, 글로벌하게 대중에게 급속하게 확산된 것은 작년 초부터 1년반 정도 됐다. ESG의 뿌리를 모르고 최근에

ESG를 접한 대부분의 사람들은 ESG투자 관점의 편협된 시각으로 ESG를 잘못 이해하는 경우가 많다. 좁은 의미의 ESG는 ESG투자를 말한다. 그러나 ESG는 ESG경영·ESG소비·ESG경제·ESG혁명으로 빠르게 확산되고 있다. 잘못된 시각을 버리고 바른 시각으로 바라보아야 한다.

기업에서는 ESG가 새로운 혁신의 도구가 되고 있다. 4차 산업혁명시대의 디지털전환에 이어 ESG전환과 ESG혁신이 주목받고 있다. ESG를 소극적으로 경영에 도입하는 것이 ESG경영이 아니다. ESG 관점에서 기업경영 전반을 전환하고 혁신하는 것이 ESG경영이다. 소비자들의 소비는 친환경소비를 넘어서 E와 S와 G를 각각, 그리고 함께 고려하는 ESG소비가 새로운 소비 대세로 떠오르고 있다. ESG는 각 산업을 넘어 ESG경제로 넓게 확산되고 있다. ESG경제는 ESG혁명으로 빠르게 다가오고 있다. 따라서 ESG 비즈니스는 생각보다 범위가 매우 크고 혁명적인 변화를 예고하고 있다.

ESG 인력 양성하고, ESG에서 일자리와 비즈니스모델 찾아야

이 시대에 가장 중요한 트렌드 키워드를 2개 든다면 ESG와 메타버스를 들 수 있다. 이 두 단어는 단순한 트렌드가 아니라 최소 10년 이상 계속될 메가트렌드로 예측된다. 그런데, ESG와 메타버스를 별개의 것으로 생각하고 두 키워드의 연관성을 찾지 못하고 있다. 대다수가 ESG와 메타버스는 관련이 없다고 생각하고 있다. 그렇지 않으므로 ESG와 메타버스 인력을 양성하고, ESG와 메타버스에서 일자리와 새로운 비즈니스모델을 찾아야 한다.

윤석열 대통령은 국무회의에서 반도체 인재 육성을 위해 전 부처에 전방위적인 노력과 각성을 촉구했다. 한덕수 총리가 곧바로 교육부와 주요 업계를 찾아 인재 육성 방안을 제시하는가 하면, 노동부·국방부까지 나서 부서별 특색에 맞춘 대책을 찾는데 부심하고 있다. 그런데 인력 부족이 빚어지는 산업분야는 반도체만이 아니다. 정부는 차제에 전반적인 기술인력 수급에 대해 면밀히 검토하고 중장기적인 대책을 마련해야 한다.

또한 ESG 인력 양성에도 관심을 기울여야 한다. ESG경제와 ESG혁명 시대에 ESG 인력 수요가 많을텐데, 정부는 ESG분야의 중요성을 제대로 인식하지 못한 것으로 보인다. ESG 비즈니스에서 많은 일자리가 창출될 수 있다는 것을 정부는 간과한 것 같다. 요즘 경제 상황이 어려워지면서 스타트업과 벤처업계에도 감원 바람이 불면서 일자리가 줄어들고 있다고 한다. 그렇지만 ESG 전문가 수요가 늘고 있고, ESG 비즈니스에서 일자리가 많이 생길 것으로 전망된다. 아직 ESG 비즈니스는 초기이고 광활한 불모지대이므로 서부개척시대처럼 적극적으로 개척하고 선점하는 것이 중요하다.

ESG와 메타버스의 관계

일각에서는 메타버스를 활용하면 ESG에 도움이 된다는 정도를 ESG와 메타버스의 관계를 소극적으로 생각한다. 필자는 ESG와 메타버스는 매우 밀접한 관련이 있다고 주장하며, 이러한 인식이 서서히 확산되고 있다. 초기의 메타버스는 ESG를 전혀 고려하지 않았는데, 현실 세계에서 ESG의 중요성이 커지는 것처럼 메타버스 세계에서도 ESG의 중요성이 점점 커질 것이다. 메타버스는 '현실 세계와 같은 사회적·경제적 활동이 이뤄지는 3차원 가상 공간'으로 의미를 확장하고 적극 활용할 수 있어야 한다. 메타버스를 적극 활용하는지 여부에 따라 기업의 생존 가능성이 결정될 수 있다.

이전까지와 달리 앞으로 메타버스는 현실과 융합되고 차이가 점점 없어지게 될 것이다. 현실세계에서 ESG를 추구하고 있지만 메타버스 공간에서 이야기하는 경우는 적다, 메타버스가 현실과 유사해지면서 ESG를 얘기하지 않을 수 없게 되고 중요성이 점점 커질 것이다.

ESG 비즈니스 미래전략

새로운 ESG 비즈니스가 계속 등장하고 커지고 있다. ESG 평가와 컨설팅 정도로 시작된 ESG 비즈니스가 기업 경영 전반과 경제 전 영역으로 퍼지면서 커지고 있다. ESG 비즈니스를 좁게 보면 환경산업과 친환경 관련 산업 정도에 그친다. 탄소중립이 글로벌한 이슈가 되면서 탄소중립 관련 비즈니스가 빠르게 성장하고 있다. 또한 ESG 각각을 나타내는 환경경영·책임경영·투명경영 관련 비즈니스도 빠른 성장세를 나타내고 있다. ESG 통합시스템 구축도 새로운 영역으로 기업 전반에 확산될 전망이다.

ESG 비즈니스 또는 ESG경제 규모는 매우 클 것으로 추산되는데, 아직 ESG 비즈니스 또는 ESG경제 규모를 추정한 자료는 없다. 정부출연 연구기관 등은 ESG 비즈니스와 ESG경제 대한 연구를 강화해야 하며, 기업들은 ESG경영 도입을 혁신의 기회로 삼을 뿐만 아니라 새로운 비즈니스와 일자리 창출의 기회로 적극 활용해야 한다.

세계경제는 농업경제, 산업경제, 서비스경제, 온라인경제 등을 거쳐서 'ESG경제'와 '메타버스경제'로 빠르게 진화하고 있다. 윤석열 정부는 'ESG경제'와 '메타버스경제' 관련 정책 수립에 더 많은 관심을 기울이고, 이를 통한 'ESG성장'과 '메타버스성장'에 모든 역량을 집중할 것을 강력하게 권고한다. 그 외에는 길이 없다고 본다. ESG경제와 메타버스경제에 새로운 좋은 일자리와 기업들의 먹거리가 많은 것으로 확신한다.

25. 인공지능 메타버스 시대 광고 미래전략
: AI 메타버스 기술 활용한 광고 산업

김병희

한국광고학회 24대 회장

서원대학교 교수

국제미래학회 미래광고위원장

광 고의 미래는 인공지능과 메타버스를 어떻게 활용하느냐에 달려있다
고 해도 과언이 아니다. 국제 학술지 <광고 저널(Journal of
Advertising)>이 2019년 9월에 '인공지능과 광고'라는 특별호를 발행한 이후,
학자들도 인공지능 광고에 주목했다. 학계에서는 소비자를 설득하려는 목적
에서 인간과 기계에서 제공하는 데이터를 학습하는 다양한 인공지능 기능을
활용하는 브랜드 커뮤니케이션을 '인공지능 광고'라고 정의했다. 업계에서도
광고 콘텐츠를 만드는 데 인공지능이 결정적인 영향을 미치고 있다.

AI 크리에이터의 등장

지난 2016년 칸광고제에서는 아이엔지의 '넥스트 렘브란트(The Next Rembrandt)' 캠페인이 두 개의 그랑프리를 수상했다. 이 캠페인은 인공지능 기술을 활용해 17세기 바로크 시대의 화가인 렘브란트의 작품을 재현한 프로젝트였다. 컴퓨터가 렘브란트의 작품에서 각도, 붓질 방법, 물감 색상, 배합 비율, 농담(濃淡)을 분석한 다음, 인공지능의 안면 인식 기술과 심층학습 알고리즘을 적용해 렘브란트의 작품 346점을 스캐닝해서 원작과 똑같이 3D 프린터로 재현함으로써, 미술관에 가지 않고서도 누구나 원작의 느낌을 그대로 감상할 수 있게 됐다.

또한, 2016년 4월, 일본 광고계에서는 흥미로운 실험을 했다. 일본의 껌 브랜드인 클로렛츠 민트탭을 놓고, 인간 크리에이터 디렉터와 인공지능 CD 가 아이디어 대결을 펼쳤다. 광고회사 맥켄의 도쿄 지사에서 개발한 인공지능 CD 베타(AI-CD β)가 있었기에 아이디어 대결이 가능했다. 9월에 투표 결

과를 종합한 결과, 구마모토 미쓰루(倉本美津留) 인간 CD가 승리했지만 54%
대 46%라는 근소한 차이였다. 우리나라 방송에서도 광고 두 편에 대한 투표
를 진행했다. KBS1-TV의 '명견만리' 프로그램에 나왔던 미래참여단은 베
타의 아이디어인 '도시' 편에 25표나 더 많은 표를 찍었다. 놀라운 결과였다.
인공지능 알고리즘을 활용한 아이디어 발상의 가능성을 보여준 대사건으로,
인간의 달 착륙에 비견할 만했다.

일본의 광고회사 덴쓰(電通)에서는 2017년 5월에 인공지능 카피라이터
아이코(AICO)를 선보였다. 아이코는 'AI Copywriter'의 약자로 일본어로 '귀
여운 여자아이'라는 뜻이다. 일본의 한 신문사가 광고를 의뢰하자, 아이코는
블로그와 뉴스 사이트에서 신문 광고에 관련된 방대한 자료를 학습한 후 멋
진 광고 카피를 써냈다. 2018년 12월에는 디지털 분야에 특화된 카피라이터
'다이렉트 아이코'를, 2019년 5월에는 덴쓰의 자회사인 덴쓰디지털에서 '어
드밴스트 크리에이티브 메이커'를 개발했다. 인공지능이 광고 샘플을 대량으
로 만들고 광고 효과가 높을 만한 아이디어를 판정해 최종적으로 노출하는
배너광고 제작 시스템이었다.

우리나라의 싸이더스 스튜디오 엑스에서 개발한 '로지'나 롯데 홈쇼핑에
서 제작한 '루시'는 첨단 그래픽 기술과 인공지능 기술로 탄생시킨 가상 인
간이다. 앞으로 가상 인간은 유명 스타들의 전유물이었던 광고 모델 분야를
서서히 대체해나갈 것이다. 광고제작 지원 공공 인프라인 한국방송광고진흥
공사(KOBACO)의 아이작(AiSAC)도 주목할 만하다. 아이작은 코덱스(KODEX) 시
스템에 축적되어 있는 수만 건의 광고 영상에 인공지능 기술을 접목시켜
2021년에 광고영상 아카이브 서비스를 시작했고, 2022년부터는 광고 스토
리보드를 자동으로 제작하는 서비스를 제공하고 있다.

광고에 AI 기술을 적용하는 목적

이제, 인공지능 알파고(AlphaGO)의 증손자뻘인 '뮤 제로(Mu Zero)'가 제작자의 지침이 없더라도 스스로 학습해서 상황을 자율적으로 분석한다. 어떤 문제를 스스로 해결하는 범용 인공지능의 가능성을 보여주었다. 따라서 인공지능은 아이디어가 생명이라는 광고 크리에이티브 분야에도 결정적인 영향을 미칠 것이다. 인공지능은 빅데이터를 분석해 광고 콘셉트를 더 신속히 결정할 수 있도록 도와줄 것이며, 광고 창작자들이 빠지기 쉬운 주관성의 유혹을 객관적인 자료로 보완하는 데도 기여할 것이다. 광고와 마케팅 분야에서는 인공지능 기술이 다음과 같은 5가지 목적을 위해서 더 자주 활용될 것으로 예상된다.

첫째, 실행 최적화의 목적이다. 기계학습 알고리즘은 어떤 플랫폼에서 광고와 마케팅 활동이 제대로 수행되는지 신속히 분석해 개선 방안을 제시할 수 있다. 둘째, 개인 맞춤형의 목적이다. 인공지능은 소비자 행동에 관한 빅데이터를 바탕으로 개인 맞춤형의 분석 결과를 제시하므로, 광고 기획자는 보다 현실적인 광고 활동을 전개할 수 있다. 셋째, 광고 창작 자동화의 목적이다. 인공지능은 광고 카피를 짧은 시간에 대량으로 쓸 수 있고, 기계학습을 하므로 시간이 흐를수록 더 좋은 카피를 쓸 가능성이 높다. 넷째, 수용자 타깃팅의 목적이다. 광고 기획자는 인공지능이 분석해준 소비자의 반응 자료를 바탕으로 개별 소비자에게 최적화된 통찰력을 발견할 수 있다. 다섯째, 미디어 믹스 모델링의 목적이다. 인공지능은 주어진 예산을 바탕으로 광고 효과를 극대화할 수 있는 최적의 미디어 믹스 전략을 자동으로 제시할 수 있다.

메타버스와 광고의 접점

　　인공지능과 더불어 메타버스(Metaverse) 시대도 본격적으로 시작되었다. 메타버스는 온라인의 3차원 가상공간에서 아바타의 모습을 구현한 개인들이 현실 세계처럼 사회적·경제적·문화적 활동을 하는 플랫폼이다. 메타버스를 우리말로 '확장 가상세계'로 부르기를 권고한 국립국어원의 기대처럼 메타버스는 확장 가상세계의 영역을 넓혀가고 있다. 기업에서 새로운 광고 플랫폼으로 메타버스에 주목하기 시작한 지도 꽤 많은 시간이 흘렀다. 메타버스는 정치·경제·사회·문화 전반에 영향을 미치고 있지만 광고 영역에서도 현실과 비현실이 공존하는 생활형 가상 세계를 제시하며 광고에 날개를 달아주고 있다.

　　기업과 광고업계에서는 새로운 광고 플랫폼으로 메타버스에 주목하는데, 이용자의 대부분이 MZ세대이다. 미국의 게임 플랫폼이자 메타버스 게임으로 급부상한 '로블록스(Roblox)'는 이용자의 83%가 24세 이하이고, 55%가 16세 미만이다. 기업들은 MZ세대를 사로잡기 위해 메타버스 비즈니스에 적극적으로 진출하고 있다. MZ세대가 주요 소비층인 엔터테인먼트 기업들은 일찍이 메타버스를 활용해 광고홍보 활동을 전개했다. 2020년 9월, 방탄소년단(BTS)은 신곡 <다이너마이트>의 안무 영상을 슈팅게임 '포트나이트(Fortnite)'에 최초로 공개한 사례가 대표적이다. 패션 기업 구찌는 제페토와 '구찌 하우스'(2021)라는 협업을 진행했다. 이용자들은 캐릭터에 구찌 아이템을 입혀보면서 자연스럽게 상품과 친해지게 된다. 이용자들은 구찌, 나이키, 디즈니, 컨버스, 푸시버튼 같은 패션 브랜드가 입점한 제페토에서 내부 유료화폐인 '잼(Zem)'으로 상품을 구입할 수도 있다. 버버리는 'B 바운스'라는 게임을 만들어 버버리 상품을 활용해 게임을 하게 했다.

콘텐츠를 매개로 플랫폼에서의 만남

이 밖에도 여러 민간 기업에서는 메타버스를 활용한 광고 활동에 깊은 관심을 나타내고 있다. 민간에 뒤질세라 공공 분야에서도 광고홍보 활동에서 메타버스를 적극 활용하고 있다. 메타버스를 활용한 광고 활동에서 게임이나 엔터테인먼트는 인기를 끌고 있지만, 전통적인 디스플레이 광고는 그 위세가 앞으로 한풀 꺾일 것이다. 그렇지만 광고가 메타버스 플랫폼에 올라타 가상세계에서 가능한 광고의 모든 기회를 종합한다면 엄청난 폭발력을 지니게 된다. 디지털 기술이 발달해 현실과 가상의 경계가 무너질수록 메타버스의 영역은 확장될 것이다.

이용자들이 확장 가상세계인 메타버스에서 게임을 하고 친구도 만나며, 생산 활동을 하면서 수익까지 올린다면 이용자 입장에서는 그보다 좋은 일은 일어날 수 없다. 광고의 기능도 '미디어를 통한 메시지의 전달'이라는 전통적인 관점에서 '콘텐츠를 매개로 플랫폼에서의 만남'이라는 새로운 관점으로 변한 상황에서, 광고주들도 사람들이 몰리는 메타버스에 주목할 수밖에 없다. 메타버스가 디지털 미디어와 상거래의 미래를 열어가듯, 앞으로의 광고 환경도 MZ세대에게 친숙한 메타버스 기반으로 탈바꿈할 것이다. 메타버스는 기업의 전략 커뮤니케이션 활동의 판을 뒤집는 진화된 종(種, species)에 비유할 수 있다. 광고계는 지금 진화의 정점에 서 있다.

광고의 뉴 칼라를 기다리며

　미래의 광고산업은 우리가 지금껏 경험한 것과 비교할 수 없을 정도로 파격적으로 변할 것이다. 공급자와 수요자를 직접 연결하는 블록체인 기술이 본격 적용되면 광고산업의 기반 자체가 완전히 재편될 수 있다. 그 근간은 인공지능과 메타버스를 활용하게 하는 광고 기술이다. 인간이 인공지능에게 지배당할 것인지 아니면 함께 공존할 것인지에 대한 논쟁은 불필요해졌다. 이런 현실에서 인공지능과 메타버스를 이해하고 활용할 줄 아는 '뉴 칼라(New Collar)' 계층만이 앞으로의 광고계를 주도해나갈 것이다. 인공지능과 메타버스에 대해 연구하는 과정에서 소비자의 심리 타점(sweet spot)을 발견하고 통찰력을 얻는 문제가 우리 앞에 주어진 시급한 당면 과제다.

PART
06

인공지능 메타버스 시대
교육의 변화와 미래전략

26. 인공지능 메타버스 시대 교육의 미래전략
: AI · META 활용 교육 대전환 서둘러야

이주호

사회부총리 및 교육부 장관

제3대 교육과학기술부 장관

국제미래학회 자문위원

모 든 어린이가 메타버스 공간에서 AI 튜터의 도움을 받으면서 동료와 게임을 하듯이 학습을 즐긴다. 모든 교사는 학습자 한 명 한 명에게 딱 맞추어 학습환경을 제공하는 맞춤형 학습환경 디자이너가 된다. 모두가 방대한 지식의 핵심 개념을 이해하는 탄탄한 지식기반을 갖추고, 그 위에 데이터, 첨단기술, 인문학 등의 소양을 쌓아 올리고, 또한 창의력, 비판적 사고력, 협력, 소통 등의 미래역량을 꽃피우는 교육을 받는다.

인공지능 메타버스 교육을 정부 정책의 최우선 순위로

무슨 꿈 같은 이야기냐고 할 수도 있지만, 인공지능 메타버스 시대에 교육을 이렇게 바꾸지 않으면 어느 나라도 소득격차와 일자리 문제를 해결하지 못한다. 이러한 교육 지각변동을 가능하게 하는 첨단기술과 솔루션은 이미 거의 다 와있다. 어느 나라가 이러한 대전환을 가장 빨리 이루어낼지, 어느 나라가 뒤처질지만 남아 있다. 이렇게 교육의 미래상이 뚜렷하게 떠오르는 상황에서 교육의 미래전략은 얼마나 빨리 인공지능 메타버스 교육으로 대전환을 이루느냐에 초점을 맞추어야 한다. 크게 다섯 가지 방향으로 전략을 디자인하고 실천하자.

첫째, 정부는 인공지능 메타버스 교육으로의 대전환에 정책의 최우선 순위를 두어야 한다. 윤석열 정부가 최우선 국정 과제로 노동개혁과 함께 교육개혁을 제시한 것은 고무적이다. 그러나 청와대는 최근 주력하고 있는 반도체 인력 양성보다 훨씬 더 큰 그림을 그려야 한다. 교육부도 만 5세 입학과 같은 해묵은 정책과제보다 훨씬 더 핵심적인 미래교육에 초점을 맞추어야 한다. 특히 최근 설립된 국가교육위원회는 새 술을 새 부대에 담듯이 인공지능 메타버스 교육으로의 대전환에 정조준하여 새로운 정책 틀을 제시하여야 한다.

위기를 기회로 만드는 전략

둘째, 위기를 기회로 만드는 전략이다. 우리 교육의 난제들이 오랫동안 풀리지 않으면서 위기 수준까지 와 있다. 이제 실마리를 인공지능 메타버스에서 찾아야 한다.

예컨대 교육 격차를 해소하는데 인공지능 메타버스 교육이 매우 유용하다. ECA(사단법인 아시아교육협회)는 팬데믹 이후에 10여 지자체의 지역아동센터와 탈북학교 학생들에게 AI보조교사를 활용한 멘토 프로그램을 통하여 교육격차를 줄이는데 큰 효과를 보았다. 더 나아가 팬데믹으로 더욱 중요해진 지구촌 공동체 의식을 함양하기 위한 세계시민교육을 메타버스를 통하여 제공하는 프로젝트를 시작하였다. 많은 교육감이 AI튜터를 활용하여 교육격차

를 해소하겠다고 공약을 내걸고 당선되었다. 사실 교사의 노력만으로는 팬데믹으로 더욱 벌어지고 있는 교육 격차를 줄이기 쉽지 않다. 지금이야말로 AI보조교사가 교사를 지원하는 시스템을 구축할 때이다.

한편 우리 대학은 인구구조 변화에 따른 학생 감소의 위기를 극복하지 못하고 있다. 특히 많은 지방 대학들이 정원을 채우지 못하고 있다. 대학의 학생 확보를 위하여 가장 유력한 대안은 해외 유학생과 평생 학습자를 유치하는 것이다. 이들을 효과적으로 유치하려면, 기존의 일방향 온라인교육이 아니라 학생 데이터를 분석하여 맞춤형 교육기회를 제공하고 보다 흥미로운 메타버스 교육공간을 활용하는 인공지능 메타버스 교육을 도입하여야 한다.

이렇게 인공지능 메타버스 교육을 통하여, 대학은 학생 부족의 위기를 극복할 수 있고, 동시에 질 높은 평생학습이 가능해지고 해외 인재들의 확보도 쉬워지면서 국가적으로 일자리 창출에도 큰 효과를 볼 수 있다. 사실 오래전부터 인구구조의 변화에 따른 우리 대학의 위기를 예견하고 있었지만, 막상 대학 구성원들은 위기에 직면하여야 변화를 모색하게 된다. 따라서 지금이야말로 대학에 인공지능 메타버스 교육을 도입할 적기일 수 있다.

교원의 역할 변화가 전략의 핵심

셋째, 인공지능 메타버스 교육이 얼마나 빨리 우리나라 교육 현장에 뿌리를 내릴지는 결국 교원들이 얼마나 빠르게 새로운 역할과 기능을 맡아주느냐에 달려 있다. 교원에게 인공지능 메타버스 교육의 도입은 본인이 교실에서 하였던 역할과 기능을 180도 전환하는 것이다. 예컨대 우리말로 역사를 가르치는 교사에게 영어로 역사를 가르치라고 하면 바로 그렇게 하겠다는 교사가 얼마나 될까? 그런데 인공지능 메타버스 교육이 전면 도입되면 교사는 강의보다 맞춤 학습환경을 디자인하는 디자이너로 변신하여야 한다. 어느 나라에서도 이것은 쉬운 일은 아니다.

가장 먼저 교원양성기관(교대와 사대)들이 바뀌어야 한다. 지금 교대와 사대는 인구구조의 변화로 학생 수를 크게 줄여야 하는 위기 상황이다. 세계에서 가장 앞선 교육을 하고 있다는 핀란드는 모든 교사를 석사과정에서 양성하고 있다. 우리도 로스쿨과 같이 교대와 사대도 교육전문대학원 체제로 전환하여 모든 교사를 석사과정에서 양성하여야 한다. 이제 교사들이 교육 변화의 주체로서 이론과 실무를 겸비한 명실상부한 전문가로 양성하여야 한다. 디지털 기술의 활용에 친숙한 젊은 세대부터 새로운 교사상을 심어주고 학교 현장에 투입하여야 한다. 그리고 기존의 교원들에게는 풍부한 재교육과 계속교육의 기회를 제공하여야 한다.

교육을 에듀테크 산업으로 키우자

넷째, 인공지능 메타버스 교육은 결국 교사와 첨단기술이 만나는 접점에서 도입된다. 그러나 우리나라에서는 민간기업의 교육 참여를 가로막는 높은 장벽이 존재한다. 우리는 오랫동안 공교육과 사교육을 엄격하게 분리해왔다. 그러나 민간기업의 기술력 없이 인공지능 메타버스 교육은 도입될 수 없다. 이제 학교는 활발하게 민간기업과 협력하고 교육부는 적극적으로 에듀테크 산업을 육성하여야 한다.

필자가 참여하는 전직 교육장관의 글로벌 기구인 아틀란티스 그룹의 에듀테크 정책에 관한 제안에 주목할 필요가 있다. 첫째는 증거 기반을 강조한다. 특정 에듀테크를 교실에서 활용할 때 학생들에게 어느 만큼의 효과가 있는지에 대한 실증적 연구가 중요하다. 이를 위하여 테스트베드 학교들을 지정하는 등 실증기반을 구축하고 이에 근거하여 정책을 추진하여야 한다. 둘째는 교사가 에듀테크를 잘 활용하도록 교사의 욕구를 제대로 파악하고, 교사 교육과 역량강화 체계를 구축하는 동시에 에듀테크 활용을 교사 평가와 유인체계에 포함시켜야 한다. 셋째는 에듀테크 시장기능을 강화하여야 한다. 많은 나라에서 에듀테크 시장의 원활한 작동을 위한 정보와 데이터의 흐름에 장애가 많이 있다. 에듀테크를 구입하고 판매하는 당사자들이 에듀테크에 대하여 상세한 정보를 파악할 수 있도록 가이드라인을 제공하거나 서로 만날 수 있도록 기회를 다양하게 제공하는 등의 노력이 필요하다. 넷째는 에듀테크 국가전략을 수립하여야 한다. 에듀테크 활용과 개발의 이해당사자들이 서로 배울 수 있는 시범학교 혹은 전시회 등은 물론이고 에듀테크 국가전략 수립을 위한 테스크포스를 설치하여야 한다.

인공지능 메타버스 혁신생태계의 조성

마지막으로, 인공지능 메타버스 교육의 도입을 위한 혁신생태계를 조성하여야 한다. 교육의 지각변동은 지금까지 우리가 주로 의존해왔던 관 주도의 하향식으로는 결코 가능하지 않다. 교사와 에듀테크 혁신가는 물론이고 학생, 기업, 비영리기관 등 다양한 주체들이 끊임없이 새로운 기술을 학교 현장에 접목하여 보고 효과에 대한 증거 기반을 쌓아가면서 인공지능과 메타버스를 활용한 최적의 교육체제를 만들어가는 혁신생태계를 조성하여야 한다.

　무엇보다도 대학과 학교 그리고 유치원과 어린이집까지 훨씬 더 많은 자율을 주어야 한다. 우리 교육의 가장 심각한 문제는 교육행정이 획일적인 규제 일변도로 가면서 현장의 자율이 지나치게 제한되어서 변화의 동력이 꺼지는 것이다. 대학은 교육부 산하에서 분리시키고 초중등 학교와 유아 기관은 운영의 자율을 대폭 확대하여야 한다. 선진국 중에서 일본을 제외하고 어느 나라도 우리처럼 대학을 교육부가 강하게 통제하지 않는다. 지금처럼 교육부의 통제를 받는 구조에선 대학의 자율성을 확보하기 어렵다. 정부출연연구원처럼 국무총리실에서 최소한의 규제와 조정 업무만 담당하도록 하여야 한다.

　학교와 유아 기관은 먼저 사립부터 선진국의 사립처럼 자율을 기반으로 운영되도록 하여야 한다. 더 나아가 영국의 아카데미나 미국의 챠터스쿨과 같은 선진국의 사례를 참조하여 공립학교도 예산 지원은 하되 운영의 자율을 대폭 허용하여야 한다. 학교 자율을 확대하면서 학생 수에 따라서 재정지원을 하거나 투명성을 강화하는 등 책무성 강화 조치가 병행되어야 한다. 끝으로, 공익을 추구하는 비영리기관들이 교육 혁신을 활발히 지원할 수 있도록 환경을 조성하여야 한다. 최근 관심이 높아지는 ESG를 통하여 기업이 교육의 지각변동에 적극적으로 기여하도록 유도하여야 한다.

27. 인공지능 메타버스 시대 대학 교육의 미래전략
: 대학 교육 혁신은 대학 지속 생존을 위한 필수 요소

안종배

국제미래학회 회장

대한민국 인공지능메타버스포럼 공동회장

한세대학교 미디어영상학부 교수

코 로나19 이후 세계 경제는 디지털경제로 급속히 전환되며 4차산업혁
명이 가속화되어 초지능·초연결·초실감이 구현되어 디지털세상과
현실세상이 교류하고 융합되고 있다. 또한 따뜻한 인성과 공동체 가치를 추
구하는 휴머니즘이 강화되고 있다. 인공지능을 통해 초지능, 인공지능 기반
의 사물인터넷으로 초연결, 그리고 인공지능 기반의 메타버스로 휴머니즘을
담은 초실감이 구현되고 있다. 대학도 이러한 미래 사회 변화에 대응하는 것
은 선택이 아니라 필수가 되고 있다.

인공지능 메타버스 시대 대학 교육 환경의 변화

4차산업혁명 인공지능 메타버스 시대를 이끄는 핵심 기술은 인공지능(AI), 사물인터넷(IoT), 빅데이터(Big Data), 메타버스 실감영상 등이다. 즉 과학 기술이 발전함에 따라 상호 연결된 유무선 인터넷망을 통해 방대한 데이터의 수집·분석·활용이 가능하게 되었고, 이러한 데이터를 기반으로 인공지능 컴퓨터가 내장된 기계가 스스로 학습하고 예측하여 메타버스 초실감을 구현하면서 적시 적소에 합당한 서비스를 현존감있게 수행할 수 있게 되었다.

이러한 인공지능과 메타버스 핵심 기술은 교육 분야에도 적용되고 있다. 인공지능은 최적의 개인 맞춤형 교육서비스를 제공하기 위해 사용자의 행동패턴을 분석하여 교육 자료를 선택하여 맞춤형으로 제공하고 있다. 앞으로 인공지능 기술은 지금까지 보다 더 빠른 속도로 발달할 것이며, 이에 따라 사람인 교수가 할 수 있는 많은 지식 교육 서비스들이 인공지능으로 대체될 것으로 예상된다.

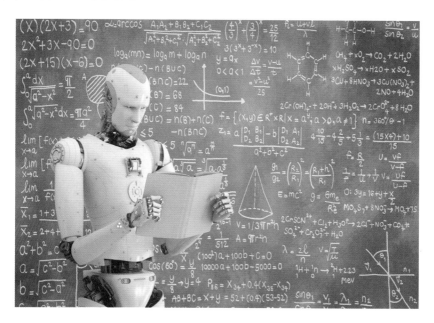

교육 환경에서 지능형 사물인터넷을 활용하면 사물과 학습자가 서로 커뮤니케이션함으로써 인터렉티브한 학습 환경을 구축하는 것이 가능하며, 학습자의 흥미, 수준 등에 따른 즉각적인 피드백을 제공하는 것이 가능하게 된다.

빅데이터는 교육 환경에 적용되어 학습자의 학습 과정에 관한 데이터를 추적하고, 학습 수준을 분석하여 각 학습자에게 맞는 학습 목표, 전략 및 내용 등 맞춤형·적응형 학습을 제공할 수 있게 된다.

또한 증강현실(AR), 가상현실(VR), 홀로그램 등 실감영상과 메타버스 미디어를 통해 교실과 자택에서 언제 어디서나 초실감으로 함께한다는 현존감을 느끼며 직접 디지털 가상의 현장학습을 체험하게 하는 것은 물론, 원자, 자기장, 인간의 신체 등의 내부도 자세히 살펴보는 초실감 체험 학습이 가능하게 된다.

한편 4차산업혁명 인공지능 메타버스 시대가 본격화되는 미래사회에는 많은 부분을 인공지능 기술 기반의 메타버스 아바타가 사람을 대신하게 될 것이다. 이에 따라 미래사회에는 인공지능이 대체할 수 없는 새로운 지식과 경험을 끊임없이 스스로 학습하고 이를 활용하여 새로운 부가가치를 창출해낼 수 있는 창의와 인성을 갖춘 인재가 중요해진다. 인공지능 메타버스 시대에는 새로운 가치를 만들어내는 창의성과 타인과 협력하는 인성이 경쟁력을 좌우하는 시대가 되므로 미래 사회에서 살아남으려면 인공지능 또는 누구나 할 수 있는 일이 아닌 나만이 할 수 있는 개성을 살리면서 협업을 통해 새로운 가치를 창조할 수 있어야 한다.

현재 대학 교육은 많은 부분 과거 역량의 인재를 양성하고 있다. 하지만 과거에 쓸모 있다고 생각되어 힘들게 가르치거나 학습한 지식은 인공지능 메타버스 시대에는 쓸모없어지는 것이 많아지고 있다. 또한 학생들이 스마트폰으로 당장 필요한 지식이나 경험을 적시학습으로 습득하여 이용할 수 있게 될 것이다. 우리의 대학은 이제 이러한 인공지능 메타버스 시대의 대학 교육 환경에 대응할 수 있는 새로운 교육 패러다임으로 혁신해야 할 시급한 시점에 있다.

인공지능 메타버스 시대 미래 대학의 인재 역량 변화

인공지능 메타버스 시대의 도래로 과학기술, 산업, 사회, 문화, 가치관이 변화하고 이에 대응할 수 있는 인재의 역량이 또한 변화하고 있다. 이에 따라 미래교육의 비전은 세계 일류의 인공지능 메타버스 시대를 주도할 미래창의혁신 인재를 양성하는 것이고 이를 기반으로 목표는 글로벌 경쟁력을 갖춘 미래창의혁신 인재를 양성하는 교육, 개인의 창의성과 다양성이 존중되고 행복한 삶과 건강한 사회의 지속 발전에 기여하는 교육을 실현하는 것이어야 한다.

4차산업혁명이 가속화되는 인공지능 메타버스 시대에 필요한 분야별 전문 역량 인재상은 4대 핵심 기반역량을 바탕으로 이루어진다고 볼 수 있다. 첫 번째 주목해야 할 영역은 창의로운 혁신역량 영역으로 창의성과 혁신적 사고력, 미래 도전정신, 인문학적 소양 등을 말한다. 두 번째 영역으로는 인성을 갖춘 가치역량 부분이다. 이 부분에 해당되는 역량으로는 인성·윤리의식, 문화예술 소양, 자아 긍정 관리, 미래리더십, 가치창출 등의 역량이 해당된다. 세 번째 역량으로는 협력하는 사회 역량 부분으로 소통과 협업 역량, 사회적 자본 이해, 글로벌 시민 의식, 스포츠, 체력과 관련된 역량이다. 네 번째 역량으로는 생애주기 학습역량을 들 수 있으며 여기에는 미래 변화를 예측하고 생애 계획을 세워 평생 스스로 학습하는 자기주도 학습역량, 과학기술 변화이해, 인공지능과 메타버스 포함 ICT 활용 역량, 평생학습 등의 역량이 해당된다.

이러한 미래인재에게 기본이 되는 4대 핵심 기반 역량을 바탕으로 하여 인공지능 메타버스 시대에 필요한 영역별 융합적 전문역량을 함양하여 건강한 가치창출로 미래사회를 주도할 수 있는 창의적으로 사고하는 인성을 갖춘 미래창의 혁신 전문 인재를 양성하여야 할 것이다.

그동안 대한민국의 빠른 산업화와 국가 발전에 크게 기여해온 한국의 대학 교육은 인공지능 메타버스 시대가 현실화되기 시작하면서 기존의 교육으로는 더 이상 학생들의 미래도 대한민국의 미래도 어렵게 되었고, 이에 기존 교육과는 전혀 다른 새로운 교육 패러다임이 필요하게 되었다. 4차산업혁명 인공지능 메타버스 시대 초지능·초연결·초실감 사회의 패러다임에 맞는 대학 교육의 혁명적인 변화가 요청되고 있는 것이다.

인공지능 메타버스 시대 대학 교육 혁신 프레임 워크

우리 대학 교육은 산업사회의 특성인 표준화, 규격화, 정형화된 교육 방향을 탈피하여 인공지능 메타버스 시대의 주요 특성 변화인 다양성, 창의성, 유연성을 강화하는 방향으로 대학 교육이 혁신되어야 할 것이다.

인공지능 메타버스 시대에는 이전과는 전혀 다른 역량을 갖춘 인재를 양성할 수 있도록 대학 교육의 혁신적 변혁이 필요하다. 이러한 교육의 변화는 어느 부분으로 나누어 진행되어서는 성공적으로 교육의 변화를 구현할 수 없고 교육 관련한 모든 체계가 총체적으로 상호 협력하면서 대학 교육 전반에서 동시적으로 혁명적인 변혁이 요구되고 있다.

이처럼 대학 혁신은 전체적인 측면에서 총괄적으로 구체적인 계획과 행동들이 동반돼야 한다. 구체적으로 △대학의 교육과정 혁신 △대학의 교수 방법 혁신 △대학의 교육대상 혁신 △대학의 교육공간 혁신 △대학의 지역 협업 혁신 등을 통해 대학 혁신이 실질적으로 구현되어야 한다.

인공지능 메타버스 시대 대학 교육과정 혁신

대학은 가장 먼저 교육과정 혁신이 필요하다. 이는 인공지능 메타버스 시대 미래 사회에 필요한 인재를 양성할 수 있도록 학생들의 미래 역량 함양 중심으로 교육과정을 개편하는 것이 핵심이며, 대학의 해당 전공 교수가 적극적으로 참여토록 하여 미래 변화를 예측하고 미래 전공 역량을 함양하는 새로운 교육과정을 개발토록 하는 것이 중요하다. 통상적으로 대학들이 진행하고 있는 외부 컨설팅에 의한 교과과정 개발은 현실에서 수업에 반영되지 않고 사장되는 경우가 대부분이다. 이에 각 전공별로 교수들이 함께 미래 사회 변화와 미래 인재 변화 및 전공별 미래 역량을 예측하고 이를 대비할 수 있도록 미래형 교과과정을 혁신적으로 수립하고 수업을 준비할 수 있도록 대학 차원의 지원이 필요하다. 이를 통해 구체적으로 대학 교육과정이 혁신되고 학생들이 미래 인재가 될 수 있도록 대학 교육이 진행될 수 있을 것이다.

인공지능 메타버스 시대 대학 교수방법 혁신

또한 교육과정 변화 및 미래 인재 역량 변화에 따른 교수 방법의 혁신이 이어져야 한다. 인공지능 메타버스 시대 인재의 핵심 역량은 스스로 무엇을 모르는지와 무엇을 알아야 하는지 그리고 이를 위해 무엇을 해야 하는지를 스스로 인지하고 실천하는 메타인지 역량이며 이를 함양하기 위해 메타교수학습법으로 혁신되어야 한다.

메타교수학습법으로 S.M.A.R.T 메타교수법인 △S(Self-collabo) 학생 스스로 자기주도 학습과 협업할 수 있게 하는 교수법 △M(Motivated) 문제·프로젝트 중심으로 운영되는 동기부여식 학생 중심 교수법 △A(Adaptive) 학생 중심으로 진행되는 전공 맞춤형 참여 교수법 △R(Resource free) 다양한 교육자원을 이용해 문제 해결 역량을 갖출 수 있도록 교육 콘텐츠들을 활용하는 교수법 △T(Technology Embeded) 인공지능과 메타버스 등 스마트 ICT를 활용한 양방향 교수법을 통해 대학의 자연스러운 교육방법 혁신이 가능하다.

대학의 수업은 향후에도 대면 수업과 비대면 수업이 공존하게 될 것이며 공히 학생들의 참여와 현존감을 강화하는 메타교수법으로 진행되도록 해야 한다. 메타교수법은 수업의 성격에 따라 다양한 인공지능 메타버스 플랫폼을 활용하여 S.M.A.R.T 교수학습이 이루어지도록 교수학습이 진행되는 것이다. 실제로 필자의 수업시 SMART 메타교수법을 적용하고 특히 코로나로 인한 비대면 상황에서 줌 화상플랫폼과 메타버스 플랫폼을 동시에 활용하여 학생들이 같은 교실에서 함께 공존하는 현존감과 실제적인 참여와 상호작용이 가능하게 수업을 진행하였다.

이러한 수업을 통해 학생들은 교수의 강의를 듣고 즉시로 질문하는 것은 물론이고 팀별로 별도의 회의공간에서 교수와도 수시로 소통하면서 프로젝트 팀회의를 수업시간에 진행하고 팀회의 결과를 학생 전체가 다시 같은 공간에 모여 팀별로 발표도 하고 상호 의견도 교환하는 메타수업을 진행할 수 있게 된다.

이러한 SMART 교수법 수업에 대해 학생들의 참여도와 만족도가 높고 학습 효과도 높으며 동시에 미래에 학생들에게 필수적인 메타인지 역량과 인공지능 메타버스 활용 역량도 함양되는 효과가 있었다. 국제미래학회에서 교수들이 인공지능 메타버스를 이해하고 활용법을 익혀 메타수업을 진행할 수 있도록 메타교수법 실전 역량을 익히는 '메타버스 교수법 과정'을 한동대를 위시한 여러 대학에서 교수들을 대상으로 진행한 결과 교수들 스스로 체험하며 학습 효과를 느끼게 되어 높은 호응을 받았다.

인공지능 메타버스 시대 대학 교육대상 혁신

미래 사회에는 대학 교육 대상을 넓혀야 한다. 이제껏 대학교육 대상이 고등학교를 졸업하는 청년층 타겟으로만 이뤄졌다면 이제는 대학이 미래 변화에 따른 전공 재교육과 미래 역량과 교양을 위한 평생교육의 장이 되어 성인 학습자에게 맞춤형 교육을 제공하도록 대학 교육 대상을 혁신해야 한다. 한국은 앞으로도 저출산 고령화가 심화되어 대입 학령 인구는 지속적으로 감소하여 현재와 같은 교육 대상으로는 더 이상 대학이 지속가능하기가 힘들다. 더구나 기존의 대학 학위를 대체하는 다양한 형태의 학위 기관이 생기고 해외 대학의 개방과 온라인 대학 학위 등 대학의 경쟁은 더욱 치열해질 것이다. 이에 교육 대상을 연령층에서도 확대하고 지역적으로도 국내뿐만 아니라 해외 학생들에게까지로 확대하는 혁신이 필요하다.

인공지능 메타버스 시대 변화에 의해 모든 사람은 재교육과 평생 학습을 해야 하는 시대가 되고 있다. 이러한 미래 사회 변화와 수요층의 변화를 대학이 인지해야 한다. 특히 인공지능 메타버스 시대의 변화에 따른 현직자 재교육과 신기술 분야에 대한 단기 교육 과정을 운영해 새로운 산업에 대한 전환 교육이 원활히 이루어지도록 하는 것은 대학의 발전과 동시에 미래 사회 발전에도 기여하게 될 것이다.

인공지능 메타버스 시대 대학 교육공간 혁신

인공지능 메타버스 시대에 대학은 변화의 중심에 있고 혁신은 곧 대학의 지속가능 여부를 결정짓는 잣대가 될 것이다. 미래의 대학은 교수와 학생의 학습 공동체로서 물리적 현실 공간인 유니버시티와 디지털 초현실 공간인 메타버시티가 공존하는 멀티버시티로 확장될 것이다. 대학은 이러한 변화에 대응할 수 있도록 대학 교육의 공간인 대학캠퍼스 혁신이 필요하다. 미래학자이자 경영학의 구루인 피터 드러커는 1997년 "30년 정도 지나면 캠퍼스가 있는 물리적 대학(Physical University)은 역사적 유물이 될 것"이라고 예측했다. 이미 물리적 캠퍼스가 없는 미네르바 대학의 경쟁력이 강화되고 코로나19로 인해 비대면 교육이 활성화되었으며 더구나 인공지능 기반의 메타버스가 확산되면서 메타버스 공간에서 현존감 있게 다양한 교육이 진행될 수 있게 되었다.

따라서 미래 사회의 대학은 물리적 대학 공간과 디지털 대학 공간이 대학 교육의 공간으로 공히 활용되도록 혁신되어야 한다. 이를 잘 활용한 미국의 애리조나주립대학교는 물리적 캠퍼스와 디지털 가상캠퍼스에 등록한 학생이 비슷한 규모로 공존하여 물리적 대학의 역량을 잃지 않으면서 교육 대상을 두 배로 확장하였다.

또한 대학의 해외 진출 활성화와 디지털 원격으로 해외 유학생을 유치하는 등 대학 교육 공간의 혁신이 필요하다. 그리고 국내 대학이 외국 대학과 디지털 공동 교육과정을 운영하면서 디지털 학사·석사 학위과정이 개설된다면 외국 학생을 더욱 많이 유치할 수 있게 될 것이다.

인공지능 메타버스 시대 대학의 지역 협업 혁신

대학의 지역 협업 혁신 역시 대학의 경쟁력 강화와 지역 인재 양성을 위해서 꼭 필요하다. 지역 내 다양한 혁신 주체의 협력 체제를 구축하여 지역 미래 산업 및 지역 미래 인재 양성을 위한 대학 교육 혁신이 필요하다. 인공지능 메타버스 시대 대학의 비즈니스 창업 활성화와 미래 R&D 강화를 통한 지역 산업 혁신과 대학 자원을 활용한 지역 공헌 확대도 필수이다. 또한 지역의 대학은 미래 사회 변화를 선도하면서 지역 문화와 지역 특화 산업 및 지역 전문인 재교육의 장이 되어야 한다.

한편 지역 대학의 지역 협업을 활성화하기 위해 교육부는 올해 1080억 원 규모로 '지자체·대학 협력기반 지역혁신사업' 재정을 새롭게 지원하고 '지방대학 및 지역인재 육성에 관한 법률'을 개정해 지속적으로 대학과 지역 협업을 강화하는 지역혁신 플랫폼 사업을 확대할 계획이다. 이처럼 새롭게 책정되는 대규모 예산지원과 제도적 뒷받침을 추진 동력으로 적극 활용하여 대학의 지역 협업 혁신을 통해 대학 간 협업 및 대학과 지역기관 및 기업 간 협업 혁신을 추진해야 한다.

예를 들어 '경남의 USG 공유대학 모델', '충북의 오송바이오텍 모델', '광주전남의 공통교육과정 모델'은 각 지역대학이 협업하여 각 대학의 강점을 결집, 공유형 교육모델을 운영함으로써 해당 분야 최고의 경쟁력을 갖춘 지역인재를 길러내는 것을 목표로 하고 있다. 이런 지역혁신 플랫폼을 통해 지역의 산업·연구 클러스터, 공공기관과 기업들은 자신들에게 필요한 인재 양성을 위해 대학에 구체적으로 요청할 수 있고, 이에 상응해 대학들은 핵심 인재 고용을 지역 공공기관과 기업들에 요구할 수 있게 된다.

인공지능 메타버스 시대 대학 교육 미래전략

대학은 더 이상 세상과 동떨어진 상아탑이 아니라 세상의 미래 변화를 선도하고 맞추어 가는 곳이어야 한다. 인공지능 메타버스 시대 대학들은 지속 생존 전략의 차원에서 급속한 미래 변화에 대응하는 혁신이 필요하다.

또한 이러한 변화 속에서 대학은 미래창의혁신 인재를 양성할 수 있는 최적의 기관으로서의 역할을 해야 한다. 미래 사회에 인류의 위기를 최소화하고 4차산업혁명이 촉발하는 기회를 놓치지 않기 위해서라도 '대학 혁신'이 중요하다.

인공지능 메타버스 시대 대학 혁신을 위한 미래전략을 입안하고 실천하기 위해 대학은 △미래사회 변화 대응을 위한 미래예측전략 역량 강화 △미래직업 변화에 도전하는 미래인재 전문역량 함양 △창의성과 미래예측 기반 중·장·단기 혁신전략 마련 △미래변화를 기회로 만들 대학별 경쟁 역량 강화를 구현해야 할 것이다.

대학의 혁신은 대학의 생존 전략이자 곧 국가 경쟁력이 되는 중요하고 필수적인 과업이다.

28. 인공지능 메타버스 시대 AI 메타버스 교육의 미래전략
: AI 가상세계 시대 교육기관 역할과 책무

김진형

카이스트 명예교수

인공지능연구원 초대 원장

국제미래학회 자문위원

인 공지능과 메타버스. 요즘 가장 관심이 많이 끄는 화두다. 인공지능
은 인공과 지능이라는 잘 알 수 있는 단어가 결합된 것이라 이해할
수 있을 것 같으나, 메타버스는 새로이 생성된 단어로서 일반인에게는 다소
생소하다.

다양한 정의가 가능한 메타버스

인공지능은 기술이고 메타버스는 그 기술로 만드는 서비스라고 설명을

시작해 보자. 메타버스는 매우 다양하게 정의될 수 있기 때문에 이를 서비스라고 정의하는 데는 두려움이 앞선다. 메타버스의 사전적 의미는 초월세계, 즉 현실세계를 초월한 세계를 의미한다. 가상세계라는 말을 인터넷이 만들어 주는 사이버 세상에 이미 사용했기 때문에 이번에는 초월이라는 의미의 단어를 동원했다. 인류는 태초부터 비현실적인 가상세계를 상상하고 언어와 그림으로 그것을 표현해 왔다. 컴퓨터 기술의 발전으로 표현 기술이 폭발적으로 발전하여 이제는 현실과 비현실을 감각적으로 구분하기가 쉽지 않은 수준까지 이르렀다.

3차원 공간상에서 사실적으로 소통하기 위하여 특수 안경과 위치를 정밀하게 파악하는 장치가 동원된다. 이런 관점에서 보면 메타버스란 컴퓨터와의 소통하는 새로운 방식의 출현으로 볼 수 있다. 컴퓨터와의 소통 방식이 새로운 장치의 활용으로 3차원 세계로 확장된 것으로 볼 수 있다. 그래서 메타버스를 웹 3.0이라고 주장하는 사람도 있다. 그러나 이런 공간은 이미 컴퓨터 게임에서 많이 경험을 했던 것이었다. 따라서 일부에서는 메타버스를 게임 공간에 현실적인 서비스를 추가하는 것으로 이해하고 있다.

가상세계와 현실세계는 어떠한 관계를 설정할 수 있을까? 현실세계를 표현한 후 가상의 상황을 일부 추가할 수도 있고, 현실은 완전히 무시하고 상상 속의 가상세계를 만들 수도 있다. 현실에 추가하여 가상적 상황으로 확장했다는 뜻을 강조하여 증강현실이라는 어휘도 사용된다. 메타버스를 구축하는 데는 두 가지 경로가 있을 수 있다. 현실세계에서 가상세계 방향으로 연결이 가능할 것이고 그 반대 방향도 가능할 것이다,

현실세계의 물건을 가상세계 속에 쌍둥이처럼 동일하게 만드는 디지털 트윈이라는 아이디어와 기술도 재미있다. 디지털 트윈 기술을 이용하여 가상세계 속에서 현실세계의 상황을 실험해 볼 수 있다. 가상세계에서 기계가 고장난다면 현실세계의 기계도 곧 고장이 날 것으로 예측하여 현실세계의 기계를 즉각 교체한다는 등의 시나리오를 상상할 수 있다.

그러나 메타버스에서 가장 인기있는 서비스는 현실 인물과 유사한 모양의 아바타, 즉 가상인을 만들고 나의 아바타가 친구 아바타들과 가상세계 속에서 소통한다는 시나리오이다. 현실세계의 사회적 소통이 메타버스 공간속으로 연속되는 것이다. 자신을 표현한 아바타와 친구 아바타 간에 여러가지 방법으로 소통한다. 입력 기기들은 물론, 자연언어와 영상으로 소통을 시도한다. 이런 점에서 볼 것 같으면 메타버스는 소셜네트워크, 즉 SNS의 확장이라고 볼 수 있다. 소통 촉진을 핵심 비즈니스로 하는 페이스북이라는 회사는 메타버스에 올인하면서 회사 명칭을 '메타'로 변경했다. 특수 안경제작에 집중하고 인공지능을 이용한 대화기술을 연구하는 등 가상세계에서 SNS 서비스의 주도권을 놓치지 않으려고 노력하고 있다.

많은 사람이 참여하는 메타버스가 구축되었다면 사람들은 그 가상세계에서도 현실세계와 같은 활동을 하기를 원할 것이다. 또 그 공간 안에서 사회적, 경제적 활동을 하고자 할 것이다. 메타버스 속에서 새로운 친구를 사귀고, 예술을 감상하고, 교육을 받는다. 메타버스 속으로 출근하여 업무를 수행하며, 상거래를 한다. 심지어는 메타버스 속에 가상 건물을 구축하고, 그것을 부동산처럼 거래한다. 아바타가 가상세계에서 선거운동을 대신하는 현상을 우리는 지난 대통령 선거에서 경험했다.

가상세계에서 유명 연예인의 아바타 공연을 감상하는 것은 쉽게 상상할 수 있다. 가상세계의 예술 공연이 현실 세계의 공연보다 더 풍요롭고 효과적일 것이다. 특히 공연 예술은 시공의 제한을 넘는 이점이 크다. 전 세계에서 수 억 명이 동시에 아이돌의 공연을 감상한다는 것은 상상만으로도 즐겁다. 다양한 형태의 미술품을 잘 분류한 가상의 전시관도 기대된다. 더구나 다양한 디지털 기술과 예술이 결합된 디지털아트의 경우에는 가상공간에서 더욱 효과적으로 전시하고 감상할 수 있다.

메타버스 환경에서의 교육이 현실세계보다 효과적일 것이라는 믿음이 있다. 따라서 원격교육 환경이 메타버스로 빠르게 구축되고 있다. 메타버스에서는 다양한 멀티미디어 서비스를 쉽게 융합하여 제공할 수 있기 때문에, 학생의 흥미를 유발하여 그들이 깊게 몰입하게 할 수 있다. 학생들이 즐거워하는 게임을 한참 했더니 필요한 지식이 자연스럽게 습득되었다면 얼마나 좋을까? 다양한 방식으로 소비할 수 있는 양질의 콘텐츠를 메타버스 환경에 풍부하게 만드는 것을 이 시대 교육기관들의 책무라고 할 수 있다.

메타버스 구축에는 많은 인공지능 기술이 필요

증강된 가상환경을 만드는 것에 많은 기업들이 관심을 갖는다. 그 공간에서 새로운 서비스를 만들고 많은 참여자를 모을 수 있기 때문이다. 그러나 메타버스 플랫폼의 구축과 운영에는 엄청난 수준의 컴퓨팅 파워가 필요하다. 상상해 봐라. 사실적인 3차원 아바타가 동작하게 만드는 데에도 많은 컴퓨팅이 필요하겠지만, 이 아바타가 다른 아바타, 혹은 가상 물체들과 자연스럽게 교감하기 위하여는 상상을 초월하는 수준의 지능적 반응, 컴퓨팅 능력과 통신이 필요할 것이다. 이를 위하여 막대한 전력 소비가 필요하고, 필연적으로 막대한 탄소가 배출되고 지구환경에 큰 문제를 야기할 것이다. 적은 전력으로 방대한 계산을 하기 위한 저전력 반도체와 대용량 양자컴퓨터 출현을 기대한다.

가상세계와 현실세계를 통합한 새로운 서비스를 구축하기 위해서는 새로운 기술이 많이 필요하게 될 것이다. 많은 컴퓨팅 기술이 뒷받침되어야 한다. 가상세계에서 구매한 물건이 현실세계로 배달되기도 하고, 반대로 현실세계에서 구매한 물건을 가상세계에서 사용하게 되기를 원할 것이다. 현실세계에서 지불한 금액으로 가상세계의 부채를 결제하기도 해야 한다. 이를 위하여는 가상화폐와 거래기술이 요구된다. 두 개의 공간을 넘나드는 경우 보안 이슈는 매우 심각할 것이다.

정교한 가상공간을 만드는 데에는 인공지능 기술이 큰 역할을 할 것이다. 인공지능이란 지능적 행동을 컴퓨터에게 시키고자 하는 기술로서 컴퓨터가 발명된 이후 다양한 시도와 실패를 연속하면서 발전하여 지금 놀라운 성과를 보이고 있다. 인공지능 기술의 특징은 센서를 이용하여 인식한다는 데 있다. 인식한 결과를 세상모델로서 표현하고, 이를 바탕으로 판단을 하고 행동한다. 또한 데이터로부터 새로운 사실의 학습도 가능하다. 또 자신의 실수를 분석하여 실력을 쌓기도 한다.

지난 70년간의 인공지능 연구는 인간의 인지능력을 모방하는데 집중했다. 즉 보고, 듣고, 인간의 언어를 이해하여 인간과 자연스럽게 소통하는 기계를 만드는 것에 집중했다. 이런 능력의 인공지능 기술이 가상세계에서 인간과 아바타의 소통, 나아가 아바타들 간의 소통을 책임지게 될 것이다.

시민교육으로서 컴퓨팅 교육이 필요하다

인공지능과 메타버스가 우리의 경제사회와 일상생활을 급격하게 변화시킨다. 기술 변화가 너무 빨라서 보통 사람들이 그 변화에 잘 적응하지 못한다. 4차 산업혁명 시대 새로운 기술이나 서비스 출현은 대부분 컴퓨팅 기술의 활용이거나 그 기술의 발전 추세에 의하여 예측 가능하다. 컴퓨팅에 대한 기본적인 이해가 있다면 새로 나오는 것들을 쉽게 이해할 수가 있다. 그렇지 않으면 새로운 기술이나 서비스가 나올 때마다 당황하고 우왕좌왕하게 된다.

언론에 비춰지는 인공지능과 메타버스는 종종 과장된다. 인공지능의 현재 능력과 이 학문이 꿈꾸는 이상을 혼동하지 말아야 한다. 메타버스 서비스가 어떤 속도로 진전되는가를 차분히 관찰할 필요가 있다, 특히 인공지능이 가진 능력과 한계를 정확히 파악하여 지금의 인공지능이 어떤 문제를 풀 수 있고 어떤 것을 할 수 없는가를 파악하는 것이 중요하다. 무모한 도전으로 실패를 계속하여 자원을 낭비하는 일은 없어야 하지만, 또한 인공지능의 능력을 낮게 보고 시도조차 하지 않는다면 좋은 기회를 상실하게 되는 것이다.

인공지능과 메타버스가 초등학생까지 보급되는 상황에서 정확하게 그 기술과 서비스의 본질을 교육하는 것은 중요하다. 그렇게 하기 위해서는 우선 교사들이 정확하게 인공지능과 메타버스를 이해하는 것이 시급하다. 인공지능 기술을 활용하고, 메타버스를 이해하는 가장 필요한 핵심 능력은 컴퓨터를 창의적으로 사용하는 능력, 즉 알고리즘을 만들고 코딩을 할 수 있는 능력이다.

안타깝게도 우리 어린이들은 학교에서 컴퓨터 교육을 제대로 받지 못한다. 우리 어린이들은 미국의 어린이에 비하여 10분지 1 수준의 컴퓨팅 교육을 받는다. 미국 어린이는 코딩 교육의 자연스러운 연장선상에서 인공지능 기술을 익히고 메타버스를 접한다. 우리 초중고에서도 더욱 적극적으로 컴퓨팅과 인공지능 교육이 필요하다. 그러기 위해서는 컴퓨팅 교육 시수를 늘려야 한다. 역대 정권들이 공교육에서 컴퓨팅 교육을 시도했으나 정보교사 수급 등에서 어려움이 있자 손을 놓아버렸다. 새로운 정부에서는 공약을 지키길 바란다.

인공지능은 양날의 칼로써 잘 사용하면 많은 이익이 기대되지만 잘못 사용하면 커다란 사회적 문제를 야기한다. 인공지능과 메타버스가 만드는 새로운 사회 문제를 어떻게 대처해야 하는가에 대하여도 깊은 고찰이 있어야 할 것이다. 인공지능이 인종차별을 하고, 아바타가 거짓말을 하고, 선거법을 위반한다면 어떻게 대처해야 하는가? 인공지능 윤리와 클린콘텐츠 캠페인이 중요한 이유이다.

29. 인공지능 메타버스 시대 평생교육 미래전략
: 디지털 시대 평생 학습 패러다임 대전환

최운실

한국지역사회교육재단 이사장

국가평생교육진흥원 2대 원장

국제미래학회 미래평생교육위원장

AI 메타버스시대, 다시 생각해 보는 '오래고도 새로운 미래'

거대한 블랙홀처럼 AI와 메타버스가 모든 것을 흡인하고 견인하는, 한 번도 경험해 보지 못한 새로운 세상을 실감한다. 현실과 가상세계의 경계가 무너진 초융합, 초연결, 초실감 세상이 인류의 삶 전체를 강타하는 태풍의 눈으로 다가오고 있다. 교육계 또한 예외가 아니다. 디지털 대전환을 접점으로 시간과 공간을 초월하는 새로운 교육 프레임으로의 전환과 새판짜기가 곳곳에서 감지된다. 학교 중심의 전통적 교육 패러다임을 넘어, 전 생애에 걸친 학습 패러다임으로의 대 전환을 예고하는 평생교육의 혁명적 변화가 일고 있다. 모든 이를 위한 '전 생애(life-long), 범 생애(life-wide), 통 생애(life-deep)' 통합을 추구하는 평생교육의 패러다임이 현실화하고 있다.

AI와 메타버스를 기반으로 평생교육은, 삶의 전 영역을 씨줄, 날줄로 엮어내는 시공 초월의 무한 확장을 본격화하고 있다. 디지털 리터러시, 디지털 디바이드, AI 민감성, AI 일상학습이라는 명제들이 평생학습의 친숙한 일상으로 다가온다. 2021년 10월에 인천 연수구 송도 글로벌 특구에서 개최되었던 유네스코학습도시총회(5th ICLC)에서는 AI와 메타버스 기반의 가상콘퍼런스에 전 세계 2,000명이 넘는 참여자들이 실시간 접속하는 진풍경이 벌어지기도 했다. 과연 메타버스 콘퍼런스가 가능하겠냐며 극히 우려를 표했던 유네스코 관계자들이 회의가 끝난 후 극찬을 쏟아내며 한국의 디지털 강국 저력에 놀라움을 금치 못하는 일이 벌어졌다.

　　일찍이 서구 지성의 상징 로마클럽은 1968년 『성장의 한계(The Limits to Growth)』를 통해 '인간의 생태 발자국을 지속가능한 수준으로 줄이는 모험을 전 세계와 함께하지 않는 한, 인류는 더 이상 존속하기 어렵다'는 충격적 예언을 한 바 있다. '지속 가능한 세계에 희망이 있다. 후손에게 살아 있는 지구를 남겨 줘야 한다고 생각하는 법을 배워야 한다'는 교훈을 남기며, 생존을 위한 해법으로 '꿈꾸기, 네트워크 하기, 진실 말하기, 학습하기, 사랑하기'를 제시하였다.

그들은 말한다. 비록 성장의 한계에 봉착해 있지만, '학습'이라는 마지막 남은 보물을 포기하지 않는 한, 인류는 지속가능한 지구를 후대에 물려 줄 수 있을 것이라는 희망을 전한다. 상상을 넘어선, 경계를 허문 디지털 대전환의 시대, AI와 메타버스는 인류의 마지막 희망의 보루인 학습을 더더욱 지속가능하게 확장시켜 나간다. 그래서인가. 로마클럽의 예측은 결코 절망이 아닌 '오래고도 새로운 희망의 미래'로 빛을 발한다.

초예측 시대, 변곡점에 선 인류, 'AI와 인간-세기의 결합'

세계적 석학인 미래학자 이스라엘의 유발 하라리는 『사피엔스』와 『호모 데우스』를 통해 '신이 되어 버린 인간 호모데우스, 2100년 현생 인류는 더 이상 존재하지 않을 것'이라는 예언을 한다. 그는 "모든 것이 변한다는 사실만이 유일무이한 상수이다. 항상 변화한다는 사실만 변하지 않을 뿐이다 (Change is the only constant)"라는 변화의 필연성을 전한다.

예측을 넘어선 예측의 시대인 『초예측』에서 하라리는 인공지능의 역습과 인간의 무용계급화, 민주주의 위기와 혐오사회의 도래를 예견한다. 변곡점에 선 인류가 가야 할 길, 살아남기 위한 생존과 진화의 길을 '인간과 AI 공생의 길'로 제시한다. 인류는 AI기술마저도 '은총'으로 바꿀 능력이 있는 존재임을 강조한다. 인간과 기계의 관계는 '만화처럼 AI가 인류에 대항하는 전쟁이나 반란을 일으키는 갈등 관계'가 아닌 '결혼이나 병합' 관계가 될 것임을 예견한다.

『21세기를 위한 21가지 제언－더 나은 오늘은 어떻게 가능한가』에서 하라리는 신기술이 초래할 위협과 위험에 직면한 도전 앞에서, 인류가 어떻게 더 나은 오늘과 내일을 만들어 갈 것인가에 대한 해법을 제시한다. 인공지능과 빅데이터, 알고리즘과 생명공학을 단순히 알고 이해하는 데 그칠 것이 아니라, 인류의 소중한 가치인 공동체 부활과 문명화를 위한 '유의미한 새로운 서사'로 통합해 낼 수 있어야 함을 강조한다.

2022 유네스코 제7차 세계성인교육회의(CONFINTEA Ⅶ) 선언

- 미래는 우리를 기다려 주지 않는다(Because the Future Cannot Wait)
- 디지털 대전환 시대 'AI와 평생교육의 동행'

평생교육계에도 디지털 대전환 시대를 맞는 변화의 파고들이 속속 감지된다. 2022년 6월 코로나19의 위중한 상황에도 전 세계 평생교육관계자 1,200명이 북아프리카 모로코 마라케시에 모였다. 1945년 덴마크 엘시노어 1차 회의 이후 매 12년마다 열리는 유네스코 최대의 평생교육 콘퍼런스이다. 올해가 7차 회의였다. 142개국에서 온 국가별 대표단과 모로코 국왕을 비롯 10여명의 각국 대통령, 40여명의 관계 장관과 대사들이 오프라인으로 참여한 거대한 국제 콘퍼런스였다. 화두는 역시나 전 세계에서 1,000여명 이상이 참여한 하이브리드 가상 콘퍼런스였다. AI와 메타버스의 위력을 실감하는 자리였다. '모든 이를 위한 전 생애에 걸친 학습권(Right To Lifelong Learning)' 보장을 화두로 담대한 선언이 이어졌다. 코로나 팬데믹 극복을 위한 '회복탄력성(Resilience)'과 평생교육의 '새로운 상상력(Re- imagination)'이 대 주제였다.

'미래는 더 이상 우리를 기다려 주지 않는다(Because the Future Cannot Wait)'를 화두로 코로나 시대에 더욱 심화되고 있는 학습소외계층과 노인, 여성, 사회적 약자들의 디지털 격차(digital divide)를 극복하기 위한 평생교육의 새로운 구상 논의가 이어졌다. 아랍교육과학문화국제연맹(ALECSO)이 주관한 'AI와 평생교육의 동행'세션에 참석자들의 특별한 관심이 모아졌다.

향후 12년을 견인할 글로벌 평생교육의 행동강령인 마라케시선언 (Marrakech Frame for Action)에서도 통합과 포용사회를 향한 '모든 이의 디지털 역량 강화와 디지털 격차 해소, 평생교육과 AI의 동행, AI 민감성' 등의 새로운 주제가 특별히 강조되었다. 12년 전 6차 콘퍼런스에서는 상상도 못했던 새로운 주제들이 별처럼 떠오르는 글로벌 평생교육의 판도 변화 현장이었다.

AI 메타버스 시대 평생교육-공존과 상생

평생교육은 지속 가능한 세상을 위한, 생존을 위한 삶의 해답을 찾는 영원한 배움을 추구한다. AI 메타버스 시대의 평생교육은 단순한 도구적 기술이나 기술 활용의 능숙함에서 멈추지 않는다. 기술 플랫폼을 기반으로 새로운 삶의 가치와 의미를 연결하고, 융합하고, 재구성해 내는 '진정한 삶의 생성자(authentic life creator)'야말로 평생교육 미래 세상이 꿈꾸는 새판짜기의 요체가 된다.

유네스코는 일찍이 평생학습의 네 기둥(앎을 위한 학습, 행함을 위한 학습, 더불어 삶을 위한 상생의 학습, 존재를 위한 학습)을 기치로 '요람에서 무덤까지' 모든 이를 위한 모두의 '학습권-배울 권리' 보장을 세기의 사명으로 강조해 왔다. 전 세계 지성들의 모임에서도 예외 없이, 인지적 지능을 넘어선 새로운 세상의 미래 인재 역량이 제시되고 있다.

다보스포럼(WEF)의 창시자 클라우스 슈밥은 4차산업혁명시대 미래 인재의 역량으로 '마음지능(mind intelligence), 가슴지능(heart intelligence), 몸지능(body intelligence), 영성 지능(soul intelligence)'을 제시한 바 있다. 알리바 마윈 회장은 다보스포럼에서 미래 인재의 핵심역량으로 '사랑지능(LQ: Love Quotient)'과 '관계지능(Relation Quotient)'을 강조한 바 있다.

오프라인 대면학습의 전유물이던 평생교육계에도 AI 메타버스와 같은 첨단의 디지털 기술과 가상세계가 융합, 접목되면서 시간과 공간을 넘어서는 학습의 무한확장성이 강조되고 있다. 최근 디지털집현전, 열린평생배움터, 디지털아카이빙, 빅데이터, 하이브리드 디지털교육플랫폼, 디지털리터러시 교육, 디지털 디바이드, K-MOOcs와 나노디그리, 스마트러닝, 마이크로러닝 등 일련의 AI와 메타버스 시대 평생교육의 토대 구축 정책 추진이 가속화되고 있다.

AI와 결합된 인간의 영성을 기반으로 한 융합과 상생의 학습 패러다임이 평생교육의 새로운 판을 짜는 소명으로 연결되고 있다. 전 생애에 걸쳐, 학교의 담장을 넘어, 새로운 사회와 세상을 구현해 내기 위한 창조와 융합의 신인류가 평생교육 미래 세상의 새로운 주인이다. 인간 특유의 영성과 AI의 파격적 가능성을 결합해 내는 '상생의 연결고리', 물리적 세계와 가상세계를 하나로 결합하는 초융합, 초지능의 연결고리 생성이 관건이다.

유발 하라리의 예언대로 디지털 기술의 총아인 '인공지능'과 영성적 초월의 존재인 '호모 스피리트(Homo Spirit)'의 위대함이 세기의 결합으로 발현되는 새로운 세상을 기대해 본다. 이 중차대하고도 위대한 임무를 'AI 메타버스와 맞손을 잡은 다음 세대'에게 부탁하고 싶다.

30. 인공지능 메타버스 시대 윤리 미래전략
: AI 기술 양날의 칼, 윤리적 공감대 형성 정책 병행해야

김명주

제3대 한국인터넷윤리학회 회장

서울여자대학교 정보보호학과장

국제미래학회 인공지능윤리위원장

새 로운 기술의 출현은 인간에게 희망이고 기회다. 특히 기술의 혁신성이 크고 파급력이 강할수록 우리 내면의 크고 작은 욕망이 새로운 출구를 찾기 시작한다. 매슬로우의 "욕구계층이론"으로 볼 때, 상위계층으로의 이동 현상에 가장 큰 원동력은 신기술의 출현이었다고 생각한다. 그래서 젊고 혁신적일수록 사회문화결정론보다는 기술결정론을 더 믿으려는 경향이 있다. 지금 우리는 인공지능과 메타버스라는 사상 초유의 혁신 신기술로 인하여 다시금 흥분하고 기대하며 다가올 미래의 청사진을 그려가는 중이다.

모두가 기억하는 인공지능 관련 2가지 사건

우리나라 국민 대부분이 인공지능과 관련하여 경험한 큰 사건이 2개 있다. 하나는 2016년 3월 구글의 인공지능 "알파고" 사건이다. 알파고가 공식적으로 보유한 바둑 전적은 69전 68승 1패다. 그중 1패가 바로 이세돌 구단이 만든 기록이다. 바둑 공식 세계 1위인 중국의 커제도 3연패 했다. 이 사건은 우리 국민 모두에게 인공지능의 무한한 잠재력을 인정하도록 만들었다. 나라 전체가 인공지능이라는 새로운 목표를 향해 매진하기 시작했다. 인력 양성, 산업진흥, 연구지원이 봇물 터지듯이 이어졌고 지금까지도 이어지고 있다.

두 번째 사건은 5년이 지난 2021년 1월에 벌어진 인공지능 챗봇 "이루다" 사건이다. 이루다는 페이스북에 오픈한 지 3주 만에 서비스를 중단했다. 그야말로 "3주 천하"이다. 우리나라 청년 커플이 만들어 낸 카카오톡 대화록 100억 건을 학습하다 보니, 이루다에 대한 이용자의 실감 체험도는 매우 높았다. 구글이 제시한 인공지능 챗봇의 성능평가척도인 "감수성 및 특이성 평균 척도 SSA"로 따져보면, 이루다는 78%를 기록했다. 사람에 대한 SSA가 평균 86%이고, 구글의 초대형 인공지능 챗봇 Meena의 SSA가 기본옵션으로 72%, 풀옵션으로 79%임을 고려할 때 매우 높은 편이다. 그런데도 서비스를 중단했다.

이루다 사건으로 배운 교훈

이루다는 3주 동안 크게 3가지 윤리 및 법적 논란에 휩싸였다. 첫 번째 논란은, 십대 청소년들의 이루다에 대한 성희롱 사건이다. 두 번째 논란은 이루다 안에 학습된 편견과 차별을 유도하는 질문들이 던져지면서 시작되었다. 레즈비언, 지하철 임산부석, 장애인 차별에 대한 이루다의 부정적 답변이 여론의 비난을 받기 시작했다. 사실 이루다의 이러한 답변은 앞서 이루다가 학습했던 방대한 데이터가 무엇이었는지를 생각해보면 그 원인을 쉽게 찾을 수 있다. 그러던 중 결정적인 세 번째 논란이 발생했다. 개발과정에서 개인정보보호법 위반 사실이 밝혀지면서 개인정보보호위원회에 의하여 과징금 5,500만 원과 과태료 4,780만 원이 부과되고 시정 조치를 명령받았다. 그리고 서비스를 중단했다.

이루다 사건이 우리에게 주는 굵직한 메시지가 제법 된다. 먼저 우리 국민 사이에 인공지능에 대한 막연한 환상이 깨지고 현실적 우려와 불안감이 표면화되기 시작했다. 윤리와 법을 제대로 지키지 않은 인공지능 제품과 서비스 개발은 사상누각과 같다는 현실적인 생각을 하기 시작했다. 윤리적인 경영과 윤리적인 개발이 가장 경제적이고 가장 지속 가능한 접근이라는 사실을 체험한 셈이다. 끝으로 인공지능 윤리가 개발자와 사업자만 지켜야 할 이슈가 아니라 이용자도 알고 지켜야 할 상황에 이미 들어섰다는 점도 꼽을 수 있다. 인공지능 윤리는 더 이상 소수의 전문가들만이 알아야 할 지식이 아니라 정책 수립가, 공무원 그리고 나아가서는 우리 국민 전체가 알아야 할 상식이자 디지털 역량으로 등장하게 되었다.

기술의 양면성, 인공지능은 인류의 마지막 기술일지도

모든 기술은 양면성을 가지고 있다. 대부분 좋은 의도로 기술을 개발하고 사용하지만 의도치 않게 부작용과 역기능이 발생하곤 한다. 기술의 파급력이 작거나 개인적이면 그런 부작용과 역기능은 크게 문제가 되지 않는다. 인간이 충분히 제어할 수 있기 때문이다. 그러나 우리가 지금까지 다루어왔던 인공지능이나 메타버스처럼 사회 전체 구조를 완전하게 바꾸고 개인의 삶을 송두리째 변화시키는 혁신 신기술이라면 가볍게 넘길 수 없다.

더구나 이 기술은 한번 사회에 도입되면 다시는 과거로 돌아가기 힘든 "비가역적 기술"이다. 그러므로 처음에 청사진을 그릴 때부터 예견되는 부작용과 역기능을 발굴하고 논의해서 이에 대한 대비책도 같이 세울 필요가 있다. 스티브 호킹, 일론 머스크, 빌 게이츠가 인공지능이 자칫 인류의 마지막 기술될 수 있다고 반복하여 경고한 이유도 여기에 있다.

개발자와 사업자 중심의 인공지능 윤리

인공지능 윤리에 대한 논의는 인공지능이 출현하기도 전부터 "로봇 윤리"라는 명칭으로 상상 속에 존재해왔다. 인공지능의 잠재력이 현실로 드러나기 시작하자, 2011년 영국 옥스퍼드 대학의 닉 보스트롬 교수가 "인공지능 윤리"라는 용어를 처음 사용하면서부터 글로벌 논의가 본격화되었다. 그런데 최근까지의 인공지능 윤리는 주로 개발자와 운영자, 사업자가 지켜야 할 윤리에 한정해서 연구해왔다.

국제전기전자학회 IEEE가 2019년 3월 발표한 "윤리적으로 조율된 설계 EAD Ethically Aligned Design"도 '개발자'를 위한 인공지능 윤리 사례이다. 2017년 1월 발표한 "아실로마 인공지능 23원칙 Asilomar AI Principles" 역시 같은 사례이다. 그도 그럴 것이, 인공지능에 있어서 여전히 새로운 연구가 더 많이 추진되며 대중적 보급이 생각보다 늦어진다는 판단 때문에, 인공지능 윤리는 지금까지 개발자 중심으로 한정하여 강조되었다. 윤리적으로 바르게 개발할 경우, 만들어진 인공지능 제품과 서비스에는 아무 부작용이나 역기능이 없을 것이라고 생각했기 때문이다.

인공지능은 미래 기술이 아닌 현재 기술

그러나 생각보다 상황이 빠르게 변했다. 70년의 역사를 가진 인공지능이 1995년 이후 세 번째 부흥기를 맞이한 후 벌써 30년 가까이 지나고 보니, 인공지능은 더이상 시작기술이나 준비기술이 아니며 미래기술도 아니다. 이미 인공지능은 현재 기술이고 모든 사람의 일상에 다양한 모습으로 파고들어와 자리 잡은 보편적 일상 기술이 되었다. 더 많은 활용 가능성과 개발 영역이 여전히 무한하게 존재하지만, 이미 사용하거나 사용 예정인 인공지능 활용만을 놓고 볼 때도 우리 사회구성원 모두가 인공지능의 부작용과 역기능에 대하여 함께 고민하고 함께 풀어야 할 상황에 이미 접어들었다.

이용자 중심의 인공지능 윤리도 필요한 시대

우리나라 최초의 인공지능 윤리 연구는 2016년부터 이루어졌다. 이 연구 결과로 2018년에 국내 최초로 인공지능 윤리 "지능정보사회 윤리 가이드라인 Seoul PACT"가 마련되었다. 그리고 2020년 말에는 3대 원칙 10대 핵심요건으로 구성된 "범정부 인공지능 윤리 기준"이 발표되기도 했다. 그럼에도 불구하고 인공지능 윤리에 대한 '대중적 인식'이 여전히 부족한 이유는, 윤리의 적용 대상을 개발자와 사업자에 한정해온 까닭이다. 이제는 이용자, 정책 관리자 더 나아가서는 우리 국민 전체가 알아야 할 상황으로 바뀌었다. 그래서 필자는 최근에 펴낸 서적 "AI는 양심이 없다"에서 이 점을 처음부터 강조했다. 똑똑한 소비자가 똑똑한 제품과 서비스를 만들고, 현명한 정부 관리자가 현명한 국가 정책 계획을 수립한다는 믿음을 바탕에 깔고 있다. 여기에서 강조하는 바를 몇 가지 제시하면 다음과 같다.

인공지능에 의한 사회적 영향 평가의 필요성

우리 사회에 어떤 부분에 인공지능을 도입하려면 "사회적 영향 평가"를 먼저 하는 것이 필요하다. 마치 환경 영향 평가, 교통 영향 평가를 이미 시행하고 있는 것처럼 말이다. 인공지능 때문에 어떤 직업이 없어지거나 혹은 축소되는지 반대로 어떤 직업이 새롭게 등장하게 되는지 고용 문제도 포함하여 평가해야 한다. 예를 들어, 학교 현장의 경우 가상 교사의 도입이 인간 교사에게 어떤 영향을 줄지 평가해야 한다. 3천만 원 이하의 소액 민사사건을 이제부터는 인공지능 판사에게 전담시킨다고 할 때, 법원에서 판사 인력 수급과 판사의 역할에 어떤 영향을 끼칠지 예측해봐야 한다.

이러한 영향 평가에서 중요하게 다뤄야 하는 부분은 우리 사회가 전통적으로 지켜온 가치들이 인공지능으로 인하여 어떻게 변하게 될지 예측하는 것이다. 인공지능은 개인의 삶뿐만 아니라 인간관계의 변화에도 크고 작은 영향을 줄 것이다. 인공지능의 능력이 뛰어나면 뛰어날수록 인공지능에 대한 과의존과 중독 현상, 책임 소재 문제는 갈수록 심해질 것이다. 점차 우리는 인공지능을 인간처럼 느끼며 새로운 관계를 형성할 것이다.

2018년에 일어난 일본의 인공지능 게이트박스 사례처럼, 인공지능과 결혼하여 사실혼으로 살아가는 사람들도 늘어날 수 있다. 아마 이 글을 읽는 독자 중 어떤 사람은 자신의 며느리나 사위가 자연인이 아닌 인공지능을 맞이할 수도 있다. 마치 동성결혼이 합법인 미국 일부 주에서 자신의 며느리가 남자고 사위가 여자일 수 있는 현실처럼 말이다. 따라서 소수 차별 금지 차원에서나 탈 인간 중심의 법체계 논의 차원에서 실현 가능한 현상이다. 그리고 이처럼 예측되고 평가된 결과를 토대로 예견되는 다양한 피해나 위축, 불가피한 변화에 대한 연착륙 전략도 세워야 한다.

유럽연합의 인공지능 법에서 배우다

　　모든 분야에서 인공지능을 도입하는 것이 과연 바람직한 것인지에 대한 사회적 논의도 필요하다. 2021년 4월 유럽연합 집행위원회 EC가 세계 최초로 '인공지능 법 AI Act'를 제안했다. 이 인공지능 법의 핵심은 '위험 Risk'를 중심으로 인공지능 도입 전반을 구분한 것이다. 너무 위험해서 인공지능으로 개발하지 말아야 할 대상을 콕 집어서 3가지 명시하고 있다. 그리고 매우 위험해서 정말로 조심해서 개발하고 꾸준히 추적해야 하는 고위험 인공지능 대상도 2개 범주 8개 대상으로 한정해 놓고 있다.

　　예를 들어, 중국이 2014년부터 구축해온 "사회신용시스템"은 지금은 전 인민에 대한 "사회 신용 제도"라는 사회적 평가도구로 활용되고 있는데 이는 유럽연합 인공지능 법에서 절대 금지하는 두 번째 대상에 속한다. 그리고 코로나 사태 때문에 우리 기업에 급속하게 퍼진 'AI 면접'은 고위험 4번째 대상에 속하며 매우 엄격한 중앙 관리가 필요하다. 반면에 우리 사회는 이에 대한 논의가 공개적으로 이루어진 적이 없다. 2020년 말 우리나라 일부 시민단체가 채용의 공정성을 검토할 목적으로 인공지능 채용기관 13곳에 대한 정보공개 청구를 했으나 영업비밀이라는 이유로 대부분 거절당했다. 인공지능 윤리의 '공정성', '투명성', '설명가능성'은 이처럼 사회적 합의와 인식 전환이 없이는 실현이 불가능하다.

성숙한 윤리의식 위에 입법은 최소한으로

어떤 사람은 인공지능의 부작용과 역기능이 그렇게 중요하고 시급하면 윤리보다는 법으로 조처하면 되지 않을까 하고 주장한다. "미란다의 원칙"을 만들어 형사 피의자의 인권 보호에 새로운 기준을 제시했던 미국 연방 대법원장 얼 워런 Earl Warren의 말을 인용하고 싶다. "법은 윤리의 최소한이며, 법은 윤리의 바다 위에 떠 있는 배이다. 윤리가 없는 법이란 존재할 수 없다". 법은 인간의 외부로 드러난 행동과 결과에만 관여하는 반면, 윤리는 법의 영역을 포함하면서도 외부적으로 표출된 사안은 물론 표출되지 않은 생각과 태도까지도 민감하게 다룬다. 그래서 어떤 사안에 대하여 먼저 윤리가 세워지고 윤리적 성숙도가 어느 정도 높아질 무렵, 최소한의 제한사항을 담아서 법을 제정하는 것이 바람직하다.

유럽연합이 인공지능 법을 제안하기는 했지만, 입법이 완성되려면 몇 년 더 걸려야 한다. 그사이에 충분한 윤리적 시험대를 거친다. 반면에 우리나라의 경우는 그렇지 못하다. 임기 내 입법 건수가 국회의원의 평가 기준이 되고 보니 더욱 그렇다. 그래서 신기술에 대한 전체적인 이해를 통해 통합적이며 원론적인 법 제정이 이루어지기보다는, 눈앞의 사안을 해결하기 위해 지엽적인 법 제정이나 개정이 앞다투어 일어난다.

신기술에 대한 종합적인 이해 기반의 입법화 필요

아울러 신기술에서의 법 제정은 이러한 윤리적 성숙기를 거침은 물론, 다양한 분야의 통합적 관점에서도 입법이 추진될 필요가 있다. 예를 들어, 딥페이크의 폐단을 막기 위해 미국 연방법원은 2019년 HR.3230−2019이라는 분야를 초월하는 총괄적인 법을 제정하였다. 반면에 우리나라는 N번방 사건을 계기로 성폭력 범죄만 연루하여, "성폭력범죄의 처벌 등에 관한 특례법" 14조 2항 등 일부 조항만을 개정했을 뿐 다른 분야는 손을 놓고 있다.

최근에는 AI 윤석열과 같은 가상 후보의 선거 활용에 한정하여 "공직선거법 개정안"이 국회에 상정되어 있으며, 메타버스 안에서 이루어지는 아바타 성희롱과 스토킹에 한정하여 "정보통신망법 개정안"이 상정되어 있다. 새로운 기술이 등장할 때 이에 대한 깊이 있는 이해와 통합적인 평가를 거친 후, 때로는 관련 산업진흥, 때로는 역기능 방지를 위한 입법과정이 유기적이며 통합적으로 이루어져야 한다. 그렇지 않을 경우, 지엽적이고 산발적으로 입법이 이루어져서 흔히 말하는 "비례의 원칙"을 어기게 되고 처벌의 형평성 문제가 발생하게 된다.

윤리는 경제활동에 있어서 걸림돌이라는 인상이 여전히 강하다. 정부가 제시하는 윤리 가이드라인은 일종의 연성법으로 산업 발전에 규제 역할을 해왔다고 학습되어 왔기 때문이다. 그럼에도 불구하고 인공지능 윤리에 대한 글로벌 요구는 거의 글로벌 표준화 요구 수준에 가까이 다가섰다. 이제 윤리는 인공지능과 메타버스 발전에 필수불가결한 요소로 자리잡기 시작했다는 뜻이다.

현명한 소비자가 현명한 제품과 서비스를 만들어 낸다는 통상적인 진리를 고려할 때, 인공지능과 메타버스가 이끌어내고 있는 지능정보사회가 모두에게 행복을 줄 수 있도록 전체 구성원에 대한 윤리적 공감대 형성을 위한 노력과 정책이 꼭 병행하여 이루어져야 한다.

31. 인공지능 메타버스 시대 인재의 멘토
: 4차산업혁명 인재의 멘토, 레오나르도 다빈치

김세원

한국문화관광연구원 원장

고대 미래포럼 회장

국제미래학회 비교문화위원장

다빈치가 중재한 프랑스, 이탈리아간 갈등

2019년 5월 2일, 프랑스 중부 르와르지방에서 에마뉘엘 마크롱 프랑스 대통령과 세르지오 마타렐라 이탈리아 대통령이 만났다. 그 전까지 양국은 갈등 상태였다. 2월 초 루이지 디마이오 이탈리아 부총리가 프랑스의 '노란 조끼' 시위대를 지지하면서 외교적 충돌이 빚어졌고 마크롱 대통령은 난민 구조선의 입항을 거부한 이탈리아 정부를 비판해 갈등을 키웠다.

양국 대통령은 앙부아즈(Amboise) 성(城)내의 성(聖) 위베르 채플에 안치된 레오나르도 다빈치의 무덤에 참배하고 그가 말년을 보냈던 클로 뤼세 (Clos Luce) 저택에서 오찬을 함께한 뒤 샹보르 성(城)에서 열리고 있는 건축, 문학, 과학에 관한 워크숍에 참석 중인 양국 젊은이들을 격려했다. 이 행사에는 이탈리아 건축계의 거장 렌조 피아노와 프랑스의 우주비행사 토마 페스케도 참석했다. 이를 두고 유럽 언론들은 이탈리아에 포퓰리즘 정부가 들어선 이후 이민 정책과 유럽연합 재정 문제를 두고 외교적 갈등을 겪어 온 프랑스와 이탈리아가 다빈치 덕분에 화해의 계기를 마련하게 되었다고 보도했다.

프랑스에서 더 성대했던 다빈치 서거 500주년 기념 행사

르네상스의 거장 레오나르도 다빈치가 세상을 떠난 것은 1519년 5월 2일 500여년 전이다. 이를 기념해 다빈치와 관련된 나라와 도시들에서는 저마다 다양한 형식으로 다빈치 서거 500주년 행사를 개최하였는데 기념 행사의 숫자나 다양성 면에서 프랑스가 단연 앞선다. 다빈치가 프랑스 르네상스를 상징하는 인물이기 때문이다. '다빈치와 제자, 최후의 만찬과 프랑수아 1세' 전시가 한창인 클로 뤼세 저택에선 9월말 유럽 르네상스 음악 페스티벌이 펼쳐졌다. 이밖에 7월 말 앙부아즈 성의 르네상스 무도회, 42개 레스토랑에서 열리는 '르네상스의 맛' 특별 메뉴 등 다양한 행사가 다빈치의 자취가 남아있는 르와르 지방의 고성 여러 곳에서 동시에 열렸다.

그중에서도 하이라이트는 2019년 10월 24일부터 4개월간 루브르 박물관에서 열린 다빈치 특별전이었다. 루브르 박물관은 다빈치가 남긴 24점의 그림 중 '모나리자'를 비롯한 6점과 드로잉 22점을 소장하고 있다. 파리의 랜드마크이자 문화대국 프랑스의 문화, 관광산업 첨병으로서 세계의 관광객을 끌어모으는 루브르의 흡인력은 드농 관(館) 2층에 전시 중인 세로 77cm, 가로 53cm의 '모나리자'에 있다. 갤러리 총면적 약 2만 2000평, 403개의 전시실에 3만 5000점을 전시하고 있는 루브르의 연간 관람객수는 2017년 기준으로 약 1800만명이었다.

다빈치, 르네상스맨의 전형

레오나르도 다빈치는 화가, 조각가, 건축가, 발명가, 수학자, 음악가, 해부학자, 지질학자, 천문학자, 지리학자, 식물학자, 역사가, 기술자, 도시계획가 등 '인간이 할 수 있는 거의 모든 영역에 도전한 만능 천재' 혹은 '르네상스맨'의 전형이었다. 당시 사람들은 꿈도 꾸지 못했을 인간이 하늘을 날아다니고 바닷속을 마음대로 오가는 상상을 하며 비행기와 잠수함에도 관심을 가졌다.

그의 성(姓)에 나타나 있듯, 다빈치는 1452년 피렌체 인근 빈치(Vinci)라는 작은 마을에서 태어났다. 다빈치는 '빈치 출신의'(da Vinci)라는 의미이다. 이탈리아 사람임에도 불구하고 왜 피렌체나 이탈리아가 아닌 프랑스에 기념행사가 집중돼 있는 걸까? 그의 생애 마지막 3년을 프랑스에서 보냈다는 사실로 궁금증을 어느 정도 해소할 수 있을 듯하다.

천재성의 원천, 상상력과 지적 호기심, 관찰력

'스티브 잡스'의 작가 월터 아이작슨은 최근 펴낸 다빈치 전기에서 그의 천재성은 뉴턴이나 아인슈타인처럼 초인적인 두뇌를 타고나서가 아니라 걷잡을 수 없는 상상력과 강한 지적 호기심, 예리한 관찰력을 기반으로 하고 있다고 주장했다. 실제로 다빈치는 유명 공증인의 사생아로 태어나 정규 학교 교육을 거의 받지 못했다. 학교 문턱을 넘지 못한 탓에 당시 지식층에게 필수인 라틴어를 읽거나 복잡한 나눗셈을 할 줄 몰랐다. 빼어난 미남이었지만 당시에는 무시당하던 왼손잡이에다 채식주의자이기도 했다. 대신 그는 독서와 자연 관찰하기를 즐겼고 수시로 떠오르는 아이디어를 붙잡기 위해 평생 메모하는 습관을 가졌다. 다빈치가 남긴 7200쪽이 넘는 과학 저작 노트는 메모 습관의 결정체라고 할 수 있다.

다빈치의 노트에는 수학 계산, 새의 날개, 비행기기, 물의 소용돌이, 인체의 혈관, 톱으로 자른 두개골과 자궁 속의 태아, 달표면, 화석, 눈과 광학에 관한 메모, 무기 스케치 등 여러 학문 분야를 넘나드는 아이디어로 가득하다. '딱따구리의 혀를 연구하라', '오늘은 수학 잘하는 사람을 찾아 삼각형과 같은 면적의 정사각형 작도하는 법 배우기', '매주 토요일, 남자의 나체를 볼 수 있는 목욕탕 가기'처럼 그날그날 해결해야 할 과제를 일지처럼 기록하기도 했다. 그는 50대에 접어들어 화가로서 전성기를 누렸지만, 밤이면 거주지 인근의 병원에서 시신을 해부하고 수많은 해부도를 남겼다. 동맥경화증을 최초로 발견한 것도 그의 집요한 호기심 덕분이었다.

모나리자를 들고 프랑스로 떠나다

밀라노 침공을 계기로 이탈리아 '르네상스 문화'에 깊은 감명을 받은 프랑스 국왕 프랑수아 1세는 1516년 레오나르도 다 빈치를 국빈으로 초청한다. 메디치 가문으로부터의 후원이 끊긴 64세의 다빈치는 '모나리자', '세례 요한', '성 안나와 성 모자' 등 완성하지 못한 그림 세 점을 가지고 수제자와 하인을 거느린 채 알프스를 넘어 앙브와즈궁으로 향한다. 이후 그는 1519년 세상을 떠날 때까지 하사받은 클로 뤼세 저택에서 세 점의 작품을 완성하고 다양한 실험과 건축설계, 연구를 했다. 앙브와즈성은 다빈치로부터 '르네상스 양식'을 처음으로 받아들이면서, 프랑스 문예부흥의 발원지가 되었다.

나선형 날개를 가진 수직 헬리콥터, 박쥐 날개 모양의 글라이더, 다연발 대포 등 클로 뤼세 저택의 지하 홀에는 다빈치가 설계한 도면을 토대로 제작한 40여 개의 발명품 모형이 전시돼 있다. 로이터 저널리스트 펠로로 보르도정치대학을 다니던 1993년, 주말마다 보르도 정치대학 학생회에서 주관하는 르와르 고성투어에 참가했다가 앙브와즈성에서 다빈치의 과학저작 노트 사본과 전시된 발명품 모형을 보고 충격을 받았었다. 다빈치는 르네상스 시대 예술가 중 한 명이 아니라 역사상 전무후무한 '만능인'이라는 사실이 놀라웠다. 미국 TV드라마 '다빈치 디몬스' 시리즈에 나오듯 다빈치는 실제로 밀라노의 루도비코 스포르차 공작 밑에서 일하면서 많은 무기를 고안하기도 했다.

인공지능 메타버스 시대가 불러낸 멘토

서슴없이 다빈치를 자신의 멘토라고 말하는 빌 게이츠는 1994년 '레스터 사본'으로 불리던 72쪽 분량의 노트를 크리스티 경매에서 무려 3080만 달러(약 349억 원)에 사들이기도 했다. 외신보도에 따르면 게이츠는 이 노트를 대영박물관에 대여해 주기로 했다는데 대영박물관은 이 사본과 함께 아룬델 사본, 포스터사본 등을 다빈치 서거 500주년 기념으로 전시했다. 이들 노트는 모두 '거울형 글쓰기'로 작성됐다. 왼손잡이였던 다빈치는 글을 쓸 때 오른쪽에서 왼쪽으로, 글자를 좌우로 뒤집어 썼기 때문에 거울형 글쓰기로 불린다.

그는 윤곽선 대신 안개처럼 색을 미묘하게 변화시켜 원근감을 나타내는 스푸마토기법을 창안해 '모나리자'와 '암굴의 성모' 같은 걸작을 남긴 화가였으며 사각형과 원 안에 팔다리를 활짝 뻗은 완벽한 황금비율의 '비트루비우스적 인간'으로 상징되는 과학자였다. 또한 시신의 피부를 벗겨 입술이 움직이는 근육 모양을 관찰한 뒤, 이를 토대로 '모나리자'의 신비스런 미소와 절묘한 표정을 만들어냈다.

인공지능 메타버스 시대에 필요한 인재에게 가장 요구되는 특성은 '창의성'일 것이다. 창의성은 학문의 경계를 넘나들며 예술과 과학, 인문학과 기술의 접점을 찾아내 상상력을 지성에 적용하는 능력이다. 창의성은 호기심과 상상력이 뒷받침될 때 발현된다. 15세기를 살았던 다빈치가 21세기를 이끌어갈 인재들의 멘토로 평가받는 이유가 여기에 있다.

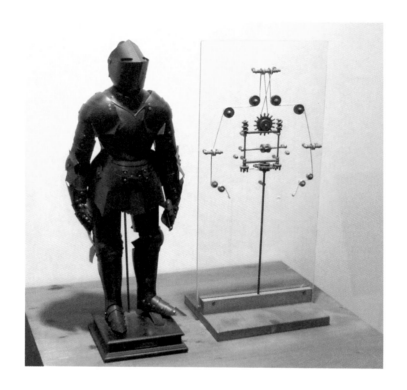

PART
07

인공지능과 메타버스의
기반과 미래전략

32. 인공지능 메타버스 시대 블록체인 웹3.0 현재와 미래전략
: 블록체인이 불러온 新플랫폼 전쟁 웹3.0

박수용

한국블록체인학회 회장

서강대학교 메타버스대학원 교수

국제미래학회 블록체인위원장

코 로나19로 인해 전 세계가 준비되지 않은 디지털 격변의 시대를 맞이하였다. 갑작스럽게 다가온 디지털 격변은 누군가에게는 큰 혼란을 다른 누군가에게는 기회의 순간으로 다가왔다. 불과 몇 년 전만 하더라도 실제로 모이지 않고 회의나 수업을 한다는 것은 굉장히 어색하고 불안전한 행위로 인식되었다. 하지만, 코로나 이후로는 너무나 자연스럽게 수업과 회의를 비대면 플랫폼을 활용하여 진행하고 있다.

이러한 시대 상황과 맞물려서 디지털에 익숙한 MZ 세대들은 현실 세계의 활동 중 일부를 불가피하게 디지털로 대체하는 것이 아니라 현실 세계 활동의 대부분을 디지털 세상에서 진행하고 있다. 디지털 세상에서 만남, 소통을 넘어서 경제 활동까지 일어나는 새로운 디지털 세상이 메타버스라는 이름으로 만들어지고 있다.

메타버스에서는 단순히 본인의 아바타를 꾸미고 소통을 하는 것을 넘어서 현실 세계와 같이 공연, 전시회 등도 개최가 된다. 미국 힙합 가수 트래비스 스콧이 포트나이트란 메타버스에서 가상 라이브 콘서트를 개최하여, 1000만 명 이상의 사용자들이 해당 공연을 관람하였으며, 약 200억원 이상의 매출을 기록하였다. 트래비스 스콧이 2019년 진행한 오프라인 투어의 수익이 한화 약 18억 원에 그쳤던 것과 비교하면, 메타버스의 파급력이 현실 세계보다 더 뛰어날 수 있다는 사례이다.

메타버스 경제 생태계의 등장

코로나 이전부터도 디지털에 익숙한 MZ 세대들에게 메타버스는 인기가 있었으나, 코로나로 인해서 MZ 세대뿐만 아니라 다양한 세대들이 메타버스로 모이는 상황이 되어버렸다. 다양한 활동을 할 수 있는 가상공간의 매력은 모든 세대에게 참신하게 다가왔고, 다양한 세대가 메타버스에 모임으로써, 메타버스 내에 다양한 수요가 생기게 되었다. 가상의 공간이지만 가상의 자신, 즉 아바타를 꾸미고자 하는 수요가 생겨, 이를 충족시킬 수 있는 루이비통과 같은 의류 아이템들이 거래되고, 본인의 아바타가 거처할 가상의 집에 대한 수요가 생겨 가상이지만 집, 땅과 같은 부동산뿐만 아니라 인테리어, 미술품 등도 거래되어 메타버스 경제 생태계가 자연스럽게 만들어지고 있다.

메타버스에서의 경제 생태계는 블록체인의 암호화폐와 대체불가능한 토큰(NFT: Non-Fungible Token) 기술이 핵심의 역할을 하고 있다. 실물 세상의 물건이 디지털화되었을 때 여러 편리한 점도 있지만, 디지털 세상에서는 복사가 손쉽게 이루어질 수 있어서 원본에 대한 가치를 산정하기 어렵다는 단점이 존재해 왔다. 하지만, 블록체인을 기반으로 한 NFT 기술을 활용하여 디지털 그림, 음원, 메타버스 아이템 등에 적용함으로써 원본에 대한 가치를 산정할 수 있게 되어 이를 기반으로 한 거래 시장이 활성화되게 되었다. NFT 기술을 기반으로 한 디지털 미술품 거래는 전 세계에서 약 10만여 점이 넘어가고 있으며, 거래 총액도 약 2,200억 원에 달한다. NFT 기반의 디지털 원본 작품을 소유한 사람들은 자신들의 소유 작품을 메타버스상의 미술관에 전시를 하기도 하고, 자신만의 전시회를 열기도 한다.

또한, NFT 기반으로 돌아가는 P2E(Play to Earn) 게임의 등장도 메타버스의 경제 생태계 활성화에 한 몫을 더 하고 있다. Play to Earn이란 게임상의 아이템을 현실 세계의 현금으로 바꾸면서 게임을 하는 것, 즉 돈을 벌 수 있는 게임을 의미한다. P2E 게임의 특징은 NFT 기술로 게임 아이템에 대한 가치를 보장해주고, 사용자는 해당 아이템을 다른 사용자에게 판매하여 돈을 벌 수 있다. 엑시 인피니티(Axie Infinity)가 P2E 게임들 중 가장 널리 알려져 있는 게임이며, 2021년 7월 기준 시가총액이 25억 달러를 돌파하였다.

엑시 인피니티에서의 캐릭터는 NFT 형태로 생성이 되고, 해당 캐릭터를 키워서 판매함으로써 사용자는 현금을 벌 수 있는 구조이다. P2E 게임은 2026년에 4천억 달러 규모의 시장을 가질 것으로 예측이 되며, P2E 게임은 현실과 메타버스 경제 시스템이 현실과 상호 간에 연결될 수 있다는 것을 보여주는 중요한 사례라고 할 수 있다.

웹3.0 시대의 블록체인

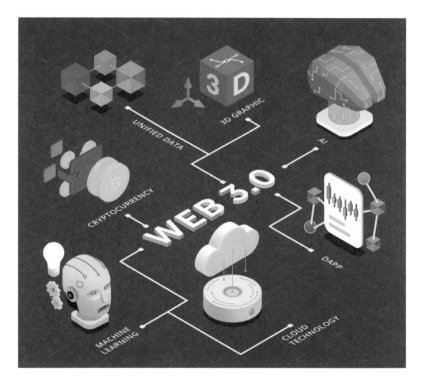

    블록체인 기반으로 이루어지는 메타버스 경제 생태계의 확장은 필연적으로 분산 애플리케이션 사회로 이루어진 웹 3.0(WEB 3.0) 시대를 불러올 것이다. 웹 1.0이 인터넷 익스플로러, 파이어폭스, 구글 크롬과 같은 인터넷 브라우저의 탄생으로 인한 인터넷의 대중화였다면, 웹 2.0은 플랫폼 기업들 중

심으로 이루어진 사용자들 간의 데이터 공유의 시대라고 할 수 있다.

웹 3.0 시대는 플랫폼이 사용자들의 데이터를 활용하여 독점하다시피 한 이익을 사용자에게 분산하는 것이 웹 3.0 시대의 궁극적인 목표이다. 웹 3.0 시대에서는 플랫폼 사업자에게 종속된 정보의 주권을 탈중앙화를 통해 이용자들에게 돌려주고, 단순히 읽고 쓰는 기능이 전부였던 웹 기능에 블록체인의 암호화폐를 기반으로 사용자 데이터에 대한 권리까지도 사용자가 가질 수 있도록 보장한다.

이제 현재의 인터넷은 공유와 보상 기반의 웹 3.0 시대로 진입하고 있다고 볼 수 있다. 이러한 움직임과 맞물려서 미국의 자산운용사 그레이스케일은 웹 3.0 시장이 메타버스 및 NFT와 결합해 1조 달러의 규모로 성장할 것으로 예측하고, 국내의 삼성전자, 카카오도 웹 3.0 개발과 메타버스 플랫폼을 미래전략 분야로 분류하고 육성한다는 계획을 발표하기도 하였다.

웹 3.0 시대 미래전략

다가오는 미래인 웹 3.0 시대를 준비하기 위하여 산학연의 협력과 정부의 전략이 필요한 때이다. 이를 위하여 첫째 웹 3.0 시대를 위하여 웹3.0 기반의 서비스 개발 인력 양성이 필요하다. 현재 웹 개발뿐만 아니라 인공지능, 데이터베이스 등 컴퓨터 공학 전반에 걸쳐서 디지털전환을 주도할 개발자의 숫자는 턱 없이 부족한 상황이다. 이러한 가운데 웹3.0 기반의 서비스 개발자는 더욱 산업체에서 구하기가 어려운 상황이다.

이러한 상황을 반증하듯 현재 웹 2.0기반의 서비스는 350만개 정도가 구글이나 앱스토어를 통하여 제공되고 있으나 웹3.0기반의 서비스는 고작 3000여개에 불과하다. 웹2.0이 지금과 같이 보편화되는 것에는 HTML이라는 혁신적인 웹 개발 기술이 개발되어 기본적인 교육만 받으면 웹기반의 서비스 구축이 가능하여졌고 이것이 웹 2.0 시대를 여는 기반이 된 것으로 판단된다. 웹3.0 기반의 서비스 구현은 블록체인, 전자지갑 등과의 연계가 기본이고 이러한 환경에서의 개발 인력은 더욱 부족한 현실이다.

둘째는 웹3.0 지원을 위한 블록체인 플랫폼의 확장성을 혁신할 수 있는 원천 기술 확보가 중요하다. 블록체인 기술 자체가 탈중앙화에 따른 과부하는 피할 수 없는 현실인데 이를 극복하면서 탈중앙성을 유지시킬 수 있는 다양한 방법들에 대한 연구 개발과 이를 종합하여 최선의 결과를 도출할 수 있는 통합 연구가 필요하다. 또한 웹3.0 개발의 기술적 진입장벽을 낮출 수 있는 저작도구나 개발도구의 개발이 절실한 상황이다.

셋째는 블록체인을 선점하고 국가 경쟁력으로 연결되기 위하여 정부의 산업 육성 계획 및 관련 법, 규제, 체제 정비 등이 필요하다. 블록체인 상의 디파이 서비스에 대한 관련 법 규정이나 최근 이슈가 되고 있는 분산 자율 조직인 DAO(Decentralized Organization)와 회사법과의 관계, 부동산 등의 자산 소유권과 NFT와의 관계, 일반 계약과 블록체인상의 스마트 컨트랙트과의 법적인 지위 문제 등 웹3.0 시대 진입을 위한 여러 제도와 규제에 대한 정비가 미래 산업 육성을 위하여 반드시 해야 하는 일이라 생각한다.

웹3.0 시대 강자 되어야 한다.

오늘날에는 웹 3.0은 거품이고, 일시적인 키워드라고 깎아내리는 비판적인 시각도 존재하고, 웹 3.0이 진정한 미래라고 치켜세우면서 옹호하는 시각도 존재한다. 1990년대의 닷컴 버블(dot-com bubble) 사태는 갑작스럽게 나타난 기술에 대해서는 비판적인 시각이 많이 있었지만, 닷컴 버블 속에서 살아남은 아마존, 애플, 구글 같은 기업들이 오늘날의 세계를 이끌고 있다. 웹 3.0의 미래가 어떻게 될지는 그 누구도 확신할 수는 없지만, 웹 3.0 시대가 다가오고 있는 것은 필연적인 시대의 변화라고 생각한다. 웹 3.0 시대를 무작정 비판하거나 옹호하는 자세보다는 웹 3.0의 본질을 꿰뚫어 보는 통찰력을 기르면서 그에 맞는 다양한 연구와 정책들을 준비하는 자세가 필요하다고 생각한다.

우리나라는 2000년대 초기 웹2.0 플랫폼 전쟁에서 싸이월드라는 소셜미디어 플랫폼 사업을 페이스북보다 먼저 시작하였으나 인터넷 실명제를 비롯한 인터넷 관련 규제에 발목이 잡혔다. 국내 플랫폼 사업자들에 대한 역차별이 반복되는 사이, 글로벌 절대강자 구글·페이스북의 국내 시장점유율은 수직 상승했다. 그 사이 전 국민을 미니홈피 중독에 빠트렸던 싸이월드는 순식간에 몰락하고 말았다.

이제 블록체인 기술을 기반으로 하는 새로운 플랫폼 전쟁의 시대가 열리고 있다. 인터넷 시대가 열리면서 초기 반짝했던 플랫폼시장이 유지되지 못하고 역사의 뒤안길로 사라진 경험을 한 우리가 새롭게 열리는 블록체인 기반 신(新)플랫폼 전쟁인 웹3.0 경쟁에서는 과거의 실수를 되풀이하지 않고 새 시대의 강자가 되기를 간절히 기대한다.

33. 인공지능 메타버스 시대 NFT 현재와 미래전략
: 한국인 문화 능력 꽃 피울 미래영토 NFT

안동수

한국블록체인기업협회 수석부회장

KBS 전 부사장

국제미래학회 미래방송위원장

NFT 출현 배경과 신뢰질서의 변화

인류는 항상 새로운 도구를 만들어 좀 더 편리하게 생활하고 새로운 기술발전을 도모하며 잠시도 미래 개척을 멈추지 않았다. 첨단기술로 인한 사회변동은 곧 문화 변화를 동반하게 된다. 그리고 사회적으로 수용된 기술은 기존기술을 대체하고 일자리를 창출하며 업무방식, 소통방식, 삶의 방식까지 변화시켜 새로운 권력을 만들어 왔다. 4차 산업혁명의 주요영역은 2009년에 본격적으로 출현한 블록체인과 인공지능, 메타버스 등이 복합적인 환경을 형성해 오면서 2020년경부터는 그 비중이 NFT(Non- Fungible Token, 대체불가능토큰)로 옮겨가고 있다.

특히 NFT는 블록체인을 기반으로 하는 다양한 종류의 예술, 그리고 음악과 동영상, 실물부동산 등 상상을 초월하는 다양한 상품을 만들 수 있다. 이 새로운 도구는 발 빠르게 새로운 가상세계의 예술산업 현장을 넓혀가며 그 경제적인 가치를 점점 키워가고 있다. 우리가 살아갈 메타버스시대에 필수인 디지털 자산과 함께 콘텐츠를 만드는 도구인 NFT가 다크호스로 서서히 두각을 나타내고 있는 것이다.

블록체인 기술은 고장난 경제시스템, 즉 자본시장의 과도한 양극화와 불신이 그 탄생 배경이다. 그래서 개인 간 또는 사회구성 조직 간의 거짓 언행과 독선적 이익획득을 위한 비윤리적인 경제행위를 근절하여 새로운 신뢰사회의 기반을 만들자는 것이 블록체인의 출발정신이다. 이제 인류는 블록체인이라는 강제적 수단으로 새로운 제3의 경영주체의 룰에 따라 살게 된 것이다. 이러한 결과는 인간에겐 치욕이요, 기계에게는 승리를 안겨준 셈이지만, 인류사 발전의 새로운 장이 되었다.

NFT는 블록체인 콘텐츠의 중심도구

디지털자산(이 글에서는 디지털 자산-Digital Asset은 가상자산-Virtual Asset과 암호화폐-Cryptocurrency를 포함하여 모두 코인을 지칭하는 의미를 부여한다)은 NFT 그리고 메타버스는 시간차이를 두고 순차적으로 출현하고 있는데, 이는 블록체인을 기반으로 한 기술발전에 따른 것으로 '블록체인 3강체제'라 할 수 있다. 그러므로 어느 하나만을 독립적으로 검토하는 것보다는 이 3강체제가 갖고 있는 블록체인 기반의 공통점과 기능성을 시스템적으로 논하는 것이 타당하다고 본다. 특히 우리나라가 최신 금융체계와 과학문명의 지도국가가 되기 위해서는 각 시스템의 효용가치가 극대화되는 시기 등을 고려하여 체계적으로 산업을 엮어 가면 국가발전에 큰 역할을 해낼 것으로 기대된다.

디지털자산과 NFT 콘텐츠를 중심으로 구성될 메타버스는 앞으로 우리가 중점적으로 육성해야 할 산업이라는 것에 많은 독자들께서 동의하실 것이다. NFT가 전시되는 사이버 콜렉션은 디지털 환경에 친숙한 MZ세대에 친숙하고, 화랑을 거치거나 큐레이터의 안내가 없어도 간단하게 작품 거래가 가능한 것이 장점이다. 실물 작품을 들고 다니지 않아도 소유작품을 공유하는 기능인 블록체인 기술기반이 보안과 안전을 보장해 준다. 또한 여러 공간과 다양한 디바이스에서 감상할 수 있는 편리함도 큰 매력이다.

NFT 미팅 순서와 주의사항

　　NFT를 만드는 절차를 민팅(minting 주조, 작품만들기)이라고 하는데, 그 과정의 요점만 정리하면 다음과 같다. 우선 NFT라는 도구의 용도와 시장동향을 살펴보고 자기가 어떤 분야의 작품을 만들 것인지 결정한다. 예를 들면 그림이나 사진, 노래, 동영상, 문서, 유명인 관련 물건이나 사건 등 파일로 만들 대상을 선정하고, 이 작품에 대한 세부정보를 꼼꼼하게 파악하여 기록한다.

　　그 다음에 자기 작품이 글로벌시장에 올려 판매한다는 것을 전제로 자기작품에 들어갈 다양한 정보를 압축하여 간결하게 한글로 작성한 다음 영문으로 번역하여 저장해 둔다. 예를 들면 자기의 작품명, 작품생산자 이름과 날짜, 작품의 특성 등 상세한 내용을 기록해 둔다. 그 다음은 자기가 만든 작품을 전시할 사이버 전시장(collection)의 성격과 특성을 설명할 수 있는 내용을 간결하게 정리해 둔다.

　　이제 민팅 양식에 들어갈 내용들이 준비되었으니 오픈씨(opensea.io/) 등 다양한 NFT 발행 사이트에 들어가 살펴보기(explor) 등 메뉴별로 그 시스템의 속성을 파악한다. 오픈씨에서 매매에 따른 수수료와 작품가격, 2차 구매이후 받을 재 구매 수수료 등을 다양한 비용처리는 이더리움 등의 암호화폐를 사용해야 하므로 메타마스크(Metamask) 등의 암호화폐지갑 어플을 내려받아 설치한다. 설치할 때 주의할 점은 지갑의 비밀구문인 12개 단어를 자기 노트에 적어둔다. 비밀구문을 컴퓨터나 휴대폰에 기록하는 것은 금기사항이다. 해킹이나 유출사고 때문이다. 실제로 내 NFT를 발행할 때는 암호화폐 지갑에서 결재를 하고 서명을 하게 되는데, 서명하는 내용이 무엇인지도 꼼꼼히 파악해 둔다. 오픈씨에 내 작품 올리기가 끝나면, 사이버 겔러리(예시: oncyber.io)를 열어 살펴보고, 나의 전시장을 그곳에 개설하여 작품을 올린다. 그리고 그 링크를 보여주고 싶은 사람이나 커뮤니티에 보내고 홍보를 하면 판매준비 작업이 끝난다.

　민팅에 있어 저작권침해가 되지 않도록 타인의 작품이나 사진 등을 이용하고자 하는 경우에는 해당 인물에게 사전에 반드시 허락을 받아야 한다. 비단 유명인이 아닌 일반인의 초상권, 음성권 등도 침해해서 민팅을 하면 부정경쟁행위에 해당된다. 또한 작품을 창작한 저작자라고 하더라도 그 과정의 작곡가나 작사자, 가수 등 제3자의 작품이 이용된 경우라면 해당 제3자에게 민팅에 대한 허락을 받아야 한다.

NFT는 한국에 내린 선물이다

　NFT는 하늘이 우리민족에게 내려준 큰 선물이다. 왜냐하면 우리 한국민족의 DNA 속에 간직해 온 전통예술의 문화적 유산을 이제 NFT로 상품화하여 글로벌 시장에서 매매할 수 있게 되었기 때문이다. 지금 세계 여러나라에서 인기를 끌고 있는 K-Pop 문화는 노래라면 노래, 춤이라면 춤 등 다양한 방면에서 세계인의 사랑을 받으며 발전하고 있다. 이제는 NFT라는 도구로 디지털 예술품에 창작자의 생명력을 불어넣을 수 있게 되었기 때문에 이 분야를 집중 육성해야 한다. 예를 들면 물리공간이 아닌 메타버스 안에서 춤추고 노래하며 생활한다는 미래세계를 상정하여 볼 때, 여기서 유통할 수 있는 다양한 NFT 상품들이 창출해 내는 경제효과는 무궁무진하게 될 것이다.

또 재택근무 시간이 늘어나면서 창작효율성과 개인의 유용가치를 만들어 낼 수 있는 가능성이 높아지게 되는데, 그 도구로는 NFT만한 게 없다. 특히 한국인들이 갖고 있는 컴퓨팅 창작능력과 문화적 소질은 글로벌 시장 진출에 날개를 달아주게 될 것이다. NFT는 한국인의 문화능력을 꽃피울 미래영토이다. 우리 민족이 잠재적으로 갖고 있는 문화적 소양을 맘껏 펼칠 수 있도록 글로벌 추세에 맞는 국내의 제도와 교육이 필요하다.

블록체인과 NFT 미래전략

한국의 미래 목표를 2050년 G2국가로 하자는 설정은 심심치 않게 듣는 이야기이다. 예를 들면 골드만 삭스는 우리나라가 2040년 영국, 독일, 프랑스를 제친 후 2050년경 세계 2위의 경제대국으로 성장할 것으로 예상했다. (일요경제, 2011.6.20.) 이것은 우리에게 꼭 필요한 꿈과 목표이다. 그런데 무슨 수로 한국이 세계 2위 경제대국을 만들어 갈 수 있을까? 이를 성취하기 위해서 새로운 첨단도구를 활용해야만 한다. 필자는 그 도구로 블록체인 3강체제 기반의 디지털자산 시스템의 국가적 육성을 제안한다. 그래서 당면한 NFT와 메타버스 산업발전에 대한 육성정책을 입안하여 다가오는 초지능의 메타경제(metaverse economy) 환경을 성공적으로 발전시켜나가자는 것이다.

우리나라가 세계경제에 디지털 금융을 선도하는 국가로 막강한 영향력을 행사할 수 있는 블록체인 경제시스템을 우리 후손들에게 만들어 주자는 것이다. 우리가 G2국가가 되었을 때 블록체인 기반의 암호화폐＋NFT＋메타버스의 사이버 경제에서 벌어들일 수 있는 수입규모는 그때의 물리공간에서 얻을 수 있는 경제규모보다 비교가 되지 않는 규모로 훨씬 더 크게 될 것이다. 다만 블록체인 3강체제의 원동력은 우리 사회의 문명과 문화구조의 높은 신뢰시스템으로 만들어야 하는 숙제를 해결해야 하는 과제가 주어진다. 조직원 개인과 개인, 그리고 개인과 조직 간의 신뢰가 쌓인다면 그 조직에서 엄청난 경제적 효과를 얻게 되기 때문이다. 왜냐하면 신뢰를 확인하기 위한 절차나 소요비용 등이 크게 줄어들기 때문이다. 우리 모두 대한민국 G2국가 만세다!

34. 인공지능 메타버스 시대 소셜미디어 미래전략
: AI와 메타버스로 진화하는 소셜미디어

강병준

전자신문 대표이사

개인정보위원회 미래포럼 자문위원

국제미래학회 미디어홍보위원장

소 셜네트워크 서비스(Social Networking Service)는 사용자 간의 자유로
운 의사소통과 정보 공유, 인맥 확대 등을 통해 사회적 관계를 생성
하고 강화해 준다. 향후 SNS는 인공지능 기술이 메타버스 기술인 AR, VR
그리고 홀로그램에 적용되어 개인 맞춤형 실감 메타버스를 구현하면서 시공
간을 초월한 사회적 교류의 공간으로 확장되어 갈 것으로 보인다.

　　SNS의 대표 주자인 페이스북은 인공지능과 메타버스를 SNS의 미래로
보았다. 인공지능연구본부(FAIR, Facebook AI Research)를 설립해 AI를 전방위
적으로 페이스북에 접목하고 있다. 2020년 이전의 어떤 챗봇보다 뛰어나고
더 인간미를 느낄 수 있는 새로운 인공지능 챗봇 '블렌더(Blender)'를 속속 장

착하고 있다. 인공지능 비서도 개선 발전시키고 있다. 빅데이터 기술까지 접목해 개인 맞춤 사회 관계망 매칭 및 맞춤 콘텐츠 서비스를 강화하는 한편 맞춤형 쇼핑 서비스까지 제공한다.

페이스북은 메타버스를 SNS의 미래로 보고 2021년 10월 28일 사명을 메타(Meta)로 바꾸고 인공지능 기반의 메타버스를 구현하는 SNS 기업으로서 선도적인 행보를 하고 있다. 페이스북에 이어 MS, 구글 등도 인공지능 기반의 메타버스 SNS를 미래 산업으로 보고 집중 개발하고 있다.

소셜미디어 SNS의 미래

미래 SNS가 어떻게 변화할 것인가를 미래 예측 기법인 '퓨처스 휠'로 살펴보면 SNS는 연결과 참여 개방 공유 커뮤니티 대화 효율 파급의 특성이 강화되면서 개인 맞춤 강화, 자동화된 상호 작용, 뉴스와 소통 창구, 오감 인식, 시공간 제한 없는 실감 메타버스 서비스, 커머스 연계 등이 구현되는 방향으로 변화될 것으로 예측된다.

소셜미디어 SNS는 인공지능과 메타버스 기술을 중심으로 비약적인 발전을 거듭할 것으로 기대된다. 페이스북과 트위터, 인스타그램 등 SNS는 인공지능 기술을 통해 더욱 정교화되고 개인화된 서비스를 제공할 것이고, 개인 아바타 AI 인격체가 SNS에 구현되어 자유롭게 대화가 가능한 메타버스 서비스로 진화될 전망이다.

포르투갈의 대표 SNS인 에터나인(ETER9)은 이용자와 꼭 닮은 인공지능 아바타를 육성하는 서비스를 제공한다. 이용자의 모든 인터넷 활동 자료를 모아 취미나 성격, 대인관계를 스스로 학습한다. 데이터양이 많아질수록 이용자와 비슷한 가상 인격체로 변화한다. 이용자 사망 이후에도 활동을 이어 나갈 수 있다.

세계적 한국 가수 그룹 BTS도 사용하는 인공지능 3D 아바타 SNS인

'제페토(Zepeto)'는 네이버Z에서 2018년 출시한 후 3년 만에 세계 3억명이 사용할 만큼 큰 인기다. 사용자 얼굴을 촬영하거나 사진을 올리면 AI 머신러닝 기술이 자동으로 사용자와 닮은 예쁜 얼굴을 3D로 만들어 준다. 아바타가 마음에 들면 제페토 폴로어로 추가해 친구를 늘리며 24시간 세계 각지 다양한 공간을 만들어 다양한 메타버스 장소에서 마음껏 놀이를 즐길 수 있다.

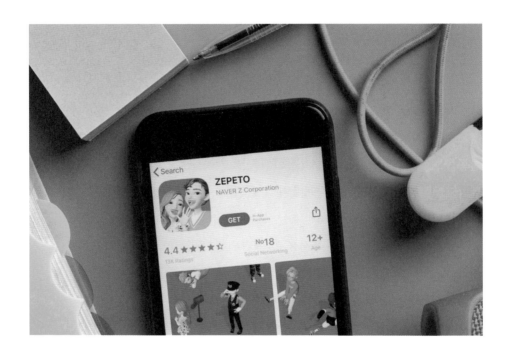

AI가 바꾸는 넷플릭스

넷플릭스(NETFLIX)는 전 세계에 유료 인터넷 스트리밍 서비스인 OTT 서비스 열풍을 가져왔다. OTT 서비스(Over-the-top media service)는 인터넷망을 통해 방송 프로그램·영화·교육 등 각종 미디어 콘텐츠를 제공하는 서비스다. 디지털 TV 리서치에 의하면 2017년에 3억 6600만 명이던 전 세계 OTT 유료 구독자 수가 2019년에 5억 6900만 명으로 늘었고 2023년에는 7억 7700만 명이 이를 것으로 전망된다. 넷플릭스는 봉준호 감독의 '옥자'를 시작으로 최근 세계적인 열풍을 일으키고 있는 '오징어 게임', '지옥', '고요의 바다' 등 수많은 오리지널 콘텐츠의 제작 공급과 함께 인공지능을 활용한 고객 맞춤형 서비스 혁신으로 구독자가 급증하고 있다.

넷플릭스의 인기에 힘입어 해외에서는 OTT 서비스로 디즈니의 '디즈니 플러스', 아마존의 '아마존 프라임 비디오', 유튜브의 '유튜브 프리미엄', AT&T 통신사의 'HBO Max', 애플의 '애플TV'가 론칭해 치열한 경쟁을 펼치고 있다. 국내에서도 활발한 합종연횡이 이뤄지고 있다. 2021년부터 지상파 방송사와 SK텔레콤이 합작해 만든 웨이브(WAVVE)를 비롯해 CJ ENM과 JTBC가 만든 티빙, 쿠팡의 쿠팡 플레이, 네이버의 네이버TV, 카카오의 카카오TV, 프로그램스의 왓챠, KT의 시즌 등이 속속 만들어졌다.

AI가 바꾸는 OTT 시장

국내 OTT 시장은 2018년과 2019년에 각각 30%, 34%씩 성장했다. 2020년에는 코로나19로 인해 비대면 서비스가 급증하면서 46%나 급증했다. 시장 규모도 2021년에 1조 원에 육박했다. 넷플릭스 국내 시장 점유율이 40% 이상에 달하면서 국내 IPTV들은 넷플릭스와 속속 제휴하고 있다. 한국 진출 5년 만에 가입자가 360만 명을 넘어섰고, 한국 넷플릭스 오리지널 콘텐츠 제작에 작년까지 투자한 규모가 1조 6000억 원을 넘어섰다. 190개국의 양질의 방송과 영화 콘텐츠를 언제 어디서나 개인 맞춤형으로 서비스하는 넷플릭스는 이제 국내 방송과 영화시장의 핵으로 부상했다.

넷플릭스가 OTT시장을 석권한 것은 인공지능 기술의 활용 덕분이다. 인공지능이 접목된 미래의 OTT 서비스는 언제 어디서나 어떤 디바이스를 통해서든 고객이 원하는 콘텐츠를 최상의 품질로 즐길 수 있게 해 준다. 인공지능 알고리즘은 고객이 OTT에 가입할 때부터 작동해, 좋아할 만한 콘텐츠를 추천해 만족도를 높여주는 것은 물론 콘텐츠 안내 썸네일조차 인공지능이 고객의 취향에 따라 개인별로 다른 이미지를 보여 준다. 추천 썸네일은 각 고객 취향에 따라 인공지능이 자동으로 다른 이미지를 제공해 준다.

인공지능 기술로 각 고객의 수신 환경과 수신 디바이스에 따라 최적의 화면 사이즈와 품질로 자동 변환되어 콘텐츠를 스트리밍되게 한다. 이에 따라 제조사 TV, 스마트폰, IPTV와 케이블방송 등을 통해 Xbox나 플레이스테이션 같은 게임 콘솔에서도 제공되고, 달리는 자동차나 주방 냉장고의 패널을 통해서도 인터넷이 연결되면 최적의 화질로 제공된다. 인공지능이 적용된 어댑티브 비트레이트(adaptive bit-rate) 기술로 단말기기와 통신 환경에 맞춰 최대한 빨리 시작하고 화질을 자동 조절해 감으로써 버퍼링이나 끊김 없이 최고 영상의 화질로 서비스된다.

세계에서 타의 추종을 불허하는 점유율 1위지만 유독 핀란드에서만 토종 OTT인 '위앨에 아레나 서비스'에 밀린다. 72%의 점유율을 자랑하는 위앨에 아레나의 성공 비결 역시 인공지능을 활용한 초개인화 맞춤 서비스에 있다. 머신러닝을 통해 AI가 스스로 고객 맞춤으로 동영상 콘텐츠의 장면을 찍어 썸네일로 만들어 고객 개개인 사용자가 관심을 가질 만한 정교한 맞춤 서비스를 제공한다. 고객 최적화 알고리즘으로 사용자마다 다른 초개인화 맞춤 메인 화면을 보여 주며 고객을 끌어들인다.

AI로 가치를 높이는 유튜브와 1인 미디어

2005년 4월 23일 'Me at the zoo'(동물원에 있는 나)라는 영상물을 올리면서 시작한 유튜브(YouTube)는 1인 개인을 의미하는 You와 방송을 뜻하는 Tube의 합성어인 이름처럼 처음부터 '1인 미디어'를 지향했다. 창립 1년 후 가입자 수 1000만 명이던 2006년 10월에 16억 5000만 달러(1조 9000억원)에 구글에 인수되어 세상을 놀라게 했는데, 2020년 가치는 그 100배 이상인 1700억 달러에 이른다. 연광고 매출로만 200억 달러(22조 원)를 벌어들인다. 스마트폰 보급과 함께 날개를 달았고, 인공지능이 접목되면서 현재 20억 명 이상이 평균 월 30시간을 시청하는 1인 미디어의 독보적인 위상을 구축했다.

블로그로 시작된 국내 1인 미디어 시장에서는 유튜브가 출시된 2005년에 당시로선 획기적인 실시간 동영상 1인 방송 서비스 'W플레이어'가 출범해 2006년 '아프리카TV' 이름으로 새롭게 론칭하며 한동안 선점했다. 하지만 유튜브가 2008년 1월 23일 론칭하고 라이브 스트리밍 서비스를 시작하면서 UCC 개인 동영상 플랫폼으로서뿐만 아니라 모든 1인 미디어의 대표주자가 되었다. 유튜브의 이런 궤적을 보면 인공지능을 통해 바뀔 1인 미디어의 미래모습이 그려진다.

유튜브는 일찍부터 인공지능을 서비스에 적용했다. 가장 먼저, 그리고 중요하게 생각해 인공지능을 적용한 부분은 유해 콘텐츠 필터링과 삭제였다. 폭력, 성적 노출, 극단적 편향성, 저작권 침해 등 유해한 콘텐츠를 차단하려 많은 인력과 자금을 투입했다. 덕분에 남녀노소가 함께 안심하고 볼 수 있는 콘텐츠 공간으로 인식되었다. 우리 기업들이 본받아야 할 부분이다.

유튜브는 인공지능을 개인 맞춤 서비스의 고도화에도 적극 활용한다. 철저히 개인화된 맞춤형 인공지능 추천 시스템을 도입해 발전시켜 나간다. 딥러닝에 기초한 이 시스템을 통해 구독자 현재의 유튜브 영상 목록은 물론 개인의 과거 방문 사이트 자료나 검색어 기록, 개인 특징 등 모든 개인 자료를 분석해 구독자를 철저히 닮은 '인공지능망(Neural Network)'을 만들어 간다. 이를 통해 미래에는 나 자신인 '자연 인간(Natural Human)'보다 유튜브의 '인공 인간(Artificial Human)'이 나보다 나를 더 잘 알고 내가 필요로 하는 콘텐츠를 자동으로 추천하고 제안하게 될 것이다.

유튜브는 100개국 이상에서 서비스된다. 각 나라에서 개인이 올린 콘텐츠나 실시간 방송은 80개의 언어 중 개인별 선호 언어로 자동 번역되어 자막 서비스된다. 향후 자동통역되어 음성 더빙으로도 서비스될 예정이다. 그야말로 인공지능으로 전 세계인이 언제 어디서나 소통하며 함께 즐기는 세계 최고의 글로벌 1인 미디어가 탄생하는 것이다. 누구나 깨끗하게 보정된 화상으로 첨단 영상 방송을 하고 즐길 수 있게 인공지능이 활용되는 셈이다.

앞으로 유튜브는 인공지능과 메타버스 기술의 적용과 활용을 통해 미래의 학교와 대학, 미래의 저널리즘 언론, 미래의 영화관, 미래의 방송사, 미래의 뮤직샵, 미래의 동영상 검색, 미래의 지식 도서관, 미래 세계인의 소통의 장, 미래의 쇼핑센터 등 다양한 역할을 할 수 있게 진화 발전할 것으로 보인다. 향후 국내 1인 미디어들도 유튜브처럼 인공지능과 메타버스 기술을 적용하고 활용한 다양한 서비스를 선보일 것으로 예상된다.

35. 인공지능 메타버스 시대 표준 미래전략
: 4차산업혁명 국제 표준 전쟁

김세원

한국문화관광연구원 원장

고대 미래포럼 회장

국제미래학회 비교문화위원장

시간과 공간의 국제 표준

프랑스대혁명이 일어났던 1789년에 또 다른 혁명이 태동하고 있었다. 도량형 단위를 통일해 이를 전 세계로 확산하겠다는 목표를 가진 혁명이었다. 당시 프랑스에선 무려 25만여 가지 길이·부피·무게 단위가 쓰이고 있어 혼란이 극심했다.

프랑스대혁명을 통해 집권한 국민의회는 평등하고 보편적인 사회건설을 위해 길이 부피 질량 등이 하나로 연결된 새로운 단위체계를 만들어낼 것을 프랑스 과학 아카데미에 주문했다. 과학자들은 고심 끝에 십진법에 기초하되 지구의 둘레를 바탕으로 길이의 단위를 정하기로 의견을 모았다. 지구의 둘레는 혁명의 대의와도 잘 들어맞았고 '모든 시대, 모든 사람들을 위한' 표준단위로서도 손색이 없었다.

1792년 북으로는 덩케르크, 남으로는 바르셀로나까지 이어지는 자오선의 길이를 측정하기 위해 측정원정대가 파리를 출발했다. 한 팀은 남쪽, 다른 팀은 북쪽으로 길을 떠났다. 원정대는 1798년에야 귀환했다. 돌아오기까지 6년이 걸렸다. 다음해인 1799년 측정자료를 바탕으로 '지구의 북극에서 적도까지의 거리'의 1000만분의 1을 1미터(m)로 정하고 길이의 표준단위로 삼았다.

아다시피 무게(질량)의 단위는 kg이다. 프랑스 과학아카데미는 1kg을 물의 밀도가 제일 높은 섭씨 4도일 때 가로 세로 높이가 10cm인 용기에 담긴 증류수의 무게로 정의했다.

1851년 런던에서 열린 만국박람회에서 혁신적 측정기기가 여럿 선보였지만 각국의 척도가 달라 우수성을 비교하기 힘들었다. 프랑스는 1869년 미터법 홍보를 위한 국제회의를 개최했고 25개 참가국 중 중남미 8개국이 미터법을 채택했다. 1875년 파리에서 열린 국제회의에서는 17개국이 '미터협약'에 서명했고 1889년 프랑스에서 개최된 제1차 국제도량형총회에 참석한 18개국 대표는 '미터협약'을 만장일치로 승인했다. 90%의 백금과 10%의 이리듐 합금으로 제작된 미터원기와 킬로그램원기는 길이와 무게의 국제표준으로 등극했다.

미터법의 국제표준화는 본초자오선 유치 전쟁에서 영국에 패배한 프랑스의 설욕전이기도 했다. 19세기 말 본초자오선의 통일은 도량형의 통일 못지않게 긴요하고 절박했다. 국가별로 표준 시간이 단 0.1초만 차이가 나도, 철도와 전신의 운영에 막대한 차질이 빚어지고, 심각한 사고가 발생하기 때문이었다. 1880년까지만 해도 최소 14개의 각기 다른 기준 자오선이 정식으로 사용되었다. 시간의 표준이 되는 기준 자오선을 자국 수도를 지나는 자오선으로 삼으려는 경쟁은 영국 미국 프랑스 등 당대 강대국들의 자존심이 걸린 문제였다.

　　1884년 체스터 아서 미국 대통령의 제창으로 워싱턴 D.C.에서 국제자오선 회의가 열렸다. 25개 참가국 가운데 22개국이 동의해 그리니치 기준의 본초자오선이 확정되었고 전 세계는 그리니치 표준시라는 공통된 시간 기준을 갖게 되었다. 영국은 18세기 이후 세계적인 해운국가로 부상했다. 당시 세계 선박의 72%가 그리니치 자오선을 경도의 기준으로 한 해도를 사용하고 있었다. 표결에 기권했던 프랑스는 1911년이 되어서야 파리 자오선을 포기했다. 이렇게 하여 영국은 시간, 프랑스는 길이와 무게의 국제 표준을 나눠 갖게 되었다.

1~3차 산업혁명과 국제 표준

　　국제 표준은 주도한 국가의 상징 자본이자 새롭게 열리는 시장의 선점을 약속하는 보증수표였다. 1차 산업혁명은 증기기관 발명에 따른 기계화, 2차 산업혁명은 전기 보급에 따른 대량생산과 자동화, 3차 산업혁명은 컴퓨터·인터넷 등장에 의한 디지털 정보화로 요약할 수 있다. 도량형과 시간의 표준은 영국과 프랑스를 1차 산업혁명의 승자로 만들었고 전기 관련 표준은 2차 산업혁명, 통신기술 표준은 3차 산업혁명의 확산에 공헌하며 미국을 세계 최강국 반열에 올려놓았다.

　새롭게 도래한 4차 산업혁명의 특징은 인공지능과 메타버스 기술 및 네트워크를 기반으로 한 산업의 융복합화, 초연결화, 초지능화, 초실감화로 요약된다. 2차 산업혁명까지는 단위의 국제표준이 제품이나 서비스의 품질이나 성능을 보장하는 기준 역할을 해왔다면, 3차부터는 통신기술의 국제표준, 특히 4차 산업혁명시대에는 네트워크 기술 및 인공지능과 메타버스 기술의 국제표준이 새로운 시장을 가동하는 핵심 동력이자 핵심 인프라가 될 것으로 보인다.

4차 산업혁명의 국제표준, 초고속 데이터 네트워크

　4차 산업혁명의 핵심산업으로 꼽히는 인공지능·메타버스·가상증강현실·무인 자동차·스마트시티의 공통점은 방대한 양의 데이터가 오간다는 것이다. 이러한 기술을 구현하려면 매순간 생성되는 방대한 규모의 데이터를 실시간으로 전송하고 동시다발적으로 연결해주는 초고속 데이터 네트워크가 필요하다.

5세대 이동통신을 뜻하는 5G의 정식 명칭은 국제전기통신연합(ITU)에서 정한 'IMT-2020'이다. 5G는 △기존 4G 대비 20배 빠른 '초고속' △통신 지연이 10배 짧아지는 '초저지연' △연결 기기가 10배 많아지는 '초연결' 등의 특징을 가진다. 이러한 5G의 특징은 제동 거리와 제동 시간 단축이 생명인 자율주행 자동차, 생명을 다루는 원격 로봇 수술, 빅데이터를 실시간으로 처리해야 하는 인공지능의 상용화는 물론, 로봇지상군, 인공지능 전투원, 무인전투기 등 최첨단 무기체계를 가동하는 중요한 전제조건이기도 하다. 5G가 4차 산업혁명의 핵심 인프라, 핵심 표준인 이유가 여기에 있다.

5G의 중요 지표는 관련 특허건수 및 기지국과 단말기(스마트폰) 매출이다. 세계지적재산권기구(WIPO)에 따르면 2018년 중국 IT기업인 화웨이의 국제 특허 출원 건수가 5405건으로 2위 미쓰비시(2812건)의 두 배에 가깝다. 더욱이 화웨이가 출원한 특허 대부분이 5G 관련 기술이라고 한다. 그 뒤가 인텔, 퀄컴, 중흥, 삼성의 순이다. 화웨이는 2018년 기지국의 세계 매출액 점유율에서도 스웨덴의 에릭슨(29%)에 이어 2위에 올랐고 세계 스마트폰 시장점유율은 14.7%로 삼성전자(20.8%), 애플(14.9%)의 뒤를 바싹 쫓고 있다.

5G 국제표준 선점을 위한 미중 패권 전쟁

기술은 수월성을 추구하지만 표준은 보편성을 추구한다. 산업 간의 경계가 허물어진 네트워크 경제, 보편성과 상호운용성이 수익을 창출하는 플랫폼 경제에서는 특허기술이 아니라 개방된 표준기술이 시장의 승자가 된다.

미·중 무역전쟁은 결국 5G 국제표준을 놓고 다투는 패권전쟁이다. 미·중의 각축은, 21세기 인공지능 메타버스 시대에 4차 산업혁명을 이끌어가는 국제 표준(Global Standard)이 20세기의 연장인 '아메리칸 스탠더드(American Standard)'가 될지, 중국식 사회주의 시장경제 시스템인 '차이니즈 스탠더드(China Standard)'가 될지를 두고 벌이는 싸움이기도 하다.

새롭게 부상하는 메타버스 국제 표준

메타(Meta 구 Facebook), 마이크로소프트(Microsoft), 퀄컴(Qualcomm), 소니(Sony) 같은 세계적 IT기업들이 메타버스 표준포럼(MSF Metaverse Standards Forum)이라는 표준 기구를 결성했다. 가상현실, 증강현실, 3D 기술 등 메타버스와 관련된 모든 기술에 대한 개방형 표준을 수립하는 것을 목표로 하는 메타버스표준포럼에는 이미 에픽게임즈(Epic Games)와 Nvidia 등 게임회사는 물론 웹 표준 조직 자체인 Worldwide Web Consortium(W3)도 가입했다.

매타버스표준포럼은 구현 프로토타이핑, 해커톤, 플러그 페스트 및 모든 사람들에게 무료로 개방되는 오픈 소스 도구와 같은 실용적이고 실행 기반의 프로젝트에 초점을 맞춰 메타버스 표준의 테스트 및 채택을 가속화하는 동시에 일관된 용어 및 가이드라인을 개발한다.

메타버스는 대화형 3D 그래픽, 증강 및 가상 현실, 지리 공간 시스템, 디지털 트윈, 실시간 협업, 물리적 공간과 같은 협업 공간 컴퓨팅을 위한 다양한 기술의 통합을 필요로 하며 시뮬레이션, 온라인 경제, 다중 사용자 게임 등을 새로운 차원의 규모와 몰입도로 제공한다.

한편 국내에서도 메타버스 플랫폼 분류 체계와 기술 분류, 메타버스 서비스별 프레임워크와 프로세스 표준화를 연구하는 한국 메타버스표준연구회가 2022년 2월 발족했다. 한국메티버스표준연구회는 한국표준협회와 협력하여 안종배 국제미래학회 회장 겸 대한민국 인공지능메타버스포럼 공동회장을 위시하여 이재홍 한국게임정책학회 회장 겸 숭실대 교수, 최요철 차세대 융합콘텐츠산업협회 회장, 강종진 울산문화산업개발원 원장이 핵심 공동 연구원으로 활동하고 국내를 대표하는 메타버스 분야의 업계 대표와 연구자 및 전문가 30여명이 자문으로 참여했다. 한국메타버스표준연구회는 한국표준협회와 함께 메타버스 교육을 포함한 메타버스 서비스의 표준을 산출하고 이를 국내 표준화, ISO 국제 표준화에도 기여할 수 있도록 연구하고 있다.

36. 인공지능 메타버스 시대 인공지능의 역사와 미래 및 대응 전략
: AI, 인간을 닮아가다가 인간을 넘어선다.

안종배

국제미래학회 회장

대한민국 인공지능메타버스포럼 공동회장

한세대학교 미디어영상학부 교수

필 자는 2010년 시카고에서 개최된 세계미래회의(World Future Society) 미래 콘퍼런스에서 미래학자 레이 커즈와일과 만나 대화를 나눈 적이 있다. 이때 그는 이미 "향후 30년 후엔 인간의 뇌를 AI와 연결하는 인터페이스 기술이 나올 것이고 인간의 뇌를 다운로드하여 인간이 영생할 수 있도록 인공지능 기술이 발전할 것이다."고 주장하였다. 그 당시엔 다소 황당한 상상력이라고 여겨졌던 그의 예측이 코로나19 팬데믹으로 예상보다 빠른 속도로 인공지능이 발전하면서 향후 10년 내에 인간의 뇌와 AI를 연결하는 기술이 가능해질 것으로 전망되고 있다. 이제 인공지능은 모든 분야에 적용되면서 인류의 삶과 산업에 근본적인 변화를 일으키고 인공지능 기술과 활용 능력이 기업과 개인 나아가 국가의 경쟁력을 좌우하게 되어 디지털패권 전쟁의 핵심 쟁점이 되고 있다.

인공지능의 개념

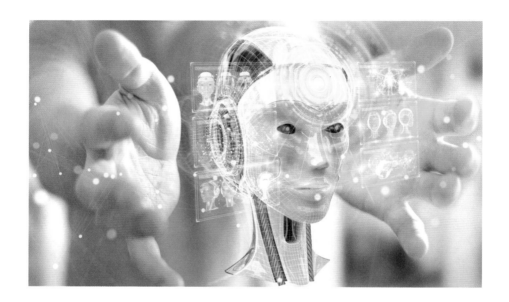

인공지능(Artificial Intelligence)은 단어 의미 그대로 '사람이 인위적으로 만든 지능'이다. 1940년대에 처음 신경망 모델이 처음 논의되기 시작해 1956년에 존 매카시(John McCathy)가 주도해 열린 '디트머스 콘퍼런스'에서 처음 이 용어를 사용했다. 당시 그는 인공지능을 '인간과 같은 지능을 가진 기계를 만드는 공학과 과학'이라고 정의했다.

인공지능은 인간처럼 사고하고 행동하는 시스템을 지향한다. 인간의 뇌를 스승으로 삼는다는 말이 있을 정도로 인간의 뇌에 의해 이뤄지는 학습, 인지와 인식, 이해, 소통, 문제 해결, 추론, 의사결정, 창의, 감정 프로세스를 모방해 알고리즘으로 소프트웨어화하고 이를 하드웨어에 장착해 시스템으로 만든다. 필자는 개인적으로 인공지능을 '인공적으로 만드는 인간을 닮은 두

뇌 지능 시스템'이라고 정의한다.

인공지능의 역사

인공지능은 1950년에 '컴퓨터과학의 아버지'라 불리는 옐런 튜링(Allan Turing)이 <컴퓨터 기계와 지능> 논문에서 인간처럼 생각하고 대화할 수 있는 기계 및 시스템을 제안했다. 이를 기반으로 컴퓨터의 지능 보유 여부를 판정하는 '튜링 테스트'도 개발된다. 1958년 프랭크 로젠블랫(Frank Rosenblatt)이 간단한 의사결정 알고리즘인 '단층 퍼셉트론(Single Layer Perceptron)'을 개발했는데 이것이 '딥러닝'의 기초가 된다. 이후 1960년대에는 컴퓨터의 논리적인 추론, 탐색을 통해 인간의 기본적인 추론 방식을 모방하려 시도하였다.

1970~80년대에는 친기업적 신자유주의 사상이 확산되면서 특정 지식의 범위에 대해 문제를 해결해 주거나 질문에 답하는 알고리즘 프로그램인 '전문가 시스템(experts system)'을 중심으로 연구가 진행되었다. 1980년대부터 인공신경망(neural network) 연구가 다시 확산되고 사람의 생활에 도움이 되는 방향으로 연구가 진행되기 시작했다. 공장 자동화와 연계되는 로봇공학과의 접목도 본격화되기 시작한다.

1990년대 중반 이후 인공진능은 인터넷 덕분에 중흥기를 맞는다. 컴퓨터 성능이 좋아지고 방대한 빅 데이터 축적이 가능해지면서 인공지능은 더욱 진화한다. 1997년 인공지능 컴퓨터 '딥블루'가 세계 체스 챔피언을 꺾고 퀴즈 프로그램 '제퍼디'에서 연승을 기록한다.

2006년에는 제프리 힌튼 교수가 <심층 신뢰망(Deep Belief Network)> 논문을 통해 딥러닝 알고리즘을 다시 소개했다. 2016년 세기의 바둑대결에서 알파고가 이세돌을 4대 1로 제쳤고, 2017년에는 인공지능 알파고제로가 알파고를 이긴다. 2018년에 알파폴드는 아미노산 염기서열로부터 3차원 단

백질 구조를 예측하는 경연에서 압도적인 우승을 차지한다. 2020년엔 스스로 게임을 익히는 범용 게임 인공지능 뮤제로가 출시되었다.

더구나 코로나19 팬데믹으로 2020년부터 인공지능은 초지능·초연결·초실감을 구현하면서 백신 개발과 스마트 의료, 스마트 공장, 스마트 워크, 초실감 메타버스, 스마트 교육, 스마트 금융, 스마트 패션, 스마트 미디어와 문화예술 등 우리의 생활과 산업 그리고 비즈니스의 모든 영역에 적용되어 빠른 속도로 발전하고 있다.

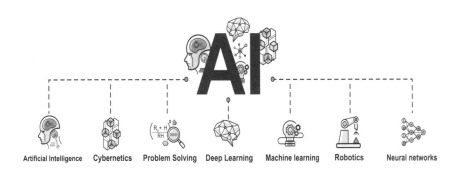

Artificial Intelligence　Cybernetics　Problem Solving　Deep Learning　Machine learning　Robotics　Neural networks

인공지능의 핵심기술

인공지능을 구현하려면 여러 가지 융합적 기술이 필요하다. 인간의 언어를 알아듣고 소통할 수 있게 하는 기술, 이미지와 영상을 보고 무엇인지 인식하고 이해할 수 있는 기술, 상황을 이해하고 정서를 인식할 수 있게 하는 기술, 의사 결정을 하고 이를 기반으로 작동할 수 있게 하는 기술, 스스로 학습하고 행동을 결정하는 기술 등 다양한 기술이 필요하다.

그중에 인공지능의 활용성을 높이는 것은 자연어 처리기술(Natural language processing)이다. 기계가 인간의 언어를 알아들을 수 있게 해 사람처럼 인식하고 말하고 소통할 수 있게 하는 기술이다. 자연어 소통은 사고 역량과 연결되어 있어 컴퓨터와 지능을 위한 중요한 기술이다. 음성인식 기술과 결합해 발전하면서 검색, 자동번역과 통역, 챗봇, 인공지능 스피커, 인공지능 비서, 대화형 지능형 로봇 등 다양한 영역에서 활용되고 있다.

또한 인공 신경망 기술(ANN, Arificial Neural Network)이 지금의 인공지능 시대를 가져오게 한 핵심기술이다. 인공 신경망은 인간의 뇌를 모방한 컴퓨터 학습 알고리즘이다. 두뇌 신경세포인 뉴런(neuron)과 뉴런 간의 신호 연결 지점인 시냅스(synapse)를 알고리즘 프로그램으로 재현한 것이다. 인공 신경망은 인간의 두뇌가 학습에 의해 크게 좌우된다는 점을 모방했다. 인공 시냅스의 결합으로 네트워크를 형성한 인공 뉴런이 학습을 통해 인공 시냅스의 결합 세기를 변화시켜 문제 해결 능력을 높여가는 알고리즘 구조이다. 이는 딥 러닝의 핵심 기술이며 인공지능이 새로운 지평을 열어 인공지능 시대를 열게 한 기술이다.

인공지능의 미래 발전 단계

이처럼 인공지능은 이미 인류의 삶 전체에 영향을 미치는 방향으로 변화하고 있다. 최근 트렌드는 단순히 인지 능력에서 벗어나 인지한 환경 속에서 최적의 답을 찾아내고 여기에 스스로 수행한 학습을 더해 추론 및 예측을 한다. 미래에는 문제를 스스로 발견하고 해결하는 등 행동 단계에 이르기까지 다양한 분야의 연구와 투자가 활발히 진행되고 있다. 맥킨지는 2025년 인공지능 산업의 시장 규모가 2000조원에 이르고, 인공지능으로 인해 7000조원에 이르는 파급 효과가 창출될 것이라고 전망했다.

인공지능의 미래 발전은 3단계로 이뤄지고 있다. 흔히 '약 인공지능'이라고 말하는 '협의 인공지능'(ANI, Artificial Narrow Intelligence)이 첫 번째 단계다. 현재 대부분의 인공지능으로, 특정한 부분에서는 인간을 뛰어넘는 지능을 가진다. 알파고의 바둑, 구글의 자동 번역기, IBM 닥터 왓슨이나 국내 닥터 엔서, 애플의 시리, 아마존 알렉사, 페이스북의 자동 얼굴 인식, 소프트뱅크의 페퍼 로봇, 앤비디아의 무인 자율 주행자동차 등에 적용되고 있는 인공지능이다.

다음은 범용 인공지능(AGI, Artificial General Intelligence)으로, 흔히 '강 인공지능'이라 불린다. 모든 영역에서 인간과 대등한 지능을 가진다. 알파고의 바둑이나 구글 번역기의 외국어 번역 같은 특정 분야뿐 아니라 모든 분야에서 인간보다 우월하다. 2020년 12월에 알파고 개발사인 딥마인드는 범용 인공지능의 초기 모델인 뮤제로(Muzero)를 발표했는데, 일체의 규칙과 정보 제공 없이도 바둑이나 체스 등을 스스로 마스터하는 놀라운 능력을 보여 주었다. 세계 최초로 사우디아라비아에서 시민권을 획득한 인공지능 로봇 '소피아'도 범용 인공지능을 향해 더 빠르게 개발되고 있다.

마지막은 슈퍼 인공지능(ASI, Artificial Super Intelligence)이다. 초인공지능으로 모든 영역에서 인간을 뛰어넘는다. 스스로 판단하는 자유의지도 갖고 있다. 인간의 상상을 초월하는 범위로 능력의 한계 없이 발전한다. 결국 한 개의 슈퍼 인공지능이 전 인류 지능의 합을 넘어서는 특이점, 즉 싱글래러티(singularity)가 도래하게 된다. 인공지능 과학자 겸 미래학자인 레이 커즈와일은 현재의 인공지능 발전 속도로 볼 때, 2045년에 인류는 그 특이점에 도달할 것이라고 예측했다. 슈퍼 인공지능이 구현되면 인류가 그 동안 풀지 못했던 기아, 기후변화, 우주개발 등의 난제를 해결하는데 큰 도움이 된다. 인간 능력과 수명의 무한 확장에 기여할 것이란 시각도 있다. 반면에 이에 대한 사전 준비와 대응 조치가 없을 경우 디스토피아 영화처럼 인류가 인공지능 기계를 제어하지 못하고 오히려 정복당해 노예가 되는 미래가 점쳐지기도 한다.

한편 정보통신기획평가원은 인공지능의 미래 발전 방향을 8가지로 제시했다. 업무 처리 숙련도가 성장하는 인공지능, 일상 생활 속 활용이 쉬운 인공지능, 인간과 협의해 문제를 해결해 나가는 인공지능, 소통과 설명이 가능한 인공지능, 다양한 대상과 상호작용하면서 문제를 해결하는 인공지능, 문제 인식과 자가 통제하는 인공지능, 헌신적 이타적 윤리지능과 법적 규제를 준수하는 인공지능 등이다.

인류의 미래, AI에 대한 현재의 결정에 달려 있다.

인공지능은 빠른 속도로 인류의 삶에 영향을 주며 진화해 새로운 세상을 만들어 가고 있다. 스마트폰과 가전 기계 자동차는 물론 기업 경영과 보건 의료 국방 금융 복지 보안 등 다양한 응용 서비스 분야에서 필수로 자리 잡았다. 언론 문학 영화 광고 음악 그림 등 인류의 고유 영역으로 여겼던 문화예술 분야에서도 창작물로 인간과 겨루고 있다.

미래에는 인공지능과 인간이 대화하고 교류 협력하는 차원을 넘어 인공지능이 인간을 지도하고 멘토링하는 수준까지 발전될 것이라고 예측된다. 그래서 인간과 인공지능간 협업이 중요해 질 것이라고 조언한다. 조만간 우리는 인공지능을 활용할 수 있는 역량인 AQ(AI Quotient), 즉 인공지능 지수를 개발해 이를 개인과 조직 그리고 사회와 국가의 역량으로 평가받게 될 수도 있을 것이다. 곧 특정 영역에서 인공지능이 인간의 능력을 넘어서는 분야가 많아질 것이다. 따라서 이제는 인공지능을 내 경쟁자로 볼 것이 아니라 내 부족한 부분을 도와주는 조력자로 활용할 수 있는 역량을 갖출 때가 되었다.

인공지능은 동전의 양 면이다. 어떻게 활용하느냐에 따라 인류에 도움이 될 수도 있고, 해를 끼칠 수도 있다. 때문에 인공지능이 인간의 행복을 위해 존재하고, 인간의 제어권 내에 있을 수 있도록 인공지능 윤리를 법제화하고 이를 준수토록 하는 국제적 공동노력이 필요한 상황이다.

작고하신 이어령 전 문화부장관의 말씀처럼 인공지능이 발전해 우리 인간보다 똑똑해지면 어쩌나 하고 불안해 할 것이 아니라, 인공지능에 올라타서 인공지능을 유용하게 활용하고 인류의 행복에 기여하는 방향으로 가도록 조정할 수 있는 역량을 갖추는 것이 훨씬 더 중요하다. 인공지능 시대 인류의 미래는 현재 우리 인간의 결정에 달려있는 것이다.

37. 인공지능 메타버스 시대 메타버스의 역사
: 메타버스는 시공(時空)을 초월하려는 인류 욕구의 구현

안종배

국제미래학회 회장

대한민국 인공지능메타버스포럼 공동회장

한세대학교 미디어영상학부 교수

메타버스가 어느 사이엔가 우리에게 가까이 왔다. 메타버스(metaverse)는 가상·초월(meta)과 세계·우주(universe)의 합성어로 현실을 초월하는 디지털 세계를 의미한다. 초월을 뜻하는 메타는 헬라어(μετα)로 '함께, 앞, 뒤'를 의미하는 시간의 흐름과 공간의 이동을 포함하여 메타버스는 시간과 공간을 초월하는 세상으로 시공을 초월하는 현존감을 담고 있다.

메타버스는 시공을 초월하여 새로운 것을 탐구하고 더 높은 성취를 원하는 인간의 욕망이 반영되어 있다. 현실 세계에서 불가능한 다양한 범위의 활동이 메타버스 안에서 이루어지고 있어 현실 세계에서만 가능할 것처럼 보였던 공연, 교육, 경제 활동 등이 메타버스 디지털 세계에서 새롭게 구현되고 있다.

이러한 메타버스는 1992년부터 처음 용어가 등장하여 코로나19로 비대면이 일상화되고 인공지능 기술이 접목되면서 급속도로 확산되고 있다.

메타버스(Metaverse) 1.0 : 스노우 크래시 소설에서 세컨드 라이프까지

'메타버스(Metaverse)'라는 용어는 1992년 닐 스티븐슨(Neal Stephenson)의 소설 '스노우 크래시(Snow Crash)'에서 처음 등장하였다. 스노우 크래시 소설 속에서 컴퓨터 가상현실을 의미하는 메타버스에서 현실 세계에도 영향을 주는 스노우 크래시 바이러스가 나타나게 된다. 이때, 스노우 크래시는 컴퓨터 시스템의 이상으로 모니터로 보내는 전자빔을 제어하는 부분이 제대로 작동하지 않을 때 나타나는 마약같은 바이러스 현상이다.

스노우 크래시 소설 속 등장인물들은 '아바타(Avatar)'라는 가상의 신체를 빌려야만 가상 세계인 '메타버스'로 들어갈 수 있다. 미국인 흑인 아버지와 한국인 어머니 사이에서 태어난 주인공 '히로 프로타고니스트'는 현실에선 마피아에게 빚진 돈을 갚고자 피자를 배달하는 신세이지만, 메타버스에서는 뛰어난 검객이자 해커다. 그는 메타버스 안에서 확산하는 신종 마약 '스노우 크래시'가 아바타 뿐만 아니라 현실 세계 주인인 사용자의 뇌를 망가뜨린다는 사실을 알고 배후의 실체를 찾아 나선다. 소설은 그가 네온 빛 밝은 거리를 질주하며 정보 시대의 재앙을 일으키려는, 보이지 않는 악당을 찾아내 무찌르는 임무를 수행하는 이야기가 전개된다.

이 소설은 발표된 이후 많은 정보기술(IT) 업체 개발자들과 경영인들에게 많은 영향을 주게 된다. 린든랩사에서 2003년 출시해 세계적으로 히트한 온라인 가상현실 플랫폼 '세컨드 라이프'는 린든랩 창업자 필립 로즈데일(Philip Rosedale)이 이 소설을 읽고 영감을 얻어 개발했다. 구글의 공동 창업자인 세르게이 브린(Sergey Brin)도 구글 어스를 만들 때 이 소설에서 도움을 받았다고 하였다.

소설 속 메타버스를 온라인으로 구현한 1세대 메타버스는 세컨드 라이프(Second Life)이다. 즉 메타버스 최초의 서비스는 2003년 등장한 '세컨드 라이프(Second Life)'라 할 수 있다. 메타버스의 원조라고 할 이 서비스는 가상 시뮬레이션 게임으로 출발했다. 캘리포니아 대학에서 물리학을 전공한 필립 로즈데일은 학교에 다니는 동안 가상세계에 관한 소프트웨어를 만들어, 1999년 린든 리서치를 설립하였고 2003년 6월 23일 세컨드라이프 서비스를 출시하였다.

필립 로즈데일은 온라인 3D 환경에서 아바타로 바뀐 사람들이 만날 수 있는 가상 세계 시스템을 개발했는데, 이 소프트웨어가 린든 월드이며 곧 세컨드라이프의 핵심적인 기술이 되었다. 세컨드라이프에서는 아바타로 광활한 공간을 누빌 수 있었고 자체적인 경제 시스템을 갖고 있는데, 여기서 사용되는 가상화폐가 린든 달러이다. 린든 달러는 현실의 화폐로 교환할 수 있다.

세컨드라이프는 2000년대 후반에 이르기까지 성공적인 서비스로 성장했다. 개인뿐만 아니라 많은 기업들이 세컨드라이프에 참여했다. 기업들은 자사의 신상품을 사전 테스트하는 무대로 삼고, 고객들의 피드백을 받는 목적으로 활용하였다. 고객과 직원들이 이야기를 나누고 회의를 하는 미팅 장소로도 사용됐고, 세컨드라이프에 매장을 열어 실제 물건을 판매하기도 하고 강의실에서 강연도 열었다.

사람들은 세컨드라이프에서 자신만의 아바타를 만들어 전 세계의 다양한 사람들과 만나고 소통할 수 있었다. 이곳에선 각 지역을 그리드로 나누었는데 걷거나 뛰고 때로는 순간 이동을 할 수 있었고, 다양한 물건을 만들어 내거나 창의적인 건축물을 지을 수 있었다. 세컨드라이프를 통해서 한 개인이 부자가 되는 성공적인 모델이 나오기도 했다.

이를 통해 세컨드라이프는 당대 최고의 가상세계 커뮤니티 플랫폼으로 자리 잡았다. 2000년대 후반 절정기에는 2천만 명에 가까운 사람들이 이 서비스를 이용했고, 세컨드라이프에서 1억 달러(한화 약 1,189억 9,000만 원)가 넘는 돈이 사용되었다. 그러나 2009년 이후 세컨드라이프는 조금씩 침체되었다. 트위터, 페이스북과 같은 새로운 소셜 미디어 커뮤니티 서비스가 인기를 끌기 시작하였고, 당시의 네트워크 환경으로는 3D 가상세계가 원활하게 구동되는 데 한계가 있었기 때문이다.

메타버스(Metaverse) 2.0 : 싸이월드에서 트위트와 페이스북까지

인터넷은 2000년대에 접어 들면서 웹2.0 시대가 시작되고 소셜미디어가 대세가 되었다. 메타버스의 한 축인 라이프로깅이 본격화된 것이다. 그 원조가 1999년 한국에서 시작된 싸이월드이다.

싸이월드는 한국의 원조 메타버스 플랫폼이라고 볼 수 있다. 2000년대 중반까지 싸이월드는 한국에서 독보적인 SNS 생태계를 구축하고 있었다. 당시 싸이월드에서는 현재의 가상화폐에 해당하는 디지털머니 '도토리'가 사용되고 아바타도 등장하고 1촌 맺기로 소셜 커뮤니티 기능을 하기도 하였다.

하지만 싸이월드는 스마트폰 보급량이 급증한 2010년대에 들어와 스마트폰에 맞춘 환경 변화에 대한 대응에 실패하면서 급격히 침체하게 되고 종국에는 서비스가 중지되게 되었다.

한편 SNS 시대의 돌풍을 일으킨 트위터는 2006년 7월 15일 본격적으로 서비스가 시작된다. 트위터는 현재 무엇이 일어났는지, 무엇을 생각하는지를 140자 이내로 매우 간단하게 기술하고 포스팅하여 팔로잉하는 많은 사람들이 동시에 받아 볼 수 있게 되면서 급속히 사용자 수가 증가하였다. 특히 유력 정치인과 연예인 등이 자신의 의견을 공유하면서 전 세계적으로 확산되며 SNS 시대를 열게 된다.

또한 마크 저커버그는 하바드대 2학년 때 하바드대 학생들 간의 SNS로 2003년 10월 28일에 페이스매시(Facemash)라는 이름의 서비스를 시작하였다. 그 뒤 2004년 2월 4일에 "더페이스북"(TheFaceBook)이라는 이름으로 thefacebook.com 서비스를 본격적으로 시작하였다. 페이스북은 소셜미디어의 강자로 부각하면서 전 세계적으로 확산되어 2012년 9월 14일 기준으로 월 이용자 수가 10억명을 넘었고 2020년 6월 기준으로, 실사용자(Active Users)의 수는 약 27억명에 이르렀다.

한편 마크 저크버거는 소셜미디어의 미래는 메타버스라고 확신하며 세계 최대 사회관계망서비스 기업인 페이스북의 회사명을 2021년 10월 28일 '메타(Meta)'로 바꾸었다.

2010년 이후 가상현실(VR), 증강현실(AR), 혼합현실(MR), 홀로그램 등 실감미디어와 실감콘텐츠 기술 그리고 인공지능 기술이 급속히 발전하게 되어 디지털 세상이 현실 세계와 더욱 가까워지게 된다.

메타버스(Metaverse) 3.0 : 메타버스 플랫폼 전성 시대

2020년 코로나19 팬데믹으로 비대면 서비스가 강화되고 인공지능이 모든 부문에 접목되면서 메타버스가 급부상하게 되었다. 바야흐로 인공지능과 메타버스 시대가 시작된 것이다. 인공지능 기반의 메타버스 플랫폼이 2020년 전후로 전 세계에 열풍을 일으키면서 메타버스3.0을 주도하고 있다.

국내에서는 네이버 자회사인 네이버제트가 2018년 서비스를 시작한 '제페토(ZEPETO)'가 대표적인 메타버스 플랫폼으로 2020년 이후 사용자가 급증하여 2022년에는 전 세계 3억명 이상이 사용하고 있다. 인공지능을 접목한 3D 아바타를 기반으로 한 가상 세계 플랫폼으로서 제페토(Zepeto)는 가상 세계에서 아바타를 통한 라이프로깅 서비스를 또한 제공한다. 이용자들은 아바타를 통해 가상공간을 돌아다니며 친구 아바타와 사진을 찍고, 아바타를 주인공으로 한 미니 드라마를 만들기도 한다.

또한 SK텔레콤은 2021년 7월 메타버스 플랫폼 '이프랜드(Ifland)'를 출시하여 국내 메타버스의 대중화에 앞장서고 있다. 이프랜드는 특히 동시에 131명까지 참석하는 메타버스 가상공간을 쉽게 만들어 실시간 행사, 강의, 이벤트 등을 진행할 수 있는 강점을 가지고 있고 여러 기능을 지속적으로 업데이트 중이다. 이프랜드는 누구나 자신만의 메타버스 세계를 만들고 소통할 수 있는 '오픈 플랫폼'으로 진화해 나가고 있다.

해외의 메타버스 플랫폼인 미국의 로블록스(Roblox)는 전 세계 1억 5천만명이 사용하고 있으며 이용자가 직접 게임을 제작할 수 있는 '로블록스 스튜디오(Roblox Studio)'라는 창작 도구를 제공하고 있다. 스튜디오를 이용하면 프로그래밍 지식이 부족해도 간단하게 게임과 같이 메타버스를 제작하고 로블록스 플랫폼에 등록 및 개설이 가능하다.

또한 2020년 5월에 창업한 미국의 게더타운(Gather.town)은 이용자들이 가상의 공간에서 만나 대화와 수업을 포함한 다양한 모임을 할 수 있는 메타버스 플랫폼이다. 이용자들은 게더타운 메타버스 가상공간 내에서 아바타를 만들어 소통할 수 있고 일정 거리 내에서 다른 이용자들이 마주한다면 본인 컴퓨터의 카메라와 마이크를 이용해 실제 본인들의 모습으로 소통할 수 있다. 디지털 그래픽으로 구현된 가상 아바타와 현실의 실제 모습을 메타버스 가상공간에 투영시켜 메타버스 현실의 영역까지 넓히며 급성장하고 있다.

그리고 마인크래프트(Minecraft)는 스웨덴의 게임 개발사 모장 스튜디오가 제작한 게임 기반의 메타버스로 전 세계 1억명이 사용하고 있다. 메타버스는 샌드박스형 게임기반으로 높은 자유도를 가지고 사용자가 여러 가지 블록으로 건축물과 시설들을 직접 지을 수도 있고 다양한 텍스처팩, 모드 등을 접목해 새로운 콘텐츠를 만들어 즐기며 새로운 메타버스 세상으로 만들어 사용자들과 함께 할 수 있다.

2017년 미국 에픽게임즈가 출시한 포트나이트(Fortnite)는 전 세계 이용자 3억 5천만 명이 사용하고 있는 배틀게임 기반의 메타버스이다. 2020년 4월엔 미국의 힙합 뮤지션 트래비스 스콧(Travis Scott)이 포트나이트 메타버스 게임 내에서 가상 라이브 콘서트를 개최하여 2,000만 달러의 수익에 약 2,770만명이 관람하였다. 9월엔 BTS(방탄소년단)이 신곡 다이너마이터(Dynamite) 뮤직비디오 안무 버전을 포트나이트에서 세계 최초로 공개하고 BTS 아바타의 춤 동작을 이용자의 아바타가 따라 할 수도 있게 하였다.

현재 메타버스는 대형 플랫폼 중심으로 사용자가 급증하면서 급속히 확산되고 있고 한편으로는 각 기관별로 자체적인 메타버스 플랫폼, 즉 은행별 메타버스 플랫폼, 대학별 메타버스 플랫폼, 기업별 메타버스 플랫폼, 메타버스 팩토리 플랫폼 등 다양하게 개발되고 있다. 이러한 메타버스 플랫폼을 통해 시공을 초월하는 다양한 서비스를 구현하고자 준비하고 있다.

38. 인공지능 메타버스 시대 메타버스 기술의 미래전략
: 메타버스의 한계와 돌파 미래 기술

김들풀

IT뉴스 대표

아스팩미래기술경영연구소 대표

국제미래학회 미래기술분석위원장

인공지능과 메타버스는 이제 기업은 물론 국가 경쟁력이다. 모든 산업 분야로 확장되고 있는 메타버스 3D 협업 툴은 이미 수많은 사용자가 가상과 현실을 넘나들고 있다. AI는 고도화된 기능으로 메타버스 세계를 증강시키고 있다.

물리적 한계를 극복하는 인공지능과 메타버스는 공간 컴퓨팅의 강화를 의미한다. 지금까지 한 번도 경험해본 적 없는 새로운 세계가 열리고 있다. 그 시장 잠재성은 매우 크고 무궁무진한 기회가 우리를 기다리고 있다.

이번 장에서는 인공지능 센서융합 알고리즘 개발과 빅테크 기업의 메타버스를 위한 3차원 OS 개발 경쟁, 메타버스 기술의 한계와 돌파 기술, 마지막으로 국가 연구개발(R&D) 전략을 다루고자 한다.

인공지능 센서융합 알고리즘 개발해야

융합을 떠들지만 정부 구조와 조직이 융합을 할 수 없는 구조다. 예를 들어 인공지능을 보자. 인공지능(인공지능과)이 자율차(자동차과)와 로봇(로봇과)과 드론(항공과)과 융합되고 있으나 정부의 담당과가 다 다른데 어떻게 융합할 수 있는가?

설사 융합한다고 해도 맨날 한두 개의 센서만 쫓아다니지, 세 개 이상의 센서가 융합된 초소형 – 저전력의 센서시스템을 보지 못한다. 여기에 프로세서 – 메모리 – 배터리 – 통신이 다 융합한 센서융합시스템을 생각하지 못한다.

더 나아가 여러 센서가 잡아내는 데이터가 다 다르기 때문에, 이를 어떻게 융합하여 그 사물·인물을 인식하게 하는 것이 센서융합 알고리즘이다. 아마존의 무인점포(사실 무인이 아니고 6명이 일을 함)인 아마존고의 핵심기술이 바로 이 센서융합 알고리즘이다.

여기에 인공지능을 융합한 것이 바로 인공지능 센서융합 알고리즘이다. 이때 인공지능은 다 다른 데이터에서 유사성과 차이점을 찾아내 설정값 내의 확률로 그 사물·인물을 인지하는 것이다. 이 모든 것이 융합된 것이 인공지능융합센서시스템이다.

그렇게만 된다면 인공지능융합센서시스템으로 메타버스 비즈니스 분야를 석권할 수 있다. 이를 떠드는 사람도 없고 이를 가르치는 사람도 보질 못했다.

메타버스 지향점은 바이오

그런데 또 다른 산이 나타났다. M/Z세대와 알파세대를 겨냥한 블록체인 베이스의 'NFT와 메타버스'(Metaverse)다. NFT의 최종 목표는 메타버스

커머스다. 우리나라에는 이 메타버스의 핵심기술을 가진 기업이 하나도 없다. 더욱이 이론적으로 메타버스를 지향하는 글로벌 기업이 아직 없다.

아직은 그저 가상의 아바타를 이용해 가상세계의 플랫폼을 구축하던가, 현실세계에 가상의 정보를 겹쳐 구축하던가(증강현실), 아예 현실세계와 가상세계를 융합해 프로그램으로 구축하던가(혼합현실) 셋 중 하나이다. 그런 점에서 지속 가능한 비즈니스가 아니라는 점이다.

지속 가능한 비즈니스가 되려면 지금의 OS가 3D OS로 바뀌어야 하고 해상도가 4K~ 이상이 되어야, 안경을 안 쓰고도 3D VR/AR/MR을 즐길 수 있다. 그래서 우리에게도 기회는 있다.

메타버스의 개념을 정확히 파악하려면 2054년이 배경인 2002년에 개봉된 마이너리티 리포트(Minority report)를 이해해야 증강현실을 알 수 있고, 2199년이 배경인 1999년에 개봉된 매트릭스를 보아야 가상현실을 이해할 수 있다.

그런데 메타버스가 지향하는 곳이 어디인지 아는가? 인구절벽 시대에 현재 젊은 세대는 우리 세대보다 돈을 최소 4배 이상 많이 벌어야 국가 채무를 갚을 수 있고 65세 이상 고령자를 부양할 수 있다. 어떻게 4배 이상 벌 것인가? 이것이 바로 지향점이다. 발 빠른 기업들은 이곳으로 방향을 틀고 있다.

IT거인들 메타버스 위한 3차원 OS 개발 경쟁... 애플의 3D OS(운영체제) 전략

글로벌 IT기업들의 3차원 OS 개발 경쟁이 시작됐다. 구글도 AR 기기용 운영체제(OS)를 만들고 있다는 소식이 나왔다. 메타(페이스북)도 이미 차세대 증강현실(AR) 기기용 자체 OS 개발을 진행 중이다. 메타가 추진한 자체 OS 개발 프로젝트는 100여명이 수년간 진행됐다. (최근에는 중단 소식도 들린다.)

지금까지 모든 2차원 디스플레이가 3차원으로 진입하는 것은 당연한 귀결이다. 2007년 아이폰을 필두로 시작해 산업 지형을 완전히 바꾼 스마트폰 시대의 종말을 예고하고 있다.

스마트폰 다음 게임 체인저(Game Changer)로 지목된 것이 메타버스다. 3D 플랫폼 구축에 나서고 있는 기업의 움직임을 잘 살펴봐야 한다. 그중에서도 현재 시가총액 1, 2위를 다투고 있는 애플과 마이크로소프트의 3D 플랫폼 전략을 살펴보자.

3차원 OS 개발을 서두르고 있는 IT 거인들 가운데에서도 단연 돋보이는 회사는 애플이다. 애플은 2013년 이스라엘 3차원(3D) 동작인식센서 전문 업체 프라임센스를 3억 6000만 달러(한화 약 4000억원)에 인수를 시작으로 현재까지 차근차근 준비해 오고 있다.

애플은 온디바이스(on-device) AI 칩(Chip)인 뉴럴엔진 베이스의 바이오닉 칩(Bionic Chip) A11을 개발해 2017년에 아이폰(iPhone) 11의 X에 탑재하고, 2020년에는 아이폰 13의 프로(Pro)에 A15으로 업그레이드를 실제 적용하고 있다.

현재 많은 기업이 에지 AI칩에 도전하고 있지만, 이는 업계 최초로 애플이 에지 AI 분야의 선두주자임을 증명한 것이다. 왜냐하면 이제 블록체인 개념의 클라우드(Cloud)→에지(Edge)가 도래하고 있기 때문이다.

애플이 인수한 프라임센스의 특허를 분석한 결과, 2017년에 출시한 전면부의 3차원 트루뎁스 카메라와 3차원 도트 프로젝터를 활용하고 2020~2021년에 출시한 후면부의 광각 카메라＋초광각 카메라＋망원 카메라＋라이다(LiDAR)의 쿼드 카메라(Quad Camera)를 활용해 앞으로 3년 이내에 애플은 3D 안경(Glass)과 3D 아바타(Avatar)를 출시할 가능성이 매우 크다.

이는 기존 3D 증강/가상(AR/VR) 앱을 생태계를 통해 업그레이드하고, 3D 그래픽 사용자 인터페이스/경험(GUI/GUX)의 3D AR/VR 서비스를 맥(Mac), TV, 전기차(EV)/자율차(AV) 등으로 확대할 것이다.

또한 특허 분석을 도출한 결과 2025년에 3D GUI/GUX의 통합 3D OS/App/Browser를 출시해, HMD/Glass 등의 특수 AR/VR 기기 없이 스마트폰이나 PC, TV에서 3D AR/VR 콘텐츠를 즐길 수 있을 것으로 예측된다.

애플은 HAS(Hardware+AI+Software)라는 신개념의 비즈니스 모델을 독자적으로 디자인하고, 애플 실리콘(Apple Silicon)을 통해 통합된 시스템온칩(SoC)의 하드웨어와 독자적인 뉴럴엔진의 인공지능 에지 바이오닉 칩(Bionic Chip)과 독자적인 OS 플랫폼을 구축한 유일한 기업이다.

애플 실리콘의 통합 애플 시스템온칩이 2년 이내에 구축되면 아이폰 − 아이패드 − 아이워치 − 맥(iPhone-iPad-iWatch-Mac)의 구조가 같아져 효율성이 기대된다. 여기에 엣지 AI 칩인 바이오닉칩이 통합되고, 3년 이내에 블록체인으로 개인 데이터를 안전하게 보호해, 궁극적으로는 클라우드와 엣지가 쌍방향으로 연결되고 서비스되는 클라우드↔엣지 비즈니스 모델을 구축하고 서비스할 것으로 전망된다.

애플 실리콘 통합 전략으로 칩(Chip)의 주요 발전소(powerhouse)가 된 애플은 어느 날인가는 퀄컴(Qualcomm)과 인텔(Intel), 삼성(Samsung) 등을 위협할 수도 있다. 애플은 2019년부터 독자적으로 통신 모뎀칩을 개발해 왔으며, 2019년 인텔 모뎀칩 사업부를 10억 달러에 인수했다. 결국 모뎀칩도 3년 이내에 독자적으로 개발해 퀄컴을 위협할 것이다.

실제로 애플은 이미 2020년 6월에 인텔과 결별을 선언하고 2020년 11월에 독자적인 맥용 M1칩과 2021년 M1 프로와 맥스를 개발하는 데 성공했으며, 애플 실리콘을 대만의 TSMC에 위탁 생산함으로써 삼성전자를 위협하고 있다.

대부분의 사람이 애플은 스마트폰인 아이폰을 디자인하는 회사로만 알고 있지만, 3년 이내에 반도체 기업으로 우뚝 서게 될 것으로 예상된다.

맥은 에지단 제품들을 아이클라우드(iCloud)로 연결하는 중간단 미들서버(Mid-Server) 역할을 하며 신속한 업데이트와 다운로드를 도와주고 제품 간의 쌍방향 의사소통 및 지원을 해줄 것이다. 결국 애플은 앞으로 2~3년 이내에 3D OS를 출시할 것으로 예측된다.

마이크로소프트 홀로그램 인터넷과 공간 컴퓨팅 전략

마이크로소프트는 극강의 증강현실(Augmented Reality, AR)을 구현하는 MR 헤드셋 웨어러블 홀로렌즈(HoloLens)를 활용해 다양한 산업군과 분야에 거쳐 가치 창출을 도울 다양한 애플리케이션들을 제공하는 혼합현실(MR) 파트너 생태계가 갖춰져 있다. 마이크로소프트는 홀로렌즈 플랫폼을 위해 스트라이커(Stryker)를 비롯해 리디파이(Readify) 등을 포함한 많은 개발 파트너와 협력 체제를 구축하고 있다,

마이크로소프트는 홀로렌즈를 통해 기업에 확장현실(extended reality, XR) 플랫폼을 구축하고 있다. 산업용 장비에 대한 증강현실(AR) 적용을 위한 '다이나믹스 365 가이드'가 추가됐다. '다이나믹스 365 가이드'는 업무 현장에서 직원들이 일하는 동시에 단계별로 업무에 대한 교육을 제공해줄 수 있는 툴로 기업의 제도적 지식 손실을 막아준다.

특히 주목할 부분은 애플 AR키트(ARKit)와 구글 AR코어(ARCore)를 포함한 모든 XR 툴과 3차원 이미지를 공유하는 SA(Spacital Anchors)다. 바로 '홀로그램 인터넷(Hologram internet)'으로 불리는 전략이다.

이는 매우 중요한 것으로 홀로렌즈가 애저(Azure)와 보다 긴밀하게 통합되어 있다. 마이크로소프트 AR 클라우드를 구성하며 '홀로그램 인터넷'이라고 부른다. 즉 기업용 공간에 3차원 이미지를 저장하고 컴퓨팅은 클라우드와 에지로 분산시킨다.

홀로렌즈와 애저의 통합은 홀로그램 인터넷 탄생을 가능케 한다. 홀로그램은 다른 장치 및 폼팩터를 통해 다른 사람들과 공유될 수 있는 세상으로 모든 장치가 연결된 복합 현실로의 렌즈가 되는 세계다.

애저와 더 깊은 통합 전략의 의미는 장치 사양에서 매직립 원(Magic Leap One)과는 비슷할 수 있지만 마이크로소프트가 엔터프라이즈 기반 및 클라우드 적용 범위에서는 절대적인 우위를 점하고 있다.

매직립의 AR 클라우드 매직버스(Magicverse)와 마찬가지로 마이크로소프트 엔터프라이즈 AR 클라우드(홀로그램 인터넷) 두 경우 모두 차별화 요소는 장치보다 각각의 AR 클라우드가 될 것이다.

또한 매직립과 애플은 결국 더 큰 소비자 시장을 쫓아가고 있지만, 마이크로소프트는 자체 개발한 하드웨어 칩이 기업을 타깃으로 하고 있다. 보안과 각 기업의 특정 기능을 제공하는 자사의 DNA가 기업용 소프트웨어 및 컴퓨팅과 매우 밀접한 관계에 있다.

마이크로소프트는 더 나아가 클라이언트와 클라우드 서비스를 함께 사용해 가상으로 존재하는 3D 세계인 공간 컴퓨팅(Spatial Computing)에 대한 많은 길을 모색하고 있다.

하드웨어(Hololens), OS(Windows), 응용 프로그램 계층(WMR), 자사 응용 프로그램(원격지원, 레이아웃, 안내서) 및 엔터프라이즈 클라우드(Azure)를 보유해 수직적으로 통합됐다.

애플과 같은 이러한 접근 방식은 하드웨어와 소프트웨어의 유연한 연결을 가능케 한다. 마이크로소프트로서는 매우 강력한 스택(Stack)이다. 동시에 WMR 소프트웨어를 윈도 기반 PC와 유사하게 타사 VR 하드웨어 제조업체에 라이선스하는 전통적인 마이크로소프트 모델을 추구하고 있다. 수직 통합의 품질관리 및 제품 디자인이 빠져 있지만 마진과 규모 면에서 경쟁력이 있다.

결국 마이크로소프트는 기술 스택을 보유하고 엔터프라이즈 AR 시장 침투를 가속해 VR에서 높은 마진의 소프트웨어 라이선스 수익을 누릴 수 있다. 이는 공간 컴퓨팅(Spatial Computing) 스펙트럼을 추구하는 기술 대기업들 사이에서 매우 유리한 위치에 놓일 수밖에 없다는 점이다.

하지만 마이크로소프트가 공간 컴퓨팅을 주도하기 위해서는 기기의 화질이 매우 중요하다. 홀로렌즈 2는 기존 홀로렌즈 1의 해상도를 1안당 720 픽셀에서 2K(2,048픽셀×1,080픽셀, 약 220만화소)로 끌어올렸다. 그러나 진정한 공간 컴퓨팅을 구현하려면 4k(24,096픽셀×2,160픽셀, 약 880만화소) 수준은 되어야 한다. 하드웨어 한계를 돌파해야 한다는 것이다.

메타버스 한계와 돌파 기술

애플과 마이크로소프트의 3D 플랫폼 전략을 살펴봤다. 메타버스 플랫폼을 구현하기 위한 하드웨어는 어떨까.

메타버스는 코로나로 인해 더욱 우리 가까이 다가왔다. '코로나 우울(Corona Blue)'로 인한 우울, 불안감, 외로움, 고립감 등을 해결하기 위해 비대면(Untact)이 등장하고 대리체험과 타인과 공감을 할 수 있는 온라인 대면(Ontact, Online + Contact) 서비스가 등장했다. 또 함께 사는 가족과 가까운 친구 등 소수 친밀한 관계에 집중하는 경향인 깊고 가까운 만남(Deeptact, Deep + Contact)이 가시화됐다.

온라인 여행체험 서비스인 '가이드라이브', 스마트폰으로 인공지능(AI) 운동 선생님의 홈 트레이닝 서비스인 '스마트 홈트'와 '라이트핏', 콘서트를 실내에서 구현하는 VR 몰입 콘서트인 '어메이즈 VR', 1:1 무작위 연결 영상 메신저 '아자르라이브', 자전거 페달 운동과 기타운동인 '홈 사이클링', 친구들과 온라인으로 드라마나 영화를 보면서 채팅하는 '넷플릭스파티', 최대 8명이 즐길 수 있는 그룹 영상 통화 '하우스파티', 50명이 화상 통화 가능한 페이스북 '메신저룸스' 등이 활성화되었다.

또 재택, 원격, 화상회의 솔루션이 각광을 받고 있다. 줌(Zoom), 구글 미트(Google's Meet), 마이크로소프트 팀스(MS's Teams), 페이스북 메신저룸스(messenger rooms), 애플 페이스타임(facetime), 시스코 위벡스(Webex), 아마존 차임(Chime), 슬랙(Slack) 등이다.

정부도 이번 코로나19를 계기로 비대면 서비스를 육성하겠다고 하지만, 현재 증강/가상현실(AR/VR) 및 온라인 비대면 방식에는 한계가 있다. 멀미와 답답함 등으로 오래 착용하지 못하는 신체부조화, 인지부조화가 일어난다. 그 이유는 다음과 같다.

현재 AR/VR 디스플레이 해상도가 적어도 4K(4,096×2,160) 이상은 구현되어야 한다. 우리가 사용하는 스마트폰은 2K(2,048×1,080)다.

시야각 역시 상하 70도, 좌우 100도 정도다. 하지만 우리 눈은 상하 120도, 좌우 160도다. 따라서 우리가 보는 눈을 따라오지 못하고 중앙에 집중하기 때문에 피로가 느껴지고, 어지럽고 멀미가 일어난다.

무게도 300g으로 100g 이하로 줄여야 한다. 참고로 사람의 뇌 무게는 1300g이다. 디스플레이도 반투명(See-Through) 방식이 되어야 한다. 현재 HMD(Head mounted Display)는 90% 이상이 닫힌(See-Closed) 방식이다.

체험 형태도 현재는 시각 중심이다. 앞으로 오감센서 기반 융합 인터페이스 기술을 개발해 온몸을 자극, 공감하는 서비스로 확대되어야 한다. 사람은 오감으로 인식하고 공감과 육감으로 느끼기 때문이다. 따라서 보고 있는 것과 뇌에서 판단하는 것의 차이로 인해 '인지 부조화', '인체 부조화'가 일어난다.

이를테면 긴 터널을 운전할 때 운전자가 수평선 중앙에만 집중하다 보면 주변을 느끼지 못해 피로감과 어지러움, 멀미가 일어난다. 이를 터널링 효과(tunneling effect) 또는 박스 효과(Box effect)라고 하는데 마치 우물 안에 들어가 있으면 하늘만 보이는 것과 같은 이치다.

결국 보이는 것과 움직임에 차이가 발생하면 뇌가 혼란을 일으키며 멀미(Motion Sickness)가 일어나기 때문에 30분 이상 3D 콘텐츠를 볼 수 없다.

궁극적으로는 이러한 HMD 하드웨어를 개선하고 특히 3D OS 기반 3D 아바타(Avatar)와 3D AR/VR로 가야 한다. 즉 사용자가 가상현실 주체로 참여할 수 있어야만 비대면 서비스 비즈니스가 지속가능하다는 얘기다.

국가 연구개발비(R&D) 절반은 M&A, C&D, JV에 투입해야

그렇다면 어떻게 우리 기업들이 선도자가 될 수 있을까? 첫째, 산업과 기업을 잘 분석해야 한다. 우리나라의 글로벌 네트워킹망을 이용하여 각국의 산업별 스타트업(신생 벤처기업) − 중소기업 − 대기업을 조사·분석·분류하고, 어떤 사업을 하고 있는지? 어떤 신사업을 기획하고 있는지? 기업가치가 얼마나 되는지?

또 상장된 기업들의 전략(Quarter, Annual, 8-K, 10-K 등)을 잘 분석해, 그들의 각국 및 글로벌 비즈니스 전략은 무엇인지? 어떻게 공략하고 있는지?? 경쟁사는 누구인지? 지속적 비즈니스가 가능한 사업을 하고 있는지? CEO와 이사회 멤버는 누구이고 어떤 성향인지? 둘째, 그 기업들이 소유하고 있는 특허를 분석해 카테고리별로 나누고, 앞서 분석한 산업과 기업들의 전략과 비교 분석해야 한다.

왜 그 특허를 보유하고 있는지? 특허와 관련하여 이미 출시된 제품과 서비스는 무엇인지? 그리고 특허의 발명가가 누구인지? (나중에 교류할 수도 영입할 수도 있음). 이렇게 산업 분야별 기업 순위를 매기고, 셋째, 이것이 아주 중요한 것인데, 우리 기업들과 국가가 똘똘 뭉쳐 조직을 구성해, 순위에 든 기업들과 M&A, C&D, JV 등을 추진해야 한다.

잘 나가는 기업들, 예를 들어 애플-마이크로소프트-구글-아마존도 혼자 기술 개발을 하지 않고 대부분 이러한 M&A, C&D, JV 등을 통해 시총 1~4등 기업이 되었다. 한국의 현대자동차가 보스톤다이내믹을 인수한 것이나 앱티브와 모셔널을 설립한 것이 아주 중요한 사례다.

기술이 날로 발전하는 마당에 우리나라가 취할 방법은 이 방법밖에는 없다. 이 방법에 국가 연구개발 자금을 100% 사용하자는 것이 아니라 50%만 이 방법에 투자하자는 것이다.

39. 인공지능 메타버스 시대 메타버스의 미래와 대응 전략
: 미래 디지털 메타버스 세상 혁신 방향과 생존 전략

안종배

국제미래학회 회장

대한민국 인공지능메타버스포럼 공동회장

한세대학교 미디어영상학부 교수

메 타버스가 급속히 파급되며 세상을 바꾸고 있다. 인공지능기술로 지능형 실감영상과 디지털 가상현실 그리고 사물인터넷이 고도화되고 접목되면서 디지털 세상과 물리적 세상이 융합되어 시공을 초월하는 새로운 초월적 세상, 즉 메타버스 세상이 전개되고 있다. 인공지능 기술로 물리적 현실 인물이 디지털가상 아바타로 변화하여 디지털 세상에서 생활하기도 하고, 반대로 디지털가상 인물이 물리적 현실에서 생활하기도 하며 디지털 세상과 물리적 세상이 융합되어 구분되지 않는 메타버스 세상이 구현되고 있다.

메타버스 플랫폼을 통해 인공지능을 접목한 자신의 3D 아바타를 기반으로 누구나 상상하는 무엇이든 디지털 가상 공간 안에서 스스로 만들고 디지털 세상에서 모든 사람들과 함께 소통하고 생활할 수 있다. 인공지능 얼굴인식·AR·3D 기술을 활용해 자신만의 개성 있는 3D 아바타를 생성하고 아바타 의상을 직접 만들어 판매할 수도 있고 가상 상점에서 쇼핑할 수도 있다. 또한 교육의 공간, 비즈니스의 공간, 엔터테인먼트 공간, 종교 생활의 공간 등 또 다른 세상이 메타버스에서 구현되고 있다.

글로벌 선도기업의 미래인 메타버스

세계의 미래를 선도하고 있는 글로벌 빅테크 기업인 MS, 애플, 구글, 페이스북, 아마존, 테슬라의 공통점은 모두 메타버스를 미래 신성장 사업으로 삼고 투자를 확대하고 있다는 것이다. 2021년 10월 28일 월간 이용자 27억명의 세계 최대 사회관계망 서비스 페이스북이 사명을 '메타'로 바꾸고 메타버스를 회사의 미래로 정하고 금년에만 12조원을 투자하며 호라이즌(Horizon) 메타버스를 중심으로 사업을 추진하고 있다.

마이크로소프트는 3차원 홀로그래픽 아바타를 활용한 화상회의 '메쉬(Mesh)' 플랫폼을 중심으로 거대한 메타버스로 연결 통합하고 있다. MS는 기업용 메타버스를 구축하기 위해 필요한 인공지능(AI), 클라우드, 빅데이터, 에지컴퓨팅 등 다양한 기술을 패키지로 공급하고자 한다. 그리고 MS는 작년 증강현실(AR) 홀로렌즈를 출시하고 이를 현실과 디지털을 합성하는 혼합현실(MR) 렌즈로 발전시키고 있고 2022년엔 세계적인 게임회사 블리자드 엑티비전을 82조원에 인수하며 메타버스 사업을 공격적으로 강화하고 있다.

인공지능의 강자 구글도 인공지능과 함께 증강현실(AR) 및 혼합현실(MR)을 구현하는 스마트 글라스를 개발하는 프로젝트 아이리스(Project Iris)와 3D 영상 채팅 메타버스 스타라인 프로젝트를 가동하며 메타버스 사업을 본격화하였다. 애플 역시 CEO 팀 쿡이 "메타버스는 엄청난 잠재력을 가지고 있고 애플은 메타버스를 주도할 것이다."고 한 것처럼 메타버스 하드웨어와 메타버스 소프트웨어를 통한 메타버스 사업을 강화하고 있다.

한때 메타버스를 거품이라고 비난했던 테슬라의 일론 머스크는 그가 스타트업 뉴럴링크를 통해 개발하고 있는 뇌신경기반 신기술로 인간의 뇌와 메타버스 세계를 연결하는 통로로 활용하기 위해 최근 55조원을 투자하는 트위터 인수 계약을 체결했다. 또한 세계 최대 온라인 커머스 업체인 아마존도 메타버스 사업에 뛰어들었고 중국의 대표적 선도기업인 알리바바, 텐센트 및 틱톡의 바이트댄스도 모두 메타버스를 미래 주요 사업으로 삼고 진출하였다.

국내의 글로벌 기업 삼성전자와 현대자동차도 제조와 서비스에 메타버스를 접목하고자 개발하고 있고 네이버와 카카오 및 SK텔레콤도 메타버스를 미래 주력 사업으로 추진하고 있다. 인공지능 메타버스를 장악하는 자가 미

래 시장을 주도할 것으로 보고 글로벌 선도기업들의 메타버스 경쟁이 치열해지고 있다.

메타버스의 미래 예측과 전망

미래학자 레이 커즈와일은 2007년 출간된 『특이점이 온다』라는 저서에서 '2020년대 후반이 되면 가상현실은 현실과 구분이 불가능할 정도로 정교해질 것이다. 오감을 충족시킴은 물론 신경학적 방법으로 감정을 자극할 수도 있을 것이다. 2030년대가 되면 인간과 기계, 현실과 가상현실, 일과 놀이 사이에는 어떠한 경계도 없게 될 것이다.'고 예측하였다.

코로나19로 전 세계적으로 4차산업혁명이 가속화되어 초지능·초연결·초실감이 구현되면서 그의 예측은 현실이 되고 있다. 초기엔 게임과 공연 등 엔터테인먼트 산업에 집중되어 있던 메타버스는 어느덧 제조·금융·물류·유통·사회·문화·국방·교육·관광·종교 등 모든 영역으로 확장되고 있다. 더구나 메타버스는 정치 분야에도 적용되어 바이든 미국 대통령도 지난 미국 대통령 선거에서 메타버스 통한 선거 캠페인으로 젊은 표심을 자극하였고 국내에서도 새로운 정치 소통의 장으로 이용되고 있다.

이처럼 메타버스 디지털 세상과 현실 세상이 구분되는 구조가 바뀌어 이들의 경계가 허물어지며 새로운 세계가 열리는 완전히 다른 패러다임의 변화가 일어나고 있다. 메타버스 세상에 입장한 사용자에게는 기존에 없던 새로운 장소에서 현실의 한계를 넘어 상상할 수 있는 거의 모든 것을 표현할 수 있는 디지털 세계가 열리는 것이다.

블룸버그 인텔리전스는 메타버스 시장 규모를 2020년 4787억달러(약 583조원)에서 2024년 7833억달러(약 955조원)로 크게 성장할 것으로 전망하고 있다. 또한 글로벌 컨설팅 기업 PwC는 메타버스시장 규모가 2030년이면 1조 5429억달러(약 1850조원)까지 성장할 것으로 전망했다. 또한 메타버스가 차세대 디지털 경제의 핵심 키워드가 될 것이라고 강조하였다.

미래의 메타버스 변화와 특성

　미래에는 다양한 메타버스 플랫폼이 확산되고 다양한 분야에서 인간·시간·공간을 결합한 경험을 제공하는 새로운 메타버스가 출현하게 될 것이다. 미래의 메타버스는 몇 가지 측면에서 혁명적인 변화가 일어날 것으로 예측된다.

　첫째, 인공지능 발전으로 자연어 음성 작동 및 초실감 영상으로 육안으로 또는 안경처럼 착용감이 편이한 스마트 글라스로 메타버스의 작동이 편리하고 상호작용이 자연스러워질 것이다.

　둘째, 인공지능, 유무선 사물인터넷, 클라우드, 빅데이터, 확장현실(XR) 기술이 더욱 발전하며 이것이 메타버스에서 융합적으로 적용되면서 시각, 청각, 촉각, 생각, 동작의 오감(五感)으로 체감하고 작동되며 시공을 초월하는 현존감이 더욱 생생하게 될 것이다.

　셋째, 메타버스는 경제 패러다임을 NFT를 포함한 디지털 가상융합경제로 변화시킬 것이다. 디지털 가상융합경제는 메타버스의 가상융합기술로 산업간 융합이 확산되고 메타버스 내에서 현실 세계보다 다양한 문화적·경제적 활동이 발생하는 것을 의미한다. 이처럼 메타버스는 기술 진화의 개념을 넘어, 사회경제 전반의 혁신적 변화를 초래함에 따라 메타버스 시대의 경제 전략으로 디지털 가상융합경제가 강화되어 인공지능과 초실감영상 및 확장기술(XR) 등 범용 융합 기술을 활용해 경제활동 공간이 현실에서 가상융합공간까지 확장되어 새로운 경험과 경제적 가치를 창출하는 경제로 변화하게 될 것이다.

　이러한 메타버스의 변화에 따라 미래의 메타버스는 다음과 같은 5가지 특성이 더욱 강화될 것이다. 필자가 5I로 명명한 ① Immersion(몰입감, 현존감)

② Interactive(상호작용 활동) ③ Intelligence(초지능아바타) ④ Interpersonal(대인적 사회망) ⑤ Interoperability(상호운영적 호환성)라는 메타버스의 핵심 특성이 더욱 원활하게 구현될 것이다.

메타버스 세상에 대응 위한 미래전략

　메타버스는 인터넷과 스마트폰에 이은 거대한 혁신으로 스마트폰을 이은 세 번째 IT혁명이다. 메타버스는 지금까지 겪어본 적 없는 세계로 우리를 데려갈 것이다. 경제, 산업, 사회, 교육 등 우리를 둘러싼 환경과 삶이 새로운 방식으로 다시 쓰일 것이며, 사람들 간의 소통뿐만 아니라 AI 기반의 디지털 휴먼과의 소통도 중요해질 것이다. 메타버스는 단순히 잠시 지나가는 트렌드가 아니며 새로운 문명으로 불러야 할 정도로 거대하고 빠른 흐름으로 세상을 뒤흔들어 새로운 변화를 일으킬 것이다. 이에 메타버스가 바꾸는 미래 세상에 대응하기 위한 다음과 같은 미래전략이 필요하다.

첫째, 메타버스로 미래에 우리는 현실 세상과 디지털 세상의 경계 없이 시공을 초월하면서 다양한 경험을 하게 될 것이다. 미래의 메타버스는 시공간의 제약 없이 누구나 참여 가능하고 우리 삶의 전반적인 영역에 적용되어 현실 세계와 디지털 세계를 자연스럽게 연결하여 새로운 세상을 경험하게 한다. 이에 현실에서의 모든 활동을 메타버스로 구현하여 현실의 한계를 넘어 디지털 세계를 구축해야 한다.

둘째, 메타버스는 새로운 산업과 비즈니스의 장으로 디지털 가상융합경제를 활성화한다. 거대한 메타버스 플랫폼이 활성화되어 이용자들은 메타버스에서 다양한 경제 활동을 편리하게 하며 영역이 갈수록 확장될 것이다. 이에 현실 세계보다 규모가 더욱 커질 수 있는 메타버스에서의 경제 활동을 적극적으로 도모해야 한다.

셋째, 메타버스로 제조와 서비스가 혁신될 것이다. 이에 실시간 메타버스 플랫폼에 현실 공장과 연구실을 그대로 옮겨놓은 가상공장 '메타팩토리'와 '메타연구실'을 디지털 트윈으로 구현하여 시공을 초월하여 고객 맞춤형 제품을 생산하고 신제품을 연구할 수 있게 하여야 한다.

넷째, 메타버스에서 대체불가토큰(NFT)의 서비스와 거래가 더욱 활성화될 것이다. 디지털 세상과 현실 세계의 경계가 약해질수록 디지털 기반의 소유권 인증서인 NFT가 메타버스에서 더욱 강화될 것이다. 이미 디지털 콘텐츠뿐만 아니라 가상부동산 '랜드'도 NFT화 하여 거래가 활성화되고 있다. 가상부동산 메타버스 공간의 소유주는 메타버스 매장을 열거나 메타버스 콘서트를 진행하는 등 자신만의 공간을 다양하게 꾸밀 수 있게 된다. 이에 메타버스에서 NFT로 디지털 자산을 축적하고 거래할 수 있게 되어야 한다.

다섯째, 미래에는 메타버스가 현재의 인터넷처럼 언제 어디서나 모든 곳에 적용될 것이다. 이에 메타버스를 활용하고 이를 통해 새로운 비즈니스와 서비스를 구현하는 것은 선택이 아니라 필수가 되고 있다. 이에 메타버스 교육을 통해 누구나 메타버스를 활용할 수 있는 역량을 갖출 수 있도록 해야 한다. 이것은 메타버스 생태계의 기반인 사용자를 확대하게 되어 국내 메타버스 산업과 연관 산업의 발전에도 기여하게 될 것이다.

여섯 번째, 메타버스 글로벌 경쟁이 본격화되어 감에 따른 메타버스를 구현하는 하드웨어와 소프트웨어 그리고 메타버스를 활용한 비즈니스와 서비스의 표준을 선점하려는 경쟁도 치열해질 것이다. 이에 메타버스의 표준에 대한 국가적 차원의 관심을 가지고 글로벌 경쟁력을 갖추고 표준화를 선점하는 것은 메타버스의 미래 발전을 위해 매우 중요한 미래전략이다.

영화 속에서만 가능할 것 같았던 상상의 세상이 메타버스로 현실화되면서 메타버스는 우리의 미래를 새로운 세상으로 바꾸어 가고 있다. 미래에는 메타버스가 더욱 정교화되고 현존감이 더욱 강화됨에 따라 현실보다 메타버스에서 더욱 활발하게 경제와 생활 활동이 이루어지는 시점도 오게 된다. 메타버스를 지금부터 타고 준비하는 것은 디지털 세상이 중심이 되는 미래에 생존 발전하기 위한 필수가 되고 있다.

40. 인공지능 메타버스시대 사이버 폭력 예방과 클린콘텐츠 운동
: 클린콘텐츠 운동은 미래 인재와 국가의 경쟁력을 강화

안종배

국제미래학회 회장
대한민국 인공지능메타버스포럼 공동회장
클린콘텐츠국민운동본부 회장

인공지능과 메타버스로 확대되는 사이버 세상

인공지능과 메타버스로 구현되는 초지능·초연결·초실감이 소셜네트워크 서비스(Social Networking Service)에도 적용되어 사용자 간의 자유로운 의사소통과 정보 공유, 인맥 확대 등을 통해 사회적 관계를 생성하고 강화해준다. SNS는 인공지능 기술이 메타버스 기술인 AR, VR 그리고 홀로그램 및 실감영상에 적용되어 개인 맞춤형 실감 메타버스를 구현하면서 시공간을 초월한 사회적 교류의 공간으로 확장되어 가고 있다. 이로 인해 디지털 사이버 세상과 물리적 현실간 구분이 힘들어지는 초실감 사이버 세상이 더욱 확대되고 있다.

이미 학생들은 인공지능과 메타버스로 확장되고 맞춤 서비스가 강화된 디지털 사이버 세상에서 더욱 많은 시간을 보내고 있다. 세상은 바야흐로 디지털 사이버 세상이다. 모든 사람과 사물이 연결되고 세상의 모든 것이 내 손안에 들어와 있다. 코로나19로 비대면 스마트 교육이 강화되면서 학생들은 디지털 사이버 세상에 더욱 매몰되어 가고 있다.

디지털 사이버 신문명의 역기능 – 사이버 학교 폭력 증대

　　이러한 디지털 사이버 세상에서 학생들은 세상의 다양한 정보를 교류하고 스마트 교육이 가능하게 되는 반면 무제한의 폭주로 본인과 타인에게 피해를 주는 수많은 역기능도 발생하고 있다. 너무나 매혹적인 디지털 사이버 세상, 그래서 오·남용은 더욱 치명적이다. 사이버 학교 폭력의 피해는 매년 증가하고 있다. 2019년 한국정보화진흥원 조사에 의하면 학생의 사이버폭력 경험률은 26.9%로 4명 중 1명이 사이버폭력을 경험했다. 2020년과 2021년에 사이버 학교 폭력은 더욱 증가되었다. 사이버 학교 폭력의 종류도 다양화되고 있다. 사이버 욕설에서 시작된 사이버 학교 폭력은 사이버 따돌림, 사이버 갈취, 사이버 강요, 사이버 신상정보 유출, 사이버 스토킹, 사이버 명예훼손, 사이버 성폭력까지 위험수위가 높아지고 다양화되고 있다.

사이버 학교 폭력의 가해 이유는 첫째, 내가 당한 사이버 학교 폭력을 보복한다가 45%이다. 사이버 학교 폭력 피해자가 가해자가 되는 것이다. 둘째, 상대방이 싫고 상대방에게 화가 나서 39.4%이다. 셋째, 재미나 장난으로 스트레스 해소용이 21%이다. 넷째, 내 의견과 달라서가 13.7%이다. 사이버 학교 폭력의 가해 이유는 이처럼 이유 같지 않은 이유로 그 결과의 심각성을 생각하지 못하고 무분별하게 지속되고 있다.

사이버 학교 폭력의 심각성 인식과 예방 노력

'무심코 던진 돌에 개구리는 맞아 죽는다'는 경구와 같이 사이버 학교 폭력으로 인해 피해 학생은 인격이 파괴되고 심지어 목숨까지 잃고 있다. 사이버 학교 폭력 피해 학생은 우울증, 대인 기피증 및 심리적 압박감이 심해서 심각한 정신적 질병까지 걸리게 된다. 사이버 학교 폭력 피해 학생의 미래에도 후유증이 계속 남는다.

사이버 학교 폭력 피해 학생에게 치명적인 마음의 상처를 주고 목숨까지 해칠 수 있다. 이러한 사이버 학교 폭력의 위험과 심각성에 대한 각성이 필요하다. 이에 디지털 사이버 세상의 건강한 윤리를 바로 세우는 다음과 같은 활동이 필요하다.

첫째, 사이버 학교 폭력을 예방하는 예방 교육이 확대되어야 한다.

둘째, 사이버 학교 폭력의 예방을 위한 정책이 강화되어야 한다.

셋째, 사이버를 통해 인성과 영성을 담은 따뜻한 클린콘텐츠를 확산해야 한다.

우리 아이들이 살아갈 디지털 사이버 세상의 미래를 건강하고 아름답게 만들어 넘겨주는 것은 우리 어른들의 책임이자 의무이다.

아름다운 사이버 세상을 만드는 클린콘텐츠 운동

우리의 생활은 이제 미디어 없이는 불가능하게 되었다. 당장 손에서 스마트폰을 놓지 않고 있으며, 눈만 뜨면 스마트폰과 인터넷으로 대화를 나누고, 정보를 검색하고, 콘텐츠를 즐기며 또한 신문과 잡지 및 TV를 통해 세상을 읽고 문화를 만들고 SNS로 세상과 소통한다. 우리는 매일 음식을 먹듯 이제 메타버스 세상과 미디어가 제공하는 정보와 콘텐츠를 먹고 즐기고, 또 재생산하며 산다.

이렇게 우리의 삶에 절대적인 영향력을 미치고 있는 미디어의 콘텐츠가 만약 깨끗하고 신선하지 못하다면 어떻게 될까. 나의 정신과 생명뿐만 아니라 엄청난 위력과 속도로 빠르게 퍼져 이웃과 사회의 생명까지 위협하게 된다. 아무리 그릇이 훌륭하고 다양하면 무슨 소용이 있는가? 중요한 것은 그 안에 담긴 내용물이고, 그것을 이용하는 사람들의 태도이다.

굳이 구체적 예를 들지 않더라도 우리는 잘못된 미디어 콘텐츠의 폐해를 잘 알고 있다. 왜곡된 내용과 외설적이고 폭력적인 콘텐츠가 범람하고 가정의 기본적인 윤리를 깨뜨리는 비도덕적인 내용을 담은 콘텐츠가 미디어를 통해 확산되고 있다. 또한 디지털 사이버 미디어의 익명성을 악용해 언어 폭력과 인신공격을 일삼고, 거짓과 부정확한 정보의 확산으로 당사자인 개인과 사회에 피해를 주고 합리적인 이성과 신뢰를 무너뜨리고 있다.

클린콘텐츠 운동 필요성

인공지능 메타버스 시대에 더욱 영향력이 커지는 미디어와 콘텐츠의 역기능을 예방하고 순기능을 강화하는 노력이 필요한 때이다. 이러한 노력은 우리의 가정과 사회를 건강하게 유지하기 위해서 선택이 아니라 필수적인 활동이 되었다. 이러한 활동의 일환으로 중요한 클린콘텐츠 운동이 2008년부터 전개되고 있다.

클린콘텐츠 운동은 나날이 심각해지고 있는 유해 콘텐츠의 역기능을 예방하고, 우리에게 꿈과 희망을 주고 교육적이며 유용한 정보와 건강한 재미를 주는 건전하고 유익한 클린콘텐츠를 사이버를 포함한 미디어를 통해 확산하는 문화 운동이다.

클린콘텐츠 운동은 구체적인 활동으로 건강하고 유익한 장르별 클린콘텐츠를 선별 추천하고 이를 담은 웹진 발간, 인성 클린콘텐츠 어워드 포상제도와 범국민 인성 클린콘텐츠 UCC 전국 공모전, 클린 UCC 제작 및 건강한 소셜미디어 활용법 교육, 인성 클린콘텐츠 지수 개발과 클린콘텐츠 및 클린미디어 인증제 실시, 미디어와 콘텐츠의 건강한 사용을 위한 소셜미디어 생활윤리 10계명 지키기 운동 등을 전개하고 있다.

〈클린콘텐츠 운동 활동 내용〉

〈2022년 인성 클린콘텐 UCC 공모전〉

특히 2009년부터 매년 진행되고 있는 인성 클린콘텐츠 UCC 공모전은 전국 최대 규모의 UCC 공모전으로 정직한 인성과 건강한 미디어 사용을 통해

아름다운 세상을 만들어가는 내용을 3초에서 3분 이내의 UCC 영상으로 창의적으로 만들어 응모하면 국회의장상, 교육부 장관상을 위시한 장관상급 대상 16개를 포함하여 주요 기관장상 등 50여 개의 포상을 제공하여 청소년 및 우리 사회 곳곳에서 정직한 인성과 건강한 미디어 사용의 중요성을 스스로 인식하도록 하고, 포상한 좋은 작품을 유튜브 등에 공개하여 더욱 많은 사람들에게 사용토록 제공함으로써 클린콘텐츠를 확산하는 의미 있는 활동이다.

특히 클린콘텐츠 운동은 청소년들에게 디지털 사이버 세상에서 유해한 콘텐츠 사용을 스스로 차단하고 유익하고 건전한 콘텐츠를 선별하여 즐기도록 하며 사이버 폭력 등 잘못된 사이버 미디어 사용을 금지하고 서로 칭찬하고 격려하는 건강한 미디어 사용법 교육과 캠페인을 제공하고 있다. 이제 클린콘텐츠 운동에의 적극적인 동참과 확산이 필요한 시점이다.

클린콘텐츠 운동의 동참과 확산 방법

클린콘텐츠 국민운동에의 동참은 첫째, 스스로 건전하고 양질의 콘텐츠를 선별하여 즐기고 건강한 미디어 사용에서부터 출발한다. 더욱 적극적으로는 클린콘텐츠국민운동본부(www.cleancontents.org)가 주도하는 다양한 클린콘텐츠 활동에 참여하면 된다. 이를 통해 스스로 미디어와 콘텐츠의 주인이 되어 학생, 학부모, 국민의 입장에서 클린콘텐츠를 추천하거나, 인성 클린콘텐츠를 만들고 확산하는 활동에 동참할 수 있다.

둘째, 소셜미디어, 스마트폰, 메타버스 등 다양해지고 있는 디지털 사이버 미디어의 건강한 사용법과 건전한 콘텐츠 제작법 교육이 확산될 필요가 있다. 이를 통해 미디어를 적정한 시간을 조절하여 사용하도록 하면서 건강하게 활용하고 건전한 가치를 담은 UCC 등 콘텐츠를 직접 만들어 소통하고 확산함으로써 미디어에 건강한 콘텐츠가 흘러 넘치도록 기여하게 될 것이다. 참고로 스마트 소통 방식을 영어 SMART로 풀이하면 S:Smile(웃음으로 대하자),

M:Manner(예절을 지키자), A:Admiration(칭찬하자), R:Responsibility(책임감을 갖자), T:Together(함께 공감하자)는 뜻을 담고 있다. 이러한 건강한 의미를 담은 콘텐츠와 미디어 사용이 확산되도록 클린콘텐츠 스마트 교육이 확산될 필요가 있다.

셋째, 건강한 미디어 사용과 건전한 콘텐츠 확산 실천을 권장하는 클린콘텐츠 캠페인에 적극 동참함으로써 건강한 가치관이 파급되도록 하는 것은 미래 사회를 아름답게 만들어가는 필수적인 활동이 되고 있다. 예를 들어 클린콘텐츠국민운동본부(www.cleancontents.org)에서 전개하고 있는 범국민 클린콘텐츠 확산 캠페인과 하루에 한 번 이상 칭찬하기 및 인성 클린콘텐츠 UCC 공모전 등에 건강한 가치를 담은 콘텐츠가 선별되고 제작되어 미디어를 통해 확산되는 데 기여하여 아름다운 세상을 만들어 가는 데 동참하게 될 것이다.

넷째, 스마트폰과 메타버스 등 미디어 사용을 적정시간 동안 스스로 조절토록 하면서 건강하게 사용할 수 있도록 미디어를 가족이 함께 즐기는 시간을 갖도록 할 필요가 있다. 특히 청소년은 가족의 영향이 크고 가능하므로 가족이 함께 시간을 정하여 미디어를 즐겁게 사용토록 하며 건강한 미디어

콘텐츠를 선정하여 함께 하면서 자연스럽게 건강한 미디어 사용과 활용 습관을 갖도록 할 필요가 있다.

클린콘텐츠는 미래 인재와 국가의 경쟁력을 강화

미디어는 인간의 확장이란 마샬 맥루한의 말처럼 디지털 사이버 미디어를 포함하여 미디어는 지속적으로 확장되고 영향력을 증대시키고 있다. 어느덧 우리는 잠에서 깨어 눈을 뜨는 순간부터 잠에 들 때까지 미디어를 사용하는 미디어라이프 시대에 접어들었다. 더구나 인공지능과 메타버스가 미디어에 도입되면서 미디어의 영향력과 중요성은 더욱 강화되고 있다. 이렇게 확장되어 가고 있는 미디어를 무조건 거부할 것이 아니라 이를 적절하게 활용하고 지혜롭게 잘 사용할 수 있어야 한다.

디지털 사이버 미디어를 포함하여 모든 미디어는 동전의 양면처럼 유해한 측면과 유용한 측면이 동시에 존재한다. 어떤 측면을 선택할 것인지는 미디어 사용자의 몫이다. 우리의 미래인 청소년이 미디어의 유용한 측면을 선택하고 미디어와 콘텐츠 사용에 있어 건강한 가치와 세계관을 기초로 한 분별력을 가지도록 선도해야 할 것이다.

특히 미래사회에는 따뜻한 휴머니즘이 곧 인재 경쟁력이다. 미래 사회의 인재는 창의적 인성과 고귀한 가치를 추구하는 영성을 갖추어야 한다. 여기에 언택트, 스마트, 인공지능과 메타버스를 핵심으로 하는 디지털 사이버 세상을 건강하게 잘 활용할 수 있는 역량을 갖추어야 한다. 이처럼 미래사회 인재가 될 학생들은 디지털 사이버 세상을 건강하고 유익하게 활용하고 사이버에서도 타인을 배려하는 따뜻한 휴머니즘을 확산할 수 있도록 클린콘텐츠·클린미디어 교육을 통해 미래 인재가 되도록 해야 한다. 이를 통해 우리 아이들이 살아갈 디지털 사이버세상의 미래를 건강하고 아름답게 되게 하고 미래 인재와 국가 경쟁력을 강화하는 데 기여하게 될 것이다.

PART
08

부록:
인공지능 메타버스 시대
미래전략 함께 하기

1. 인공지능 메타버스 시대 미래전략 좌담회:

국제미래학회 · 전자신문 공동기획(전자신문 2022년 8월 22일)

글로벌 팬데믹 이후 비대면 문화가 확산되며 언제 어디서나 실제와 같은 경험과 의사소통이 가능하도록 해주는 기술에 관심이 높아졌다. 시공을 초월해 가상세계에서 회의와 수업, 엔터테인먼트뿐만 아니라 경제활동까지 가능한 메타버스가 화두로 떠오른 이유다. 컴퓨팅 연산 능력은 점차 높아져 스마트폰으로도 1초에 15조8000억번을 연산할 수 있는 애플리케이션이 등장했다. 높아진 연산 능력을 기반으로 발달한 인공지능(AI)은 거대한 정보의 홍수 속에서 필요한 정보를 찾고 통찰력을 제공하는 등 디지털 전환의 핵심 도구로 자리잡았다.

강건욱

서울대 의대 교수

권호열

정보통신정책연구원장

김형준

명지대 교수

안종배

국제미래학회장

"가상·현실 융합…미래 인류의 삶 '호모 데우스' 다가갈 것"

〈신이 된 인간〉

참석자 〈가나다순〉

강건욱
서울대 의대 교수

권호열
정보통신정책연구원장

김형준
명지대 교수

안종배
국제미래학회장

이남식
국제미래학회 명예회장

이창원
한국프로젝트경영학회장

조동성
산업정책연구원 이사장

최운실
한국지역사회교육재단 이사장

사회=김승규
전자신문 부국장

전자신문과 국제미래학회가 공동 주최한 '인공지능과 메타버스 시대의 미래 좌담회'가 서울 서초구 전자신문사에서 열렸다. 이동근기자 foto@etnews.co

초지능·초연결·초실감 서비스 구현
AI·메타버스 문명사적 대변혁 촉발
가상세계 속 경제, 현실로 확장시켜

정보의 데이터화 통한 디지털 전환
아바타 진료·수업…3차원 입체 설계
의료·제조·교육 분야 패러다임 변화

정치 접목, 언제 어디서 누구나 참여
민주주의 자율성·역동성 강화 기대

◇사회(김승규 전자신문 통신미디어부 부국장)=AI와 메타버스가 화두다. AI와 메타버스로 세상이 어떻게 달라질 것으로 예상하는가.

◇권호열(정보통신정책연구원장)=메타버스 기술을 통해 가상세계에서 본인의 아바타로 제2의 삶을 살 수 있는 시대가 됐다.

또, 손안에 있는 스마트폰으로 수천년 전에 무슨 일이 있었고, 현재 무슨 일이 벌어지는지 원하면 언제라도 보고 들을 수 있게 됐다. 인터넷과 AI의 발달 덕분이다.

마치 2003년 영화 '브루스 올마이티'에서 주인공이 전지전능한 신의 능력을 얻게 된 것처럼 인간은 수많은 정보를 알게 되면서 오히려 무엇을 결정하고 선택하고 행동해야 할지가 중요해졌다. 이처럼 미래 인류의 삶은 기술 발달로 '호모 데우스'에 점차 가깝게 다가갈 것이다.

◇안종배(국제미래학회장)=AI와 메타버스가 화두로 떠오른 이유를 생각해볼 필요가 있다. 인류는 농업혁명, 산업혁명, 정보화혁명 등을 통해 다양한 욕구를 해결해 왔다. 팬데믹으로 인해 다시 한번 인류 전체의 문명사적 변화가 일어나고 있다.

인류는 팬데믹 속에서 내면의 자아실현을 위한 방안을 물색하기 시작했다. 초지능, 초연결, 초실감 등을 구현하면서 서비스를 주고받을 수 있는 기술로 AI와 메타버스가 주목받게 됐다. 원래 개발되고 있었지만 코로나19로 인해 더 빨리 발전했다. 이 기술들이 모든 영역에 영향을 주는 시대가 될 것이다.

◇이남식(국제미래학회 명예회장)=AI와 메타버스는 문명의 변화 이외에 경제적 변화도 일으킬 것이다. 가상세계와 현실세계가 융합되면서 기존 경제가 확장된다. 디지털 자산을 비롯해 모든 거래 방식, 기업 영업 방식 등에서 엄청난 변화가 일어날 것이다. 온라인 거래가 물리적 거래의 두 배 가까이 커지고 기존 상거래 방식은 사라지는 등 엄청난 변화가 예견되고 있다. 인류는 부의 창출을 위해 가상공간을 활용할텐데 이 과정에서 효율성이나 비즈니스 가치를 높여주는 것이 바로 AI와 메타버스다.

◇사회=의료나 제조, 교육 분야는 어떠한가.

◇강건욱(서울대 의대 교수)=국내 의료 분야는 전자의무기록(EMR)이 가장 많이 보급됐고 의료영상도 우리나라 기업이 앞서기 때문에 외국에서 우리나라 사례를 공부하는 상황이다.

현재는 데이터에 의한 환자 진단과 치료가 트렌드로 자리잡았다. 동시에 팬데믹으로 인해 비대면 진료가 확산됐다. 코로나19 때문에 급격히 늘었고 관련 서비스 앱도 20여개나 된다.

서울대병원도 적극 대응하고 있다. 멀리 있는 환자도 한두 달에 한 번만 병원을 방문하고 나머지는 비대면으로 진료한다.

컴퓨터 단층촬영(CT) 데이터, 혈액 데이터 같은 데이터를 기반으로 진단하고 치료한다. 환자와 마주보는 게 아니라 동시에 같은 화면을 보면서 데이터를 공유하기 때문에 보다 정확한 진료가 가능하다.

앞으로는 혈당 수치를 비롯한 다양한 의료 데이터가 모이고 기존 병원 정보와 합쳐지는 등 데이터 기반 치료가 늘어날 것이다. 그 자체가 바로 헬스케어 아바타라 할 수 있다. 이를 통해 사전에 모니터링해서 예방하고 초기 진단하는 게 일상화될 것이다.

◇이창원(한국프로젝트경영학회장)=제조업은 과거 제조 도면이 컴퓨터 기반 설계(CAD)로 발전했고, 2차원 도면이 3차원 도면으로 달라지면서 기존에는 볼 수 없었던 것을 보게 됐다. 이게 가능하게 된 것이 메타버스와 AI 같은 기술이다.

2019년 스탠퍼드대 연구소장은 미국 초등학생이 대학을 졸업하고 사회에 나갈 때는 지금 있는 직업의 40%가 사라질 것이라고 했다. 지금은 80%가 사라진다는 얘기도 나온다. 엄청난 변화로 AI와 메타버스가 이 같은 변화에 중요한 역할을 할 것이다. 기술과 산업 생태계가 급변할 것이기 때문에 우리도 근본적인 패러다임 변화가 필요하다.

◇최운실(한국지역사회교육재단 이사장)=최근 모로코에서 수년만에 교육 관련 회의가 열렸는데 2500여명이 메타버스를 통해 실시간 회의를 했다. 인천 연수구에서도 수천명이 메타버스에 모여 회의를 했다. 그만큼 큰 변화가 이미 일고 있다.

먼 미래에는 지금 우리가 공부하는 대학이 관광상품화 될 수도 있다. '과거의 사람들은 이런 곳에 모여서 공부를 했다'는 식으로 메타버스로 인한 변화가 클 것이다.

그렇다 하더라도 결국은 '사피엔스'의 역할이 중요하다. 디지털 대전환 시대라도 결국 이끌어 가는 것은 사람이다. AI도 사람이 설계하고 만든다. 미래에 대비하는 것은 결국 사람에 대한 학습에 달려 있다. AI와 인간은 경쟁이 아니라 상생하는 관계다.

◇권호열=사람이 중요하다는 말에 동감한다. 사람이 중요하다는 것은 변화하는 시대에도 결국 변화하지 않는 본질적이 것이 있기 때문이다. 기업을 예로 들면 모든 기업은 원가경쟁력, 품질경쟁력, 고객에 대한 치밀도를 중요하게 여긴다. 이 세 가지는 AI와 메타버스 시대에도 변하지 않을 것 같다.

과거 산업화 시대에는 대량생산을 통한 원가절감이 중요했지만 다품종 소량생산, 고객 맞춤형 시대에는 AI를 통해 고객 수요를 파악하는 게 중요하다. 즉, 본질은 그대로이긴 한데 각 요소의 중요도(비중)는 바뀌기 때문에 비즈니스 모델이나 이를 위한 교육도 달라질 질 것이다.

◇이남식=과거에 '가상(세계)'은 실존하지 않는다고 해 가치가 없다고 봤다. 실상과 가상이 별개의 개념으로 구분됐다. 그런데 정보를 데이터화하고 디지털을 적용하는 '디지털라이제이션(digitalization)'을 통해 두 세계가 가까워지고 있다. 지금까지는 서로간의 영향이 많지 않았지만 두 세계가 완전히 통합되는 미래가 나타날 것이다.

우리 사회도 AI와 메타버스를 통해서 디지털 전환을 완성하는 것, 이를 위해서 교육과 사고방식, 세계관의 전환이 필요한 시점이다.

◇최운실=교육계에서는 '지금 있는 곳 자가 교실'이라는 트렌드가 확산되고 있다. 그리고 장소도 가상화과 현실이 조합된 하이브리 환경이 늘어난다. 연세가 있으신 시니어 분들 친숙해 한다. 오프라인에서 만나고 교육을 하 않아도 가상공간에서 아바타를 통해서 교육하는 등 변화가 일고 있다.

◇조동성(산업정책연구원 이사장)=AI와 타버스가 포스트 인터넷 시대라고 본다면 두 지 현상이 예상된다. 20년 전에 포천은 집중 인수합병 등을 통해 향후에는 글로벌 500대 업을 집계하기가 힘들 것으로 예상했다. 그런 지난 20년간 세계 기업 수는 오히려 75% 늘 났다. 같은 기간 세계 인구 수가 26% 늘어나 데 그친 것과 비교하면 증가율이 3배에 가깝 포천의 예측이 틀린 것이다.

이유는 큰 기업은 커지지만 그들이 커버하 못하는 영역을 커버하는 작은 기업이 생겨나 때문이다. 즉, 첨단 기술이 발달하면서 대기업 성장하고, 중소기업이 무너지면서 경쟁력을 진 소규모 기업이 동시에 늘어날 것으로 전망 다.

이는 대학도 마찬가지다. 우리나라 대학 410여개인데 다들 대학 수가 줄어들 것이라 기한다. 물론 큰 대학은 더 커지고 작은 대학은 폐합되지만 이를 대체할 고등교육 기관이 늘 날 것이다. 치킨대학, 김미경대학 등이 그 예다

◇김형준(명지대 교수)=정치 분야와 연결 보면 한국의 정치는 빅데이터에 취약하다. 대 분 결정을 직관에 의해서 한다. 또 거의 대면 로 업무를 하는 등 가상세계보다는 현실세계 훨씬 중시한다. 그러나 정치 영역에서도 조만 다른 영역에서처럼 AI나 메타버스 활용이 늘 날 것이다. 안 그러면 퇴보할 수밖에 없기 때 이다. AI나 메타버스는 정치에 대한 자율성 높여주는 도구다.

미국의 경우 풀뿌리 민주주의로 로컬에서 시 해 연방으로 정치가 확산했다. 타운홀 미팅 등을 통해 민주주의가 뿌리를 내렸다. ↗

기존에는 불가능했던 초현실 세계를 경험하고 언제든 원하는 정보를 보고 물을 수 있는 능력은 인류가 한 단계 발전할 수 있는 기회가 되고 있음이 분명하다. 신이 된 인간을 뜻하는 '호모 데우스(Homo Deus)' 역시 AI나 메타버스 같은 기술 발전에 따라 등장한 용어다. 이제 AI와 메타버스로 인한 미래의 변화를 예측하고 이에 대비하는 것

이 각 국가와 기업의 지상과제라고 해도 과언이 아니다. 전자신문은 국제미래학회와 공동으로 '인공지능과 메타버스 시대, 변화와 우리의 대응'을 주제로 좌담회를 열었다. 각 분야 석학, 오피니언 리더와 함께 AI와 메타버스로 인한 세상의 변화를 전망하고 국가 경쟁에서 한 걸음 앞서나가기 위해 해야 할 일은 무엇인지 짚어봤다.

이남식
국제미래학회 명예회장

이창원
한국프로젝트경영학회장

조동성
산업정책연구원 이사장

최운실
한국지역사회교육재단 이사장

"핵심 인프라에 비즈니스 접목…'새로운 리부트' 기회 잡아야"

전자신문과 국제미래학회가 공동 주최한 '인공지능과 메타버스 시대의 미래 좌담회'를 마치고 참석자들이 기념촬영했다. 이동근기자 foto@etnews.com

이제는 메타버스를 통해 이 같은 방식 플랫폼은 어디에나 권력을 누리고 있지만 배터를 제공한 사람에 대한 대가에 대해서는 어수선할 것이다. 우리는 이런 이슈를 해결해 빨리 세계로 나아가는 기회로 삼아야 한다.

메타버스 통해 경험 공유·확장 활성화
국민 전체 '데이터 해독능력' 키워야
가상·현실세계 합쳐 폭발적 확대 중요

다양한 사람이 쉽게 활용할 수 있게
데이터 민주화·초개인화 서비스 필요
네거티브 시스템으로 규제도 최소화

글로벌 1등 '디지털 정부' 바탕으로
국가 디지털 산업·전환 적극 투자를

정리=안호천기자 hcan@etnews.com
권혜미기자

2. 국제미래학회소개(www.gfuturestudy.org)

　　국제미래학회는 세계적인 미래학자인 제롬 글렌과 김영길 한동대 총장이 초대 공동회장을 맡고 국내외 전문영역별 미래학자 100여 명이 함께 참여하여 2007년 10월 국내에 본부를 두고 설립된 국제적인 학회이다. 2011년부터 제2대 총장으로 이남식 서울예술대 총장이 회장을 맡았고 2019년 안종배 한세대학교 교수(미래창의캠퍼스 이사장)가 제3대 회장으로 취임하였다.

　　국제미래학회는 '미래의 다변화 사회에 대응하기 위하여 사회 전반을 아우르는 과학·기술·정치·경제·인문·사회·환경·ICT·미디어·문화·예술·교육·직업 등 제 분야에 대한 미래예측 및 변화에 대한 연구를 수행함으로써 미래 사회를 대비하고 지속적인 성장과 발전에 기여함'을 목표로 삼고 있다.

　　국제미래학회는 제롬글렌, 티모시 맥, 짐 데이토, 호세 코르데이로, 피터 비숍, 조나단 트렌트, 토마스 프레이, 시르카 하이노넨, 브룩 힌즈만 등 해외의 세계적인 미래학자 50여 명이 함께 동참하고 있으며 이들을 국내에 초청하여 미래학과 미래연구의 확산을 위한 노력을 경주해 왔다. 또한 100여 회에 걸쳐 국제미래학 학술포럼과 콘퍼런스를 개최하여 주요 영역별 미래 예측과 미래 발전 전략을 발표해 왔다.

　　국제미래학회는 현재 60여 명의 국내·국제자문위원, 그리고 학술위원회를 포함한 8개의 직무위원회와 70여 개의 전문영역별 연구위원회로 구성되어 있고 국내외의 저명한 학자와 전문가 500여 명이 함께 하고 있다.

　　국제미래학회는 학회 위원들이 공동 저술하여 국내 최초의 26영역별 글로벌 미래예측 연구 결과로서 "미래가 보인다, 글로벌 2030"(박영사)을 출간하였고 40여 개의 "전략적 미래예측방법 바이블"을 연구하고 저술하여 문화체육관광부 우수학술도서로 선정되었다. 또한 한국의 미래를 예측하고 미래 발전 방안을 제시한 "대한민국 미래보고서"를 출간, 2016년 문체부 추천 우수교양도서로 선정되었다. 또한, 57명의 석학들이 미래 대응을 위한 교육 혁신 방안을 연구하여 "대한민국 미래교육보고서"를 2017년 저술하여 문화체육관광부 우수학술도서로 선정되었고, 2018년엔 "대한민국 4차산업혁명 마스터플랜", 2019년엔 "4차산업혁명 대한민국 미래성공전략", 2020년엔 "미래학원론(박영사)", 2021년엔 "인공지능이 바꾸는 미래세상과 메타버스"를 저술하여 개인, 기업, 국가의 미래 대응방안과 미래전략 방안을 제시하였다.

또한 국내 최초 미래형 오픈캠퍼스 교육기관인 <미래창의캠퍼스>를 전국 주요 지역과 온라인에 개설 '4차산업·미래전략 최고지도자 과정', '인공지능 메타버스 미래 최고위과정', '미래대학 콜로키엄', '미래지도사' 자격과정, '미래예측전략전문가' 자격과정, '스마트 메타버스 전문가' 자격과정을 포함한 70여 개의 미래형 교육과정을 진행하고 있다.

한편 급변하는 미래 환경에서 지속가능한 국가 발전을 위한 국가미래전략을 입안하여 국민의 미래 일자리 창출과 행복한 삶의 질을 높이는 데 기여하기 위한 '국가미래발전 기본법'을 입안하고 발의하였고 제정을 위해 노력하고 있다. 그리고 대한민국 인공지능메타버스포럼을 결성하여 매월 1회 '인공지능 메타버스 미래사랑방'을 개최하여 석학들이 국가와 인공지능과 메타버스의 건강한 발전을 위한 지혜를 나누고 있다.

또한 2022년에 미래학과 미래전략 연구 중심기관으로 <미래창의연구원>을 제주시 애월 해변에 개원하여 워케이션을 통해 국내와 해외의 주요 미래연구기관과 연계하고 협력하면서 인공지능 메타버스 시대 대한민국 및 지역의 미래 발전을 위한 미래 연구를 진행하고 있다.

미래창의연구원: 제주시 애월읍 고내리 884-1. 101-503
국제미래학회 사무국:
서울시 종로구 삼봉로 81(수송동) 두산위브파빌리온 1126호
02-501-7234, future@cleancontents.org www.gfuturestudy.org

국제미래학회 임원단 조직도

국제미래학회
Global Futures Studies Association

〈미래연구위원회〉

미래미디어위원장 안종배(한세대 교수)
미래디자인위원장 이순종(서울대 미대 명예교수)
미래국토계획위원장 김창석(서울시립대 명예교수)
미래IT위원장 임주환(고려대 초빙교수)
미래의료과학위원장 엄창섭(고려대 의대 교수)
미래헬스케어위원장 강건욱(서울대 의대 교수)
미래예술위원장 노소영(나비아트센터 관장)
미래방송기술위원장 안동수(유비콘미디어콘텐츠연합 부총장)
미래ESG법제위원장 고문현(전 한국헌법학회 회장, 숭실대 교수)
미래정치분석위원장 김형준(명지대 교수)
미래방송정책위원장 김광호(서울과학기술대 교수)
미래인문학위원장 이상규(경북대 교수)
미래블록체인위원장 박수용(서강대 교수)
미래경영경제위원장 김진화(서강대 교수)
미래경영컨설팅위원장 김경준(딜로이트컨설팅 부회장)
미래주거복지위원장 이연숙(연세대 교수)
미래해양에너지위원장 황일순(서울대 공대 명예교수)
미래생명융합위원장 최윤실(아주대 교수)
미래과학기술정책위원장 이주연(아주대 교수)
미래경영위원장 엄길청(경기대 교수)
미래디지털경영위원장 이창원(한양대 교수)
미래기상예측위원장 조석준(9대 기상청장)
미래기후변화예측위원장 권원태(전 기후학회 고문)
미래패키징위원장 김재능(연세대 교수)
미래과학기술위원장 차원용(아스팩연구소 소장)
미래의복위원장 남윤자(서울대 교수)
미래지식서비스위원장 주형근(한성대 교수)
미래공간지리위원장 박수진(서울대 교수)
미래정보보안위원장 문영호(KISTI 부원장)
미래트렌드예측위원장 김경훈(한국트렌드연구소 소장)
미래게임정책위원장 이재홍(숭실대 교수)
미래게임위원장 위정현(중앙대학교 교수,한국게임학회 회장)
미래컴퓨터위원장 신용태(숭실대 교수)
미래창의교육위원장 이경화(숭실대 교육학과 교수)
미래한류문화위원장 박장순(홍익대 교수)
미래기술가능학위원장 문형남(숙명여대 교수)
미래기술가치위원장 조성복(전 KVA 평생교육원 원장)
미래홍보컨위원장 김광욱(전 방송학회원장)
미래경제예측위원장 최윤식(아시아미래인재연구소장)
미래경제분석위원장 이종규(대구가톨릭대 교수)
미래기업홍보위원장 김흥기(한국saf협회 회장)
미래콘텐츠재산권위원장 조태봉(문화콘텐츠라이센싱협회 회장)
미래인터넷윤리위원장 최종원(숙명여대 교수)
미래혁신정책위원장 박병원(과학기술정책연구원 미래센터장)
미래인구예측위원장 서용석(카이스트 교수)
미래에너지위원장 김병희(서원대 교수)
미래에너지출판위원장 정욱형(CEO에너지 대표)
미래출판영화위원장 소재학(하원정미래학회 회장)
미래기술분석위원장 김들풀(IT뉴스 대표)
미래론론위원장 장문기(한국스론협동조합 이사장)
미래론론교육위원장 박장환(국제토론사관학교 이사장)
미래잡지위원장 조성수(한국잡지연구소 운영위원장)
미래지역산업위원장 강종진(울산문화산업개발원 원장)
미래에듀테크위원장 이세web(테크ё교육 대표이사)
미래만교문화위원장 김세원(글로벌문화콘텐딩연구소장)
미래정성우주위원장 조황희(과학기술정책연구원 원장)
미래AI윤리위원장 이용무(국토연구원 본부장)
미래블록체인위원장 차경환(실버브레인건강관리협회 대표)
미래통문화위원장 김시범(한동대 문화산업대학원장)
미래스페인위원장 박종han(더갤러커뮤니케이션 대표)
미래출판위원장 김갑용(진한M&B 대표)
미래정책위원장 장영권(국가미래전략원 대표)
미래법제위원장 박인동(김&장 법률사무소 변호사)
4차산업혁명산업위원장 김동섭(UNIST 교수)
4차산업혁명법률위원장 양승엽(법무법인 하정 대표 변호사)
미래메카닉스위원장 이정기(홍익대학교 교수)
미래지역법제위원장 한상우(삼일회계법인 고문)
미래영어교육위원장 김정희(단국대학교 교수)
미래메지정책위원장 김준경(넘서울 교수)
미래융합산업위원장 최민병(한국융합산업협회 회장)
미래대학경쟁력위원장 최용섭(한국대학경쟁력연구원 원장)

임원

명예회장 이남식(서울예술대학교 13대 총장)
회장 안종배 (미래창의캠퍼스 이사장)
제롬글렌(밀레니엄 프로젝트 회장)
수석부회장 김용근(한국경영자총협회 부회장)
운영이사 학술위원회 위원장
편집출판위원회 위원장
총무위원회 위원장
미래협력위원장
미래인재위원장
사무총장
집행이사 학술위원장
연구위원장
국제위원장
자문위원장
후원회장

자문위원

조완규 (서울대 명예교수, 전 교육부 장관)
진대제 (전 정보통신부 장관)
이주호 (전 교육과학기술부 장관)
이회범 (전 산업부 장관)
김광두 (국가미래연구원 원장)
곽병선 (인천대 석좌교수)
이경숙 (아산나눔재단 이사장)
이영탁 (세계미래포럼 이사장)
김명자 (한국과학기술단체총연합회 회장)
박 진 (아시아미래연구원 이사장)
이현청 (한양대 석좌교수, 전 상명대 총장)
오세정 (서울대학교 총장)
장순흥 (전 한동대학교 총장)
신성철 (카이스트 16대 총장)
조동성 (산업정책연구원 이사장)
권호열 (정보통신정책연구원 원장)
김진현 (전 인대학교 총장)
김태현 (서울과학종합대학원 대학교 총장)
이재희 (국제영어대학교 총장)
안양옥 (전 한국장학재단 이사장)
한석수 (전 한국교육학술정보원 원장)
김재춘 (전 한국교육개발원 원장)
이용순 (전 한국직업능력개발원 원장)
윤은기 (한국협업진흥협회 회장)
이단형 (한국SW기술진흥협회 회장)
이광형 (KAIST 총장)
안종민 (박상사 회장)
박광성 (한국방송예술진흥원 총장)
백순진 (함께하는저작권협회 이사장)
민경찬 (연세대 명예교수)
주영섭 (서울대 석좌교수, 전 중소기업청장)
이주헌 (한국외대 교수,전 KISDI 원장)
권대욱 (휴넷 회장)

국제자문위원

위원장 Theodor Gordon
(미.the FUTURE GROUP 창립자)

Arhur B.Shostak (미 Drexel Univ)
Timothy C.Mack (미,전 WFS 회장)
Jose Cordeiro (미, 싱귤레러티대 교수)
Fadienne Goux-Baudiment (불 WFSF 회장)
Rohit Talwar (영 Fast Future Research)
K Eric Drexler (미, Foresight Institute)
Pera Wells) (오,WFUNA 사무총장)
Paul J. Webos (미, SRI International)
Frank Catanzaro (미, WFUNA MP)
Raymond Kurzweil (미, Kurzwil Alnet)
Gregor Wolbring (캐, Calgary Univ교수)
William E. Halal (미, 조지워싱턴대학교교수)
Jim Dator (미, Hawaii Univ 명예교수)
Sohail Inayatullah (Tamkang Univ.교수)
Eero Paloheimo (핀란드, 미래의원위원회)
Dennis R. Morgan (미, WFUNA MP)
Pierre Alain-shieb (불, OECD 미래포럼)
Sirkka Heinonen(핀란드,Turku University 교수)
Matti Heinoinen (핀란드, ICB 본부장)
Thomas Frey (미,다빈치연구소 소장)
Jonathan Trent (미,NASA 오메가연구소 소장)
브록 힌즈만(미,Brock Hinzman 실리콘밸리)

국제협력위원회 공동위원장

박영숙 유엔미래포럼 대표
임마누엘 이만열 경희대 교수
아이한 카디르 한국외대 교수

학술위원회 위원장

김병희(서원대 교수)

편집출판위원회 공동위원장

김갑용 (진한M&B 대표)
박정태(광문각 회장)

사무총장

심현수(클린콘텐츠국민운동본부 대표)

총무위원장
이만열(전민일보 논설위원)

지역위원회

대전본부장 김용해 (리에종 대표,박사)
유럽지역 김지혜(오트푸르로 대표)
아세안지역 유진숙 (한-아세안센터 부장)

미래인재위원회 공동위원장

박영애(색동회 고문)
안남섭 미래준비 이사장

미디어·홍보위원회 공동위원장

강병준(전자신문 편집국장)
박애경(투데이신문 대표)
전병인 (내외통신 대표)
김동원(스카이데일리 편집국장)

대외협력위원회 공동위원장

장현식 스쿨TV 대표
김북만 (길목원 사무총장)
조영관 (사단법인 도전한국인 대표)
서재철(한국인터넷진흥원 수석연구위원)

국제미래학회 저술 소개 (www.gfuturestudy.org)

국제미래학회 최근 활동 소개 (www.gfuturestudy.org)

문의 : 사무국 02-501-7234, admin@cleancontents.org   www.gfuturestudy.org   심현수 사무총장 010-9899-0005

www.futurestudy.kr

Future Creative Campus

4차산업혁명시대 미래창의혁신 인재 양성의 요람

Future Creative Campus

"4차산업혁명시대를 강건하고
아름답게 만들어가는
인재를 양성합니다."

국제미래학회
Global Futures Studies Association

대한민국
클린콘텐츠
국민운동
www.cleancontents.org

Future Creative Campus

미래창의캠퍼스

미래창의 캠퍼스 비전

4차산업혁명시대 미래창의혁신 핵심역량을 갖춘 전문 인재 양성

4차산업혁명시대에 우리는 초지능·초연결 사회의 패러다임에 맞는 새로운 인재가 양성 되어야 합니다. 급변하는 사회 변화를 예측하고 전략적으로 대처할 수 있는 미래예측전략 역량과 스마트를 융합하여 새로운 가치를 창출하는 창의 역량과 스마트 활용 역량, 지속 가능한 발전을 도모하기 위한 혁신 역량과 인성 및 청렴 윤리의식을 갖춘 인재를 양성하 여 4차산업혁명시대 글로벌 경쟁력을 강화하는데 기여코자 합니다.

비전	세계 일류의 4차산업혁명시대 미래창의혁신 인재 양성의 요람
목표	4차산업혁명시대에 대응하고 글로벌 경쟁력 갖춘 미래창의혁신 인재 양성 4차산업혁명시대 글로벌 리더 국가 경쟁력과 개인의 미래사회 성공 경쟁력 강화
핵심가치	전략적 미래예측, 창의적 혁신사고, 스마트 조직운영, 고객감동 서비스 구현

5대 중점 과제

1. 교육

4차산업혁명시대 맞춤형 미래 지향의 전문 역량 강화 참여형 실무 중심 교육

3. 교수진의 세계 수준화

4. 국제화

5. 산·관·학·연 협력

2. 교육과정

4차산업혁명시대 핵심 역량 차별화된 전문 교육과정

미래창의 캠퍼스 조직도

www.futurestudy.kr

미래창의 캠퍼스 교육과정

■ 4차산업혁명시대 핵심역량 위탁 · 연수 교육 과정
  – 미래예측 전략 전문가 과정
  – 창의 혁신 전문가 과정
  – 스마트 역량강화 과정
  – 청렴윤리 교육 과정
  – 창의 인성 증진 과정 (창의력, 영상, 시낭송, 음악, 만화 그림, 독서, 쿠킹 등 활용)
  – 코칭을 통한 경영 혁신/교수학습 혁신 과정
  – 4차산업 실무역량 과정 (3D 프린터 비즈니스, 스마트 드론 영상 제작 등)
  – 스마트 교수법, SW 코딩 교육 전문가 과정

■ 4차산업혁명시대 글로벌 경쟁력 강화 국내 · 해외 연수
  – 4차산업 해외 벤치마킹 연수
  – 미래전략혁신 해외연수
  – 신규 Biz. 개발 해외연수
  – IoT, Smart factory 해외연수
  – 국내 제4차사업 선도기업 방문 국내연수

■ 컨설팅 및 전문가 자격증 과정
  – 미래예측 전략 컨설팅
  – 혁신비즈니스 개발 컨설팅
  – 미래예측전략 전문가 자격증
  – 스마트 멀티미디어 전문가 자격증
  – 사물인터넷(IoT) 자격증
  – 독서교육 지도사 자격증

■ 미래예측전략 최고위 과정
  – 미래예측 전략 최고위 포럼
  – 행복한 미래창의 경영 최고위 과정
  – 미래창의 음악어울림 최고위 워커숍
  – 스마트 창의 경영 최고위 과정

■ 4차산업 리더스 포럼

미래창의 캠퍼스 교수진

안종배	미래정책연구원 원장, 한세대 교수	최철수	배재대 교수, 바리톤
이윤배	전 순천향대 부총장	박선영	국제대학교 교수
박광성	한국방송예술교육진흥원 총장	박동열	한국직업능력개발원 센터장
김경훈	한국트렌드연구소 소장	윤형환	한국직업능력개발원 연구위원
심현수	스마트미디어교육진흥원 원장	서재철	한국인터넷진흥원 연구위원
조석준	기후변화저널 대표, 9대 기상청장	김진숙	한국교육학술정보원 미래교육부장
문영호	한국과학기술정보연구원 부원장	장문기	한국드론협동조합 이사장
안치득	한국전자통신연구원 소장	이효은	정보통신기술진흥센터 연구위원
안종만	박영갤러리 회장	장현덕	스쿨iTV 대표
노소영	아트센터 나비 관장	조상용	글로벌포인트 VR 대표
김영만	종이접기 아저씨	최선호	드림파트너스 대표
이경화	숭실대 평생교육학과 교수	김용진	뇌아카데미 원장
이순종	서울대학교 미대 명예교수	김성열	온오프마케팅 연구소 대표
엄창섭	고려대 의대 교수	이정환	소셜인비젼스 대표
이병욱	마리소리음악연구원 이사장	조영관	도전한국인운동본부 대표
윤이나	수원대 음대 교수	배정우	엠카달로그 대표
차원용	아스펙미래경영연구소 소장	이무성	화백
김시범	안동대 문화산업대학원장	김순영	서양화 화가
권대욱	아코르 엠배서더 호텔 회장	이돈아	동양화 화가
문형남	숙명여대 IT융합비즈니스 교수	조영주	지역문화연구원 원장
신종우	신한대학교 교수	이혜정	한국시낭송예술협회 회장
서문산성	전주정보문화산업진흥원 원장	황인경	소설 목민심서 작가
노성진	한국조형예술원 교수	신정균	서예 캘러그라피 작가
김들풀	IT뉴스 대표	엄경숙	국제하나예술협회 회장
이재홍	한국게임학회 회장, 숭실대 교수	임춘희	국악 명창
정광열	한국산업교육센터 대표	황경애	국악 무용 감독
차경환	한국인권인성교육진흥원 원장	손정아	우리문화예술원 대표
박종라	더칼라 커뮤니케이션 대표	노영주	소프라노
김민섭	국제문화예술기구 이사장	김문수	메조소프라노
김흥기	한국사보협회 회장	정지철	오페라 예술감독
김광옥	수원대 명예교수	이근설	디지털사진가협회 편집장
신형덕	홍익대 경영학과 교수	이은봉	올리브스튜디오 대표
김병수	목원대 애니메이션학과 교수	성우석	더메이크 대표
소재학	국제뇌교육종합대학교 석좌교수	연 숙	한국문학신문 대표
박낙종	전 베트남 한국문화원 원장	이종욱	한국교총 초등교사회 회장
박경식	미래전략정책연구원 원장	공기택	수원동고 교사
김주태	MBC 국장	변정원	북라이크 독서 교육 본부장
권혁만	KBS PD, 일사각오	임영자	뇌교육학 박사
구수환	KBS PD, 울지마톤즈	이지안	유아이비 대표
박건식	MBC PD, PD교육원 원장	백민철	비엠컴퍼니 대표
주형근	한성대학교 교수	민혁재	서울중앙방송 대표
정동수	쿠킹앤 대표	한희원	쿠킹앤 대표 쉐프

www.futurestudy.kr

 미래창의 캠퍼스 학장 · 조직 위원

국제미래학회, 클린콘텐츠국민운동본부 협력 위원

■ 캠퍼스 학장

서울본부캠퍼스 학장	심현수 한국청렴교육진흥원 원장	아산캠퍼스 학장	정광열 한국산업교육센터 대표
서울강남캠퍼스 학장	조성복 기술가치평생교육원 원장	울산캠퍼스 학장	강종진 울산문화산업개발원 원장
곤지암캠퍼스 학장	김정숙 곤지암밸리 관장	전주캠퍼스 학장	이민영 전북도민일보 교육원 원장
파주캠퍼스 학장	박정태 나비나라박물관 이사장	제주캠퍼스 학장	권하영 북라이크제주연수원 원장
홍천캠퍼스 학장	이병욱 마리소리음악연구원 이사장	청양캠퍼스 학장	허광 한궁세계화연수원 이사장

■ 자문위원

조완규	서울대 명예교수, 전 교육부 장관	조동성	국립인천대학교 총장
진대제	스카이레이크인베스트먼트 회장 전 정통부 장관	장순흥	한동대학교 총장
이경숙	아산나눔재단 이사장	이재희	경인교육대학교 총장
이남식	국제미래학회 회장	이용순	한국직업능력개발원 원장
윤은기	한국협업진흥협회 회장	노영혜	종이문화재단 이사장
곽병선	인천대 석좌교수, 장학재단 前이사장	노소영	아트센터 나비 관장
김명자	한국과학기술단체총연합회 회장	박광성	한국방송예술교육진흥원 총장
손 욱	행복나눔 125 회장	권대욱	아코르 엠배서더 호텔 회장

■ 임원진 (운영이사)

안종배	미래정책연구원장, 한세대 교수	김경훈	한국트렌드연구소 소장
이윤배	전 순천향대 부총장, 전 흥사단 이사장	조태봉	한국문화콘텐츠라이센싱협회 회장
조석준	기후변화저널 대표, 9대 기상청장	안남섭	한국코치협회 부회장
심현수	한국청렴교육진흥원 원장	김갑용	진한M&B 대표
차경환	한국인권인성교육진흥원 원장	박종라	더칼라 커뮤니케이션 대표
박정태	한국과학기술출판협회 명예회장	최선호	드림파트너스 대표
김흥기	한국사보협회 회장	양재훈	팍스엔터테인먼트 대표

■ 기획위원

박애경	투데이신문 대표	김재신	씨알존 대표
김들풀	IT뉴스 대표	여지윤	윤스토리 대표
백민철	비엠컴퍼니 대표	이지안	유아이비 대표

Future Creative Campus

 미래창의 캠퍼스 교육과정 총괄표

	기업	학교	공 / 기관	전문가 / 자격증	연수
미래창의 최고위	* 미래전략 최고위 포럼 * 행복한 미래창의경영 최고위 * 미래창의 음악어울림 최고위 워커숍 * 스마트창의 경영 최고위		* 미래전략 최고위 포럼 * 행복한 미래창의경영 최고위 * 미래창의 음악어울림 최고위 워커숍 * 스마트창의 경영 최고위		
미래 전략 4차산업	* 4차산업 미래예측을 통한 비즈니스 개발 * 4차산업 미래전략 혁신 리더십 * 기후변화 사업전략 과정 * 동양미래학으로 보는 성공리듬 경영 전략	* 4차 산업혁명시대의 미래직업 설계 * 미래교육 진로지도	* 미래예측을 통한 사업 개발 전략 과정 * 기후변화 사업전략 과정 * 동양미래학으로 보는 성공리듬 경영 전략	* 미래예측전략전문가 1급 / 2급 * IOT(사물인터넷) 전문가 * SW코딩교육전문가 * 3D 프린터 비즈니스 과정	* 미래전략 4차산업 연수 (해외/국내)
혁신	* 창의적 혁신 서비스 마인드 과정 * 저성장 탈출 수익성 개선 혁신 과정 * 코칭을 통한 경영 혁신 과정	*혁신 중소기업 탐방 * 코칭을 통한 교수학습 혁신 과정	* 창의적 혁신 서비스 마인드 과정 * 저성장 탈출 수익성 개선 혁신 과정 * 코칭을 통한 경영 혁신 과정	* 혁신리더십전문가	*4차산업 혁신연수 (IoT / AI)
SMART	* 스마트 비즈니스 역량 강화과정 * 스마트 홍보마케팅 과정	* 플립러닝을 위한 스마트 교수법 * 스마트멀티미디어 취업역량강화 * 스마트 드론영상 제작	* 스마트 서비스 역량 강화과정 * 스마트 캐릭터라이센싱 과정	* 스마트멀티미디어전문가 1급 / 2급 * 스마트 드론 영상 제작 전문가	* SMART FACTORY 연수
창의 인성	* DHA 창의역량 증진과정 * 스마트 창의 인성과정 * 시낭송 창의인성 과정 * 쿠킹을 통한 인성소통과정 * 음악을 통한 인성소통과정	* 글로벌창의리더 체험캠프 * 스토리텔링 창의 캠프 * SW코딩 창의 과정 * 방송영상 창의 캠프 * 독서 창의인성 캠프 * 만화·그림 창의인성 캠프	* DHA 창의역량 증진과정 * 스마트 창의 인성과정 * 시낭송 창의인성 과정 * 쿠킹을 통한 인성소통과정 * 음악을 통한 인성소통과정	* Design Thinking 기반 창의역량증진 전문가 * 북라이크 독서 지도사 * 한궁스포츠 인성지도자	* 인성체험테마 연수
청렴윤리	* 청렴 · 윤리 경영	*청렴교육 직무 연수	* 청렴 직무 교육 * 청렴 · 윤리 경영		*청백리 (스토리/유적) 탐방

©미래창의캠퍼스 모든 교육과정 내용은 국제미래학회의 지적재산으로 무단복제 및 사용시 민 · 형사상 처벌을 받게 됩니다

www.futurestudy.kr

미래창의 캠퍼스 교육과정 세부 프로그램

미래예측 전략 최고위 포럼

구분		1일차		2일차
오전			07:00~08:00 08:00~09:00 09:00~11:00 11:00~12:00 (12:00~13:00)	- 힐링 산책 - 유기농식단의 건강한 조찬 - 저성장 탈출을 위한 뉴노멀 전략 - 스마트폰 비즈니스 소통법 - 쉐프가 마련한 특급 런치
오후	13:30~14:00 14:00~16:00 16:00~18:00 18:00~19:00	- 아이스브레이킹 - 4차 산업혁명 시대와 미래산업 변화 - 특허 분석을 통한 미래유망기술 - 예술과 함께 하는 만찬	13:30~14:00 14:00~16:00 16:00~17:00 17:00~17:30	- 트렌드 미래 비즈니스 예측 전략 - 트렌드 미래 비즈니스 예측 전략 실습 - 미래 비즈니스 예측 전략 발표 - 수료 세레머니
야간	19:00~20:00 20:00~21:00 21:00~22:00	- 퓨처스 윈 미래예측방법론 - 퓨처 타입 라인과 미래 산업 지도 - 외인 뮤직 콘서트		

미래창의 전통음악 어울림 최고위 과정

구분		1일차		2일차
오전			07:00~09:00 09:00~10:00 10:00~11:00 11:00~12:00	- 자연 힐링 산책 - 조식(유기농 조찬) - 미래사회 트렌드와 4차산업혁명 특강 - 4차산업혁명시대 대응 방안 토의
오후	12:00~13:00 13:00~14:30 14:30~15:00 15:00~15:30 15:30~17:00 17:00~18:00 18:00~19:30	- 중식 - 아리소리잌기박물관 도착 및 견학 - 어울림의우리음악세계 특강 - 신명난 사물놀이 강습 - 미리소릿골 지연 둘러보며 힐링하기 - 석식	12:00~13:00 13:00~15:00 15:00~ 17:00~	- 오찬 - 예술마을 미리골 및 호수 둘렛길 체험 - 출발, 중간 휴게소 차한잔 - 도착
야간	20:00~21:30 21:30~23:00	- 우리민요와 연주 및 함께 노래부르기 - 자연속의 진교의 밤(옻돼지 바바큐)		

4차산업 미래예측을 통한 비즈니스 개발

구분		1일차		2일차
오전	10:00~11:00 11:00~12:00 12:00~13:00	- 퓨처 아이스브레이킹 - 팀별 미래예측 신규사업 과제 신청 - 중식	08:00~09:00 09:00~10:30 10:30~12:00	- 조식 - 트렌드 미래 예측 신규 사업 - 개발 방법 및 사례 - 플랫폼 베이스 사업 개발 로드맵
오후	13:00~15:00 15:00~17:00 17:00~18:00 18:00~19:00	- 4차 산업혁명과 미래산업 트렌드 - 특허 분석을 통한 미래유망 기술 - 스마트 비즈니스 소통법 - 석식	13:00~15:30 15:30~16:30 16:30~17:00	- 미래 신규사업 개발 전략 수립 - 자격검정 :미래 신규사업 개발 전략 발표 - 수료식
야간	19:00~21:00	- 자사 미래 사업 전략 리뷰 워크샵		

ⓒ미래창의캠퍼스 모든 교육과정 내용은 국제미래학회의 지적재산으로 부단복제 및 사용시 민·형사상 처벌을 받게 됩니다

미래창의캠퍼스 / Future Creative Campus

4차산업 미래전략 혁신리더쉽 과정

구분		1일차		2일차
오전			08:00~09:00	조식
	10:00~11:00	- 퓨처 아이스브레이킹	09:00~12:00	- 미래전략혁신 수립 Framework 작성 방법 이해와 실습, 발표 : 수립/분석 방법론 이해와 전략방향 도출 & Tool 활용, 실습
	11:00~12:00	- 팀별 미래전략혁신 리더십과제 선정		
	12:00~13:00	중식	12:00~13:00	중식
오후	13:00~15:00	- 4차 산업혁명, 미래산업 트랜드와 유망기술 이해	13:00~14:30	- 비즈니스 실행을 위한 미래전략혁신 리더십 강화 이해와 수립 실습(1) : 신규사업, 제품/서비스 개발/진출전략 이해와 실습
	15:00~17:00	- 미래신규 사업, 제품/서비스 개발방법과 로드맵 작성법 이해와 사례	14:30~16:30	- 사업환경 특성에 따른 미래전략혁신 리더십 강화 이해와 수립 실습(2) : 경쟁전략/차별화전략/원가 우위전략/ 리더십 필요 역량별 우위 전략 워크시트 작성
	17:00~18:00	- 미래전략혁신 리더십과 필요역량 이해		
			16:30~17:00	- 수료식
	18:00~19:00	석식		

기후변화 사업전략 과정

구분		1일차		2일차
오전			08:00~09:00	조식
	10:00~11:00	기후변화에 대한 현황과 이해	09:00~10:00	기후변화시대와 글로벌 경제
	11:00~12:00	기후변화시나리오 생산과 활용	10:00~12:00	기후변화시대의 뉴비즈니스
	12:00~13:00	중식	12:00~13:00	중식
오후	13:00~15:00	파리 신기후체제 출범의 의미	13:00~14:30	기상/기후마케팅과 기업경영
	15:00~16:30	기후변화대응 분야별 산업 변화	15:00~16:30	미래예측방법론을 통한 기후변화 사업 개발
	16:30~18:00	기후변화시대의 에너지 산업	16:30~17:00	기후변화 대응과 인류의 미래
	18:00~19:00	석식		

동양미래 성공리듬 경영전략 과정

구분		1일차		2일차
오전			08:00~09:00	조식
	10:00~10:30	운명, 정해진 것과 선택 알 수 있는 것	09:00~10:00	나길 때와 물러날 때, '석하리듬'
	10:30~12:00	동양미래학의 허실과 예측방법론	10:00~12:00	10년주기 인생사계절 석하리듬 찾는법
	12:00~13:00	중식		
오후	13:00~14:00	직관에 의한 예측학 점학의 허실	13:00~14:00	인생계절 10년주기 석하리듬 활용법
	14:00~15:00	관찰에 의한 예측학 상학, 관상과 얼굴경영	14:00~15:00	자연과 더불어 잘먹고 잘자고 잘사는 법
	15:00~17:00	관찰에 의한 예측학 상학, 풍수지리	15:00~16:00	사상체질과 골드실버 체질요법
	17:00~18:00	수맥 생기 살기 찾는 법, 엘로드 사용법	16:00~17:00	석하리듬으로 보는 내한민국 국운과 산업별 미래진망
	18:00~19:00	석식		
야간	19:00~20:00	주변 환경을 통해 행운의 시기 찾는 법 주변 환경을 통해 물러날 때 아는 법		
	20:00~21:00	인생 슬럼프 극복하기		

©미래창의캠퍼스 모든 교육과정 내용은 국제미래학회의 지적재산으로 무단복제 및 사용시 민·형사상 처벌을 받게 됩니다

4차 산업혁명시대 미래 직업 설계 캠프

구분		1일차		2일차
오전	10:00~11:00 11:00~12:00	- 나의 미래 직업과 계획 짜기 - 나의 계획 나누기	08:00~09:00	조식
			09:00~10:00 10:00~12:00	- UCC 조별 발표 및 시상 - 퓨처스 활용 통한 나의 미래직업 설계 방법
	12:00~13:00	중식	12:00~13:00	중식
오후	13:00~15:00 15:00~17:00 17:00~18:00	- 4차 산업 혁명 시대의 미래 산업 - 4차 산업 혁명 시대에 뜨는 직업, 사라지는 직업 - 행복한 성공학 특강	13:00~15:00 15:00~16:00 16:00~17:00	- 개인별 미래직업 설계하기 - 개인별 미래직업 설계 발표 - 발표 우수자 시상 및 수료
	18:00~19:00	석식		
야간	19:00~21:00	- 미래 직업 주제로 UCC만들기		

4차 산업혁명시대 미래교육 진로 지도 과정

구분		1일차		2일차
오전	10:00~11:00 11:00~12:00	- 아이스브레이킹 - 4차 산업혁명 시대 방향과 진로 지도	08:00~09:00	조식
			09:00~10:00 10:00~12:00	- 성공하는 미래 인재상 - 퓨처스 활용 통한 미래진로 설계 방법
	12:00~13:00	중식	12:00~13:00	중식
오후	13:00~14:00 14:00~16:00 16:00~18:00	- 4차 산업혁명 시대에 뜨는 직업, 사라지는 직업 - 미래교육 진로지도 방법 - 미래 진로 방법에 대한 토론하기	13:00~15:00 15:00~16:00 16:00~17:00	- 미래 진로지도 방법 작성하기 - 개인별 미래 신로지도 방법 발표 - 발표 우수사 시상 및 수료
	18:00~19:00	석식		

꿈을 키우는 미래도전 과정

구분		1일차		2일차
오전	10:00~10:30	- 도전 관련된 영상 시청 및 과정안내	08:00~09:00	조식
	10:30~12:00	- 도전의 핵심과 열정의 6가지 습관 - 과거와 현재 그리고 미래의 도전	09:00~10:00 10:00~12:00	- 마음을 얻는 소통과 자기경영 - 소중한 나의 꿈, 희망, 도전
	12:00~13:00	중식		
오후	13:00~14:00 14:00~15:00 15:00~17:00 17:00~18:00	- 나의 도전이야기 공유 - 학습과 업무외 창의적 도전사례 - 도전한 리더의 공통점 - 위대한 도전인 특강	13:00~14:00 14:00~15:00 15:00~17:00	- 다양성의 힘 - 긍정시너지를 통한 혁신 - 1년,5년,10후의 나의 도전 사명서 작성 및 발표
	18:00~19:00	석식		
야간	19:00~20:00 20:00~21:00	- 현재의 모습과 미래의 모습 도전그리기 (스토리텔링) - 휴먼네크워크의 도전 (특별한 교제)		

©미래창의캠퍼스 모든 교육과정 내용은 국제미래학회의 지적재산으로 무단복제 및 사용시 민·형사상 치벌을 받게 됩니다

미래 예측 전략 전문가 자격증 과정

구분		1일차	2일차		3일차	
오전			08:00~09:00 조식		08:00~09:00 조식	
	10:00~11:00	- 퓨처 아이스브레이킹	09:00~11:00	- 4차 산업혁명 시대의 미래 성공 역량	09:00~11:30	- 트렌드 생태계 예측 방법론 이해 와 실습
	11:00~12:00	- 나의 미래 역량은?	11:00~12:00	- 미래학과 미래 예측 방법론 개요	11:30~12:00	- 실습 결과 발표
	12:00~13:00	중식	12:00~13:00 중식		12:00~13:00 중식	
오후	13:00~15:00	- 4차 산업혁명과 미래 사회 메가 트렌드	13:00~15:00	- 시나리오 예측 방법론 이해와 실습	13:00~15:00	- 미래 제품 전략 노출 실습 및 발표
			15:00~15:30	- 실습결과 발표		
	15:00~17:00	- 미래 유망 기술과 부상하는 산업	15:30~17:30	- 퓨처스 미래 예측 방법론 이해와 실습	15:00~16:00	- 미래 예측 전략 전문가로서 실천계획서 작성
	17:00~18:00	- 스마트 비즈니스 소통	17:30~18:00	- 실습 결과 발표	16:00~17:00	- 자격시험 및 수료식
	18:00~19:00	식식				

IoT(사물인터넷)전문가 과정

구분		1일차	2일차		3일차	
오전			08:00~09:00 조식		08:00~09:00 조식	
	10:00~11:00	- 퓨처 아이스브레이킹	09:00~10:30	- IoT 플랫폼 개요 및 구조	09:00~10:30	- 사물인터넷 디바이스 H/W, S/W 개요와 플랫폼 종류
	11:00~12:00	- 4차 산업혁명 시대 미래산업 변화와 IoT	10:30~12:00	- IoT 플랫폼 필요 기술과 적용 사례	10:30~12:00	- 사물인터넷 디바이스 사례 (헬스케어, 스마트 홈 시티 금융 물류 유통 마케팅)
	12:00~13:00	중식	12:00~13:00 중식		12:00~13:00 중식	
오후	13:00~15:00	- 사물인터넷 개념과 응용서비스 분야 (헬스케어, 스마트 홈 시티금융 물류 유통 마케팅)	13:00~14:00	- 사물인터넷 네트워크 이해	13:00~15:00	- 사물인터넷 응용기술과 제품· 서비스 사례 (빅데이터, 클라우드, 모바일)
			14:00~16:00	- 사물인터넷 통신기술 이해와 적용 사례 (와이파이, 블루투스, 비콘, RFID/NFC, 지그비 등)		
	15:00~16:00	- 사물인터넷 표준화 개념과 표준화 기구			15:00~16:30	- 사물인터넷 비즈니스 모델과 설계, 적용 사례
	16:00~17:00	- 사물인터넷 아키텍처와 레퍼런스 모델, 적용 사례	16:00~18:00	- 사물인터넷 응용계층 프로토콜 (HTTP, CoAP, MQTT, XMPP)	16:30~17:00	- 수료식
	17:00~18:00	- 사물인터넷 보안				
	18:00~19:00	- 식식				

창의력 혁신 서비스 마인드 과정

구분	1일차	2일차	3일차
오전	Mind Set (1h) • 연수원 안내 • 과정목표 및 교육진행안내 • 교육에 들어가기 선 마음가짐 기업조직의 이해와 팀빌딩 (2h) • 개인적사고가 아닌 조직적 사고를 배양한다. • IceBreaking	바른 일과 창의적 사고의 중요성 (3h) • 고객만족의 일하는 방법 • 창의적 사고가 중요한 이유	혁신과 변화의 사례와 추진방법 (3h) • 창의혁신의 실행과 방법 • 시대의 변화에 맞는 창의적인 사고법
오후	창의적 서비스업무와 혁신 (2h) • 창의적 서비스업무와 혁신의 이해 • 창의적 업무혁신 실천 기법 의식강화 모랄 Up 훈련 (3h) • 의욕 /자신감 향상 훈련 • 신입사원 마인드 되찾기	서비스 전문가 강연 (3h) • 고객만족 서비스란 • 시대의 흐름과 서비스의 변화 고객에게 감동을 주는 서비스 마인드 (2h) • 무엇을 위한 서비스인가 • 고객만족을 전달하기 위한 대화 Tool	창의적 혁신과 변화의 작용을 위한 혁신 워크샵 (2h) • 학습내용을 통한 총 정리강연 • 개인별 실행 선언서 작성 교육마무리

©미래창의캠퍼스 모든 교육과정 내용은 국제미래학회의 지적재산으로 무단복제 및 사용시 민·형사상 처벌을 받게 됩니다

www.futurestudy.kr

저성장 탈출 혁신 교육과정

구분		1일차		2일차
오전	10:00~12:00	* 저성장/역성장 탈출 시나리오 설정 필요성과 방향성 이해 - 수입의 원천 중심으로 기술과 거리로 부가가치 관리 - 구조적, 근본적 변화를 위한 Zero Base에서 새로운 틀 짜기 - 사업계획은 철저한 준비, 실행 최우선 … 언제든 틸바꿈 가능	08:00~09:00	조식
			09:00~12:00	* 제품/공정 구조, 흐름 분석 및 기술적/관리적 Parameter 설정으로 제약조건 극복하기 - 원가의 원리와 구조와 제품/공정 흐름분석으로 Parameter 설정과 극복하기 - 창의적 아이디어 발상의 원리와 Tool & Technique / 적용 사례
	12:00~13:00	중식	12:00~13:00	중식
오후	13:00~15:00	* 생존을 넘어 Only One 은 이렇게 혁신하라 - 혁신 활동의 Formula 만들기 - 혁신 활동의 논리와 전략 만들기 - 혁신 Growth Platform 설계하기	13:00~14:30	* 수익성 20% 개선하기 실현방법 / 사례 1) 제품 :고객과 기술의 거리 넓히기 Point 도출 - 원가관리 /방식의 종류,시점 정의 - 제품 -생산의 기술, 구조 설계 중심 Hidden Cost 도출, 제약조건 구체화 - 개선 실행계획서 작성 방법 / 사례
	16:30~18:00	* 구조적 / 근본적 가치 파괴로 수익성 개선 시나리오와 Point 설정하기 - 성과 없는 관리나 혁신 활동은 모래성, 시한부 인생 연장 Stop 사례 - 자사 손익구조 분석 / Simulation 및 예측 시나리오 작성과 실천 목표 설정하기 - 구성원 마인드, 실행력 강화 단계적 실행 Point 마익 / 설정하기	14:30~16:00	2) 공정 :고객과 가치의 거리 좁히기 Point 도출 - 제품 -생산의 방식/구조/주기, 흐름/편성, 가치 성의 - 제품 -생산의 방식, 흐름, 가치 중심으로 부가가치 증대 과제 도출 - 개선 실행계획서 작성 방법 / 사례
			16:00~17:00	3) 경비 :구조적 발생 제거와 근본개선 Point 도출 방법 / 사례

스마트 홍보 마케팅 전문가 과정

구분		1일차		2일차
오전	10:00~11:00 11:00~12:00	- SMART 아이스브레이킹 - 스마트멀티 미디어 시대 생활 변화와 홍보마케팅 중요성과 활용	08:00~09:00	조식
			09:00~10:00 10:00~12:00	- 스마트 비즈니스 소통법 - 스마트 홍보 영상 촬영법과 UCC 영상 편집 /제작 방법 익히기
	12:00~13:00	중식	12:00~13:00	중식
오후	13:00~15:00 15:00~16:00 16:00~17:00 17:00~18:00	- 스마트폰 기본 기능이해 /활용법과 홍보마케팅 플랫폼 채널 구축과 성공사례 - 홍보마케팅 스토리텔링과 스마트홍보 스토리작성하기 - 스마트 사진 촬영과 편집, 홍보 메시지 사진으로 소통하기 - 스마트폰으로 홍보 포토영상 만들어 소통하기	13:00~14:00 15:00~15:00 15:00~16:00 16:00~17:00	- 사진과 영상으로 스마트 홍보 UCC 만들기 - 스마트폰 활용을 통한 스마트 홍보 UCC 홍보 마케딩 방법과 제작물 SNS 올려 소통하기 - 스마트멀티미디어전문가 지격 검정 - 우수자 시상 및 수료식
	18:00~19:00	석식		

스마트 교수법 과정

구분		1일차		2일차
오전	10:00~10:30 10:30~12:00	- 오리엔데이션 및 자기 소개 - 플립드 러닝 및 하브루타 교수법 개요	08:00~09:00	조식
			09:00~10:00 10:00~12:00	- Youtube 활용 - Google drive 활용 - Google Chrome 확장 프로그램 활용
	12:00~13:00		12:00~13:00	중식
오후	13:00~14:00 14:00~15:00 15:00~17:00 17:00~18:00	- 플립드 러닝을 위한 영상 제작 - 플립드 러닝을 위한 동영상 편집 - 플립드 러닝을 위한 이미지 편집 - 플립드 러닝을 위한 eBook 제작	13:00~14:00 14:00~15:00 15:00~16:00 16:00~17:00	- 학습자와 소통할 수 있는 클래스팅 활용 - 유용한 프로그램 소개 - 스마트 기기 및 어플 소개
	18:00~19:00	석식		
야간	19:00~20:00 20:00~21:00	- Prezie, Emaze, 프레젠테이션 - PowerPoint, keynote 프레젠테이션		

ⓒ미래창의캠퍼스 모든 교육과정 내용은 국제미래학회의 지적재산으로 무단복제 및 사용시 민·형사상 처벌을 받게 됩니다

스마트 드론 영상제작 캠프

구분	1일차		2일차	
오전			08:00~09:00	조식
	10:00~10:30	- 오리엔테이션 및 자기소개	09:00~10:00	- 드론 활용 야외 스마트폰 촬영법 익히기
	10:30~12:00	- 스마트시대 드론 영상 의미와 전망	10:00~12:00	- 드론 활용 야외 스마트폰 촬영 실습
	12:00~13:00	중식		
오후	13:00~14:00	- 드론 구조 및 작동법 익히기	13:00~14:00	- 드론 활용 스마트폰 영상 촬영하기
	14:00~15:00	- 드론 조종 실습	14:00~15:00	- 드론 촬영 영상 스마트폰 편집하기
	15:00~17:00	- 드론 영상 촬영법 익히기	15:00~16:00	- 자격검정 : 드론 스마트 영상 제작 시연
	17:00~18:00	- 드론 영상 촬영 실습	16:00~17:00	- 우수자 발표시상 및 수료식
	18:00~19:00	석식		
야간	19:00~20:00	- 스마트폰으로 영상 편집 익히기		
	20:00~21:00	- 스마트폰 영상 편집 실습		

스마트 멀티미디어 전문가 자격증 과정

구분	1일차		2일차		3일차	
오전			08:00~09:00	조식	08:00~09:00	조식
	10:00~11:00	- 개강식 및 스마트 시대의 특성	09:00~11:00	- PC/노트북 활용한 UCC 영상 만들기	09:00~11:30	- 모바일웹 제작 프로그램 익히기 - 실습 결과 발표
	11:00~12:00	- 스마트시대 콘텐츠 영향력과 스마트폰 200% 고급 활용법	11:00~12:00	- SNS 활용 효과적인 홍보마케딩 방안과 사례	11:30~12:00	- 본인의 모바일웹 기획하기
	12:00~13:00	중식	12:00~13:00	중식	12:00~13:00	중식
오후	13:00~14:00	- 스마트폰 고급 촬영법 및 실습	13:00~14:30	- UCC 스토리보드 만들기	13:00~15:00	- 본인의 모바일웹 제작하기
	14:00~15:00	- 스마트폰 포토메시지 만들기	14:30~16:30	- 스마트 활용한 UCC 영상 작품 만들기	15:00~16:00	- 모바일웹 활용 SNS 홍보마케딩 실습
	15:00~17:00	- 스마트폰 포토영상 만들기	16:30~17:00	- 제작한 UCC 영상 작품으로 SNS 협업 소통하기	16:00~17:00	- 자격시험 및 수료식
	17:00~18:00	- 스마트폰 QR 코드 제작 및 활용 실습	17:00~18:00	- UCC 작품 발표하기		
	18:00~19:00	석식				

스마트 창의 인성 강화 과정

구분	1일차		2일차	
오전	10:00~11:00	- SMART 아이스브레이킹	08:00~09:00	조식
	11:00~12:00	- 스마트 시대 생활 변화와 스마트 윤리 필요성과 콘텐츠 영향력	09:00~10:00	- 건강한 스마트 소통법
			10:00~12:00	- 스마트 활용 사진/영상 촬영법과 UCC 영상 편집/제작 방법 익히기
	12:00~13:00	중식	12:00~13:00	중식
오후	13:00~15:00	- 스마트 창의 인성 이해와 인성 8덕목 이론과 실제, 활용 사례	13:00~14:30	- 창의 인성강화 스토리 실습(1) : 예, 칭찬보드 / 공감 메시지 만들어 소통하기 / 발표
	15:00~16:30	- 스마트 창의 인성역량 진단과 인성강화 Map 작성과 활용법 / 사례	15:00~16:30	- 창의 인성강화 UCC 실습(2) : 예, 책임, 협동 스마트 UCC 만들어 소통하기 / 발표
	16:30~18:00	- 스토리텔링 방법과 창의 인성강화 소통 Map / 스토리 작성하기 / 발표	16:30~17:00	- 발표 우수자 시상 및 수료
	18:00~19:00	석식		

©미래창의캠퍼스 모든 교육과정 내용은 국제미래학회의 지적재산으로 무단복제 및 사용시 민·형사상 처벌을 받게 됩니다

시낭송 창의 인성 과정

구분	1일차	2일차
오전	10:00~11:00 – 내가 좋아하는 시와 자기소개 11:00~12:00 – 시를 통한 자기성찰 특강 12:00~13:00 중식	08:00~09:00 조식 09:00~10:00 – 시퍼포먼스 방법과 사례 특강 10:00~12:00 – 개인별 시낭송 클리닉 받기 12:00~13:00 중식
오후	13:00~14:00 – 현대 사회에서 시낭송의 의미 14:00~15:00 – 시를 들려주고 함께 낭송하여 보기 15:00~17:00 – 시낭송을 잘하는 7가지 방법 익히기 17:00~18:00 – 시낭송 발성 연습하기 18:00~19:00 석식	13:00~14:00 – 시낭송 무대 발표 연습 14:00~16:00 – 개인별 시낭송 및 소감 발표 16:00~17:00 – 발표 우수자 시상 및 수료

쿠킹을 통한 인성소통 과정

구분	1일차	2일차
오전	10:00~11:00 – 내가 좋아하는 요리 및 자기소개 11:00~12:00 – 요리를 활용한 조식 커뮤니케이션 환영회 12:00~13:00 맛있는 대화, 맛있는 오찬	08:00~09:00 조식 09:00~10:00 – 세계 식사 비즈니스 에티켓 10:00~12:00 – 창의적인 샌드위치 요리 실습 12:00~13:00 – 따뜻한 식사 테이블 셋팅법 실습 13:00~14:00 셰프와 함께하는 따뜻한 오찬
오후	13:00~14:00 – 쿠킹을 통한 인성소통 의미와 방법 14:00~14:30 – 메뉴소개 및 레크레이션 (Guessing game) 14:30~15:00 – 재료안내 및 재료교환권 게임 15:00~17:00 – 조별 쿠킹 주제선정 및 쿠킹 실습 17:00~18:00 – 조별 쿠킹 작품 프리젠테이션 및 평가 18:00~20:00 요리, 스타일링 응용팁 만찬과 와인 파티	14:00~15:00 – 맛있는 조식 소통법 특강 15:00~16:00 – 개인별 소감 발표 16:00~17:00 – 우수 팀 및 우수자 시상, 수료

디자인 씽킹 기반 창의역량 증진 과정

구분	1일차	2일차
오전	10:00~10:30 창의융합시대에서의 창의성 10:30~12:00 Big C→Pro C 12:00~13:00 중식	08:00~09:00 조식 – 창의역량 개발 워크숍 (1) 09:00~10:00 – 디자인 씽킹 체험하기 워크숍 (1) 　　　　　　　　: Warming Up 10:00~12:00　: 공감하기 　　　　　　　　: 문제의 발견과 정의하기
오후	13:00~14:00 – 일상 속 창의성 14:00~15:00 – 관찰과 공감으로 여는 디자인 씽킹 15:00~17:00 (Design Thinking) 17:00~18:00 18:00~19:00 석식	13:00~14:00 – 창의역량 개발 워크숍 (2) 14:00~15:00 – 디자인 씽킹 체험하기 워크숍 (2) 15:00~16:00　: 아이디어 도출하기 16:00~17:00　: 시제작 (Proto Type) 　　　　　　　　: 테스트 하기(TEST)
야간	19:00~20:00 – 창의적 사고기법 알고 적용하기 활동 20:00~21:00 1. 브레인스토밍 적용 아이디어 도출 　　　　　　　 2. SCAMPER 적용 아이디어 도출	

©미래창의캠퍼스 모든 교육과정 내용은 국제미래학회의 지적재산으로 무단복제 및 사용시 민·형사상 처벌을 받게 됩니다

Future Creative Campus

미래창의캠퍼스

스토리텔링 창의 교육 과정

구분	1일차		2일차	
오전	10:00~10:30 10:30~12:00	- 오리엔테이션 및 자기소개 - 스토리텔링의 이해	08:00~09:00	조식
			09:00~10:00	사건 스토리텔링하기 (팀)
			10:00~12:00	팀별 발표 및 토론
	12:00~13:00	중식		
오후	13:00~14:00 14:00~15:00 15:00~17:00 17:00~18:00	- 스토리텔링의 이론 - 스토리텔링의 실재 - 브레인스토밍 연습 (개인) (단어퍼즐 / 사진텍스트) - 브레인스토밍 결과물 토론	13:00~14:00 14:00~15:00 15:00~16:00 16:00~17:00	- 만화＆애니메이션 스토리텔링 - 영화＆드라마스토리텔링 - 게임스토리텔링 - 우수발표 시상식 및 수료식
	18:00~19:00	석식		
야간	19:00~20:00 20:00~21:00	- 세계관 스토리텔링하기 (팀) - 캐릭터 스토리텔링하기 (팀)		

SW 코딩 창의 캠프 과정

구분	1일차		2일차	
오전	10:00~11:00 11:00~12:00	- 오리엔테이션 , 팀배정 및 자기소개 - 인공지능과 SW 코딩 특강	08:00~09:00	조식
			09:00~10:00	- 스마트폰으로 로봇 제어 방법 익히기
			10:00~12:00	- 팀별 스마트폰 로봇 제어 어플 제작하기
	12:00~13:00	중식		
오후	13:00~14:00 14:00~15:00 15:00~17:00 17:00~18:00	- SW코딩 개념과 스크래치 이해하기 - 스크래치 사용법 익히기 - 스크래치 이용하여 로봇 제어 코딩하기 - 초음파센서 이용 회피로봇 코딩하기	13:00~14:00 14:00~15:00 15:00~16:00 16:00~16:30	- 재난구조 로봇 코딩 익히기 - 팀별 로봇 재난구조 활동 구성 연습 - 팀별 로봇 재난구조 활동 시연하기 - 우수팀 발표시상 및 수료식
	18:00~19:00	석식		
야간	19:00~20:00 20:00~21:00	- 팀별 로봇 코딩 제어 연습하기 - 팀별 로봇 코딩 제어 시연하기		

방송영상 창의 캠프 과정

구분	1일차		2일차	
오전	10:00~11:00 11:00~12:00	- 오리엔테이션 및 자기소개 - 그룹별 스마트 콘텐츠 주제 선정	08:00~09:00	조식
			09:00~10:00	- 건강한 스마트 미디어 특강
			10:00~12:00	- 팀별 영상 콘텐츠 제작하기
	12:00~13:00	중식		
오후	13:00~14:00 14:00~16:00 16:00~17:00 17:00~18:00	- 스마트폰 영상 사례 및 촬영법 익히기 - 개인별 스마트폰 영상 편집 익히기 - 팀별 컨셉 선정과 스토리 아이디어 개발 - 팀별 스토리보드 작성하기	13:00~14:00 14:00~15:00 15:00~16:00	- 팀별 영상 콘텐츠 프리젠테이션 - 개인별 스마트폰 영상 제작 자격 검정 - 우수팀 발표시상 및 수료식
	18:00~19:00	석식		
야간	19:00~21:00	- 팀별 스토리보드 기반 촬영, 제작하기		

©미래창의캠퍼스 모든 교육과정 내용은 국제미래학회의 지적재산으로 무단복제 및 사용시 민 · 형사상 처벌을 받게 됩니다

www.futurestudy.kr

독서 창의 인성 캠프 과정

구분		1일차		2일차
			08:00~09:00	조식
오전	10:00~11:00	- 오리엔테이션 및 자기소개	09:00~10:00	- 신나는 독서 및 토론하기 특강
	11:00~12:00	- 나의 독서 관리 및 독서능력 진단	10:00~12:00	- 팀별 책 주제 만화 발표 준비
	12:00~13:00	중식		
오후	13:00~15:00	- 창의 인성 책 읽기	13:00~14:00	- 팀별 발표, 영상 촬영하여 송출
	15:00~16:00	- 가상 인생적인 책 스토리 나누기	14:00~15:00	- 우수 발표시상 및 수료식
	16:00~18:00	- 책 스토리를 그림으로 표현하기		
	18:00~19:00	석식		
야간	19:00~21:00	- 팀별 인성 책 주제 선정 및 만화 그리기		

한궁스포츠 인성지도사 과정

구분		1일차		2일차
			08:00~09:00	조 식
오전	10:00~11:00	한국 전통생활체육의 정의와 현황 및 필요성	09:00~10:00	국민기본건강인성실천운동 및 체.인.지 운동 이해
	11:00~12:00	스포츠를 통한 건강한 인성실천 방법의 이해	10:00~12:00	한궁 대회 체험 및 진행요령 익히기
	12:00~13:00	중 식	12:00~13:00	중 식
오후	13:00~15:00	한궁의 필요성과 기본자세 이해 및 개인별 숙련	13:00~14:30	한궁으로 하는 다양한 인성역량 놀이 체험하기
	15:00~16:30	한궁의 다양한 활동에 따른 맞춤형 교수법	15:00~16:30	검증 및 간담회
	16:30~18:00	한궁 훈련 효과 분석 및 적용하기	16:30~17:00	수여식 및 인성실천 신모식
	18:00~19:00	석 식		

청렴 · 윤리 경영 과정

구분		1일차		2일차
			08:00~09:00	조식
오전	10:00~11:00	- CLEAN 아이스브레이킹	09:00~10:30	- 윤리적 위기의 대응과 위기 극복을 위한 청렴윤리경영 8단계와 의사결정 전략
	11:00~12:00	- 청렴윤리경영 이해와 필요성, 유형	10:30~12:00	- 윤리적 행동 강화를 위한 윤리 수준/원칙 이해와 코칭
	12:00~13:00	중식	12:00~13:00	중식
오후	13:00~15:00	- 21C 청렴윤리경영 주요 Issue, 빔암과 사례(한국,외국)	13:00~14:00	- 청렴윤리경영 문제성과 단기/중기 개선 방안
	15:00~16:30	- 윤리경영의 과제 :체계구성、비전、방향、시스템 구축、운용 분화정착 프로그램	14:00~15:30	- 부섬청탁금지법 이해와 청렴사회 구현의 길
	16:30~18:00	- 분야별 윤리경영 실천과제 :마케팅/영업、인사조직、생산 관리、구매、재무、정보、회계、금융、보법 등	15:30~16:30	- 청렴윤리경영 진단지표 이해와 진단、분석、결과 활용법、사례
			16:30~17:00	- 수료식
	18:00~19:00	석식		

©미래창의캠퍼스 모든 교육과정 내용은 국제미래학회의 지적재산으로 무단복제 및 사용시 민 · 형사상 처벌을 받게 됩니다

서울본부캠퍼스
서울시 서초구 논현로 83
삼호물산 A동 1415호
TEL 02-501-7234

서울강남캠퍼스
서울시 강남구 논현로 543
은주빌딩 4.5층

서울신촌캠퍼스
서울특별시 서대문구 신촌로 197
한국방송예술진흥원 빌딩

곤지암캠퍼스
경기 광주시 도척면
도척윗로 702 곤지암밸리

홍천캠퍼스
강원도 홍천군 서석면 검산리
100 마리소리음악연구원

아산캠퍼스
충청남도 아산시 음봉면
아산온천로 148-39
미래전략혁신사관학교

파주캠퍼스
경기도 파주시 파주출판
도시 문발동 500-8
나비나라박물관

전주캠퍼스
전북 전주시 덕진구
빛꽃로 54

청양캠퍼스
충남 청양군 운곡면 신
대리 789
한궁세계화연수원

울산캠퍼스
울산광역시 중구 중앙길 29
울산문화산업개발원

제주캠퍼스
제주도 서해안로 456-8번지
북라이크연수원

원주캠퍼스
강원도 원주시 귀래면 귀래리
산 300-1 번지 산막학교

인사말

안 종 배
국제미래학회 회장
대한민국 인공지능메타버스포럼 공동회장

이제 인공지능과 메타버스는 선택이 아니라 필수가 되었습니다. 국내 최초로 개설되는 '인공지능 메타버스 미래전략 최고위 과정'이 최고경영자들로 하여금 미래를 준비하고 미래를 밝혀주는 미래 등불과 같은 역할을 할 수 있도록 최대한 노력하겠습니다

김 태 현
서울과학종합대학원 대학교 총장
전 연세대학교 경영전문대학원 원장

국내 최초로 '인공지능 메타버스 미래전략 최고위 과정'을 개설하게 되어 기대가 됩니다. 인공지능과 메타버스 분야 최고 전문가의 강의를 통해 인공지능 메타버스 시대의 미래 리더로서 역량을 함양하여 미래를 이끌어 갈 수 있도록 하여 서울과학종합대학원의 대표적인 교육과정이 되도록 노력하겠습니다.

추천사

조 동 성
산업정책연구원 이사장
서울대 경영대학 명예교수
전 국립인천대학교 총장

세상이 바뀌었습니다. 바둑으로 세계를 제패했던 이세돌 국수도 아마추어임을 자인했습니다. 55년 동안 경영학을 연구해 온 저도 아마추어입니다. 인공지능(AI)과 메타버스는 더 이상 선택이 아닙니다. AI와 메타버스를 준비하지 않은 기업이 AI와 메타버스에 올라탄 기업과 고객을 두고 경쟁한다면 누가 승리하겠습니까? 다행히 AI와 메타버스는 아직 멀리 달아나지 않았습니다. 지금이라도 AI와 메타버스 기차에 올라타면 선두가 될 수 있습니다. AI와 메타버스를 공부하십시오. 저도 함께 공부하겠습니다.

개설목적

포스트코로나 4차산업혁명의 가속화로 인공지능과 메타버스의 영향력과 중요성은 더욱 강화되고 있다. 인공지능과 메타버스의 활용역량은 국가 및 기업과 개인의 경쟁력이 되고 있다. 이에 인공지능과 메타버스가 바꾸고 있는 미래 사회를 이해하고 이를 비즈니스와 생활에서 활용할수 있는 역량을 갖추어 미래사회를 리더하고 지도 할수 있는 최고 경영자가 될 수 있도록 한다.

교육내용

 인공지능과 메타버스시대 최고경영자 미래전략과 리더쉽

 인공지능과 메타버스시대 미래 경영과 미래 세상 변화

 인공지능과 메타버스를 활용한 비즈니스, 블록체인, 메타버스와NFT, 엔터테인먼트 비즈니스, 의료와 헬스케어, ESG 비즈니스, 문화·예술 및 인재의 미래 변화

 인공지능, 메타버스를 비즈니스와 생활에서 스마트폰으로 유용하게 활용할 수 있는 실전 역량 함양 교육

 인공지능과 메타버스 최전선에 있는 기업 체험과 노하우 전수

 최고 지도층 교수진과 최고경영자 간의 인적 교류와 소통 활성화 및 인공지능 베타버스 리더 역량 함양 교육

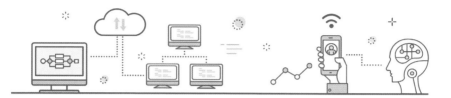

과정개요

◇ **교육기간**
  2022년 10월 4일(화) ~ 12월 6일 (매주 화요일 10주간)

◇ **교육시간**
  17:30 ~ 18:30   교류 및 만찬
  18:30 ~ 20:00   인공지능과 메타버스 명사 강연
  20:00 ~ 20:20   메타버스 소통의 시간
  20:20 ~ 21:30   인공지능과 메타버스 사용법 실전

◇ **교육장소**
  서울과학종합대학원 대학교 본관2층 대강의실(이대역 300M)

주최·주관기관

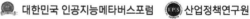

국제미래학회
Global Future Studies Association

aSSIST 서울과학종합대학원대학교

◆ 브릿지경제

협력기관

대한민국 인공지능메타버스포럼   IPS 산업정책연구원

클린콘텐츠국민운동본부
www.cleancontents.org

교육 수강생 제공 혜택

 수료자 '인공지능 메타버스 리더스 클럽'및 '서울과학 종합대학원 총동창회'정회원 자격 부여

 수료자에게 국제미래학회 회장과 대한민국 인공지능 메타버스포럼 공동회장 명의의 '인공지능 메타버스 리더 인증서'와 서울과학종합대학원 총장 명의의 수료증 제공

 매주 국내 최고의 명사인 강사진과의 지적, 인적 교류 및 인공지능과 메타버스 활용 실전 역량 함양

 최신 교재 및 강의록 제공

 최고위과정 졸업 여행: 배우고 즐기며 힐링하는 제주 워커숍 (별도 비용)
최고급 만찬과 다과 제공

 상호 교류 증진을 위한 축제 형식의 입학식과 수료식 개최

 수강생 활동 브릿지경제에 홍보 기사 제공

 수료자 중 희망자는 '미래지도사', '스마트 멀티미디어 전문가 (메타버스)'1급 자격증 제공

교육 신청 및 문의

◇ **교육 수강료** 400만원
(교재, 강의록, 만찬, 다과, 수료증과 인증서, 2개 자격증 제공 포함)

◇ **입금계좌** 우리은행 1005-101-722930 서울과학종합대학원

◇ **수강신청** https://c11.kr/z850 입학 또는 입학원서 제출

◇ **문의 사무국**
aSSIST 조한빈 02-360-0776 hbcho@assist.ac.kr

◇ **과정 안내 사이트**
www.gfuturestudy.org   www.assist.ac.kr
www.viva100.com

교육프로그램

일정	교육내용	교수진
1회차	- 개강식 만찬 및 축하 공연 - 인사말 - 축사: 인공지능 메타버스 시대 리더쉽 - 기조강연:AI 메타버스 시대의 미래 인재	안종배 회장/ 김태현 총장 조동성 이사장/김현수 발행인 조완규 전 교육부장관/aSSIST 이사장 이주호 전 교육과학기술부장관/KDI 교수
2회차	- 인공지능과 메타버스가 바꾸는 미래 세상 - 인공지능 메타버스 시대 경영 혁신 미래 전략	안종배 국제미래학회 회장 조동성 산업정책연구원 이사장 대한민국인공지능메타버스포럼 공동회장
3회차	- 인공지능 메타버스와 디지털플랫폼 국가 - 스마트폰 AI 활용 비즈니스 실전	권호열 한국정보통신정책연구원 원장 심현수 스마트메타버스교육진흥원 원장
4회차	- 인공지능 메타버스 시대 정치와 행정의 미래 - 스마트폰 AI 활용 글로벌 소통 실전	김형준 명지대 교수/정치평론가 심현수 스마트메타버스교육진흥원 원장
5회차	- 인공지능 메타버스 시대 블록체인과 NFT - 메타버스용 NFT 발행 및 거래하기	박수용 한국블록체인학회 회장 　　　　서강대학교 교수 안동수 한국블록체인기업협회 　　　　수석부회장(전 KBS 부사장)
6회차	- 인공지능 메타버스 시대의 협업 리더쉽 - 스마트폰으로 이프랜드, 모임 메타버스 　활용 실전	윤은기 한국협업진흥협회 회장 안종배 국제미래학회 회장
7회차	- 인공지능 메타버스 엔터테인먼트 비즈니스 - 스마트폰으로 제페토 메타버스 활용 실전	차인혁 CJ올리브네트웍스 대표이사 심현수 스마트메타버스교육진흥원 원장
8회차	- 인공지능 메타버스 시대 문화·예술 　미래 비즈니스 - 인공지능 메타버스 시대 ESG 비즈니스	이남식 국제미래학회 명예회장 　　　　전 서울예술대학교 총장 문형남 대한경영학회 회장 　　　　대한민국 ESG메타버스포럼 의장
9회차	- 인공지능 메타버스 시대 미래 의료와 　헬스케어 - 스마트폰으로 젭(ZEP) 메타버스 활용 실전	강건욱 서울대학교 의대 교수 　　　　서울대 생명공학공동연구원 부원장 심현수 스마트메타버스교육진흥원 원장
10회차 수료식	- 인공지능 메타버스 미래전략 최고위 수료식 - 브레인 건강 운동과 메타버스 교류의 시간 - 만찬과 함께하는 오페라 갈라 축하 콘서트	수료식 및 farewell party 차경환 BM 건강실천연구소 소장 김경아 르엘오페라단 단장

과정교수진

안종배 회장(과정 총괄)
국제미래학회 회장
대한민국 인공지능메타버스포럼
공동회장

조완규 장관
전 교육부장관/전 서울대 총장
서울과학종합대학원 이사장

이주호 전 부총리
전) 부총리겸 교육과학기술부 장관
KDI 국제정책대학원 교수

조동성 이사장
산업정책연구원 이사장
전 국립인천대학교 총장

김태현 총장
서울과학종합대학원 총장

권호열 원장
한국정보통신정책연구원 원장

이남식 명예회장
국제미래학회 명예회장
전 서울예술대학교 총장

김형준 교수
명지대 교수/정치평론가
국제미래학회 미래정치위원장

윤은기 회장
한국협업진흥협회 회장
전 중앙공무원교육원 원장

박수용 회장
한국블록체인학회 회장
서강대학교 교수

문형남 회장
대한경영학회 회장
대한민국 ESG 메타버스포럼 의장

안동수 수석부회장
한국블록체인기업협회 수석부회장
전 KBS 부사장

강건욱 교수
서울대학교 의대 교수
서울대 생명공학공동연구원
부원장

심현수 원장
스마트메타버스교육진흥원 원장
국제미래학회 사무총장

차인혁 대표이사
CJ올리브네트웍스 대표이사
CJ주식회사 CDO

차경환 대표
BM 건강실천연구소 소장
국제미래학회 인성교육위원장

김경아 단장
롯데오페라단 단장
송파여성문화회관 관장

제1기
인공지능 메타버스
미래전략 최고위과정
- 인공지능 메타버스 리더 인증 -

 주최·주관기관 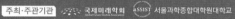 국제미래학회 aSSIST 서울과학종합대학원대학교
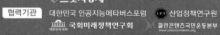 브릿지경제
협력기관 대한민국 인공지능메타버스포럼 IPS 산업정책연구원
 국회미래정책연구회 클린콘텐츠국민운동본부
www.cleancontents.org

5. 스마트 메타버스 전문가 1급 자격과정 안내

dongguk UNIVERSITY

스마트 메타버스 전문가(NFT포함) 과정 1기

과정 개요

- **과 정 명**: 스마트 메타버스 전문가 과정 (1급 자격증 과정)
- **주 관**: 동국대학교 미래융합교육원, 국제미래학회 대한민국 인공지능메타버스포럼
- **과정 특징**: 가장 범용적인 4개의 메타버스의 사용법을 익혀 실전에서 활용할 수 있고 NFT를 발행하여 메타 버스에 연계할 수 있는 전문가 역량 함양
- **과정 일정**: 주말반 1기 2022년 4월30일(토), 5월1일(일) (오전9시 ~ 오후6시) 총16시간
- **교육 장소**: 동국대학교 미래융합교육원 학술관 강의실 (동국대입구역 6번출구 500M)
- **교육 문의 및 접수**: 동국대 미래융합교육원 02-2260-3730 https://url.kr/9u5zf4
- **과정 준비물**: 개인별 노트북, 개인별 이어폰, 개인별 스마트폰과 노트북 연결잭
- **과정 비용**: 50만원(수강료 및 수료증, 교재, 중식 포함)

교수진

안종배
국제미래학회 회장
대한민국인공지능메타버스포럼 회장
미래창의캠퍼스 이사장

안동수
국제미래학회 미래미디어위원장
한국블록체인기업진흥협회 수석부회장
전)KBS 부사장

심현수
국제미래학회 사무총장
인공지능메타버스포럼 교육위원장
전)KT 임원, KTis 대표이사

차경환
국제미래학회 인성교육위원장
인공지능메타버스포럼 교육위원
전)서울교대 교수

수료자 혜택

- 동국대 미래융합교육원 원장과 국제미래학회 회장 명의 수료증 발급
- 과정 수료자는 등록민간자격증인 '스마트 멀티미디어전문가 (메타버스) 1급' 자격검정 면제
- 희망자는 자격증(주무부처: 과학기술정보통신부)을 자격비용 (10만원) 50% 할인하여 5만원에 취득

교과 과정

◇ 본과정을 통해 메타버스를 직접 활용하고 구축할 수 있는 실전 역량을 익히게 됩니다.
◇ 본 과정은 최고의 전문가들이 직강하며 실전 역량을 함양토록 함께 합니다.

내 용	시간	세 부 내 용
첫째날 메타버스 실전 교육 목차	1교시	인공지능과 메타버스가 바꾸는 미래 세상
	2교시	스마트폰으로 메타버스용 콘텐츠 파일 만들기
	3교시	이프랜드(ifland) 메타버스 가입 및 아바타 만들기
	4교시	이프랜드(ifland) 메타버스 활용 구축 실전
	5교시	제페토(ZEPETO) 메타버스 가입 및 월드 체험 실전
	6교시	제페토(ZEPETO) 메타버스 월드에 방 만들기 실전
	7교시	제페토(ZEPETO) 메타버스 빌드잇 익히기 체험
	8교시	제페토(ZEPETO) 메타버스 빌드잇 만들기 실전
둘째날 메타버스와 NFT 실전 교육 목차	1교시	게더타운(Gather.Town) 메타버스 가입 및 사용법 실전
	2교시	게더타운(Gather.Town) 방만들기 체험
	3교시	게더타운(Gather.Town) 방만들기 실전
	4교시	한국형 게더타운 젭(ZEP) 메타버스 사용법과 실전
	5교시	NFT 이해 및 발행 방법
	6교시	NFT를 메타버스에서 연계하기 실전
	7교시	메타버스와 줌 연계, 스마트폰과 PC 연계 등 응용 역량 높이기
	8교시	메타버스 활용과 응용 방안 발표 및 수료식

6. 대한민국 인공지능메타버스포럼 소개

대한민국 인공지능메타버스포럼
소개

설립 목적

「대한민국 인공지능메타버스포럼」은 포스트코로나시대
4차산업혁명의 가속화와
미래의 다변화 사회에 대응하기 위하여
인공지능과 메타버스를 과학 · 기술 · 정치 · 경제 · 인문 · 사회 · 국방 · 환경
· ICT · 의료 · 미디어 · 문화 · 예술 · 교육 · 직업 · 윤리 등 제 분야에서
건강하게 활용되도록
인공지능과 메타버스 진흥과 윤리 정책과 법제 연구를 수행함으로써
미래 사회에 대비하고
대한민국의 지속적인 성장과 건강한 발전에
기여함을 목표로 함.

활동 계획

「대한민국 인공지능메타버스포럼」 주요 활동

1) 정기적 인공지능메타버스 미래사랑방 개최
2) 인공지능과 메타버스 발전 정책 세미나 및 컨퍼런스 개최
3) 인공지능과 메타버스 산업 진흥 및
   인공지능 윤리 정책 제언 및 법제
4) '대한민국 인공지능과 메타버스 미래 보고서',
   '인공지능과 메타버스 미래-저술 집필 및 출간
5) 인공지능메타버스 최고위 & 콜로키움 & 교수법 등 교육 진행

'인공지능메타버스 미래사랑방'

□ 진행 형식은 매월 정해진 인공지능과 메타버스 주제 부문 전문가를 초빙하여 자신의 전문 분야 관점에서 인공지능과 메타버스 미래 변화와 대한민국 미래 발전을 위한 활용 방안을 발제를 하고

□ 참석 위원들이 또한 각자의 전문 분야 관점에서 월별 해당 주제의 인공지능과 메타버스 진흥과 윤리에 대해 자유롭게 의견을 논의합니다.

□ 논의 결과는 인공지능과 메타버스 정책 제언 및 보고서에 반영합니다.

운영 기관

「대한민국 인공지능메타버스 포럼」 공동 운영

☐ 주최: 대한민국 인공지능메타버스포럼
　　　　국제미래학회
　　　　산업정책연구원
☐ 주관: 국회미래정책연구회

공동 회장

안종배

국제미래학회 회장
미래창의캠퍼스 이사장
클린콘텐츠국민운동본부 회장

조동성

산업정책연구원 이사장
전 국립인천대학교 총장
서울대학교 경영대학 명예교수

고문

이희범

한국정신문화재단 이사장
전 산업자원부 장관
평창올림픽 조직위원장

진대제

스카이레이크인베스트먼트 회장
전 정보통신부 장관
서울시 혁신성장 위원장

노웅래

국회미래정책연구회 공동회장
더불어민주당 국회의원
20대 국회 과기정방통위 위원장

박진

국회미래정책연구회 공동회장
외교부 장관/국민의힘 국회의원
아시아미래연구원 이사장

국내 인공지능과 메타버스의 건강한 미래 발전을 도모하기 위한 '대한민국 인공지능메타버스포럼'이 인공지능 관련 학자, 미래학 석학, AI전문가 등 200여명이 포럼위원으로 참여해 2020년 12월 22일 오전11시 언택트 출범 기념식을 갖고 출범했다.

비대면 실시간 양방향으로 진행된 언택트 출범 기념식은 대한민국 인공지능포럼 공동회장인 안종배 국제미래학회 회장과 조동성 산업정책연구원 이사장, 그리고 고문인 진대제 전 정통부 장관, 이희범 전 산자부 장관, 노웅래 더불어민주당 최고위원, 박진 국회미래정책연구회 공동회장, 정책 자문위원인 이남식 서울예술대 총장, 권대봉 인천재능대 총장, 윤은기 한국협업진흥협회 회장 등 전국에서 100여명의 위원이 참석했다

출처 : 전자신문

정책 자문위원

오세정 서울대학교 총장
신성철 (전)카이스트 총장
이남식 서울예술대학교 총장
장순흥 한동대학교 총장
김진형 인천재능대학교 총장
권대봉 중부대학교 총장
임태희 (전)한경대학교 총장
이승훈 세한대학교 총장
윤건영 (전)청주교육대학교 총장
안규철 안산대학교 총장
윤은기 한국협업진흥협회 회장
민경찬 연세대학교 명예교수
정송 카이스트 인공지능대학원장

권호열 한국정보통신연구원 원장
장병탁 서울대 인공지능연구원 원장
김기영 한국기술대학교 교수(전 총장)
이창원 한양대 경영학 교수(대한경영학회 회장)
이순종 서울대 미대 명예교수
주영섭 고려대 석좌교수(전 중소기업청장)
고문현 숭실대 교수 (전 한국헌법학회 회장)
강건욱 서울대 의대 교수
김문수 서울과학종합대학원 부총장
김동섭 UNIST 교수(4차산업혁명연구소장)
최재붕 성균관대 교수 (포노사피엔스 저자)
엄길청 경기대 명예교수(경제평론가)
최운실 아주대 평생교육학과 명예교수

출범 포럼 위원: 인공지능과 미래학의 석학 및 전문가 200명 참여

대한민국 인공지능메타버스포럼 소개

포럼 연락처 : 국제미래학회 사무처 02-501-7234

이메일: forum@cleancontents.org

홈사이트 : www.gfuturestudy.org

7. 미래직업과 미래지도사 1급 자격 과정

□ '미래 직업과 미래지도사'과정 구성 및 세부 내용

○ 제1부: 미래사회는 어떻게 변화하는가?

    1. 포스트 코로나 미래사회 변화와 성공전략 – 안종배 국제미래학회 회장

    2. 미래 예측의 중요성과 미래 사회 메가 트렌드 – 안종배 국제미래학회 회장

    3. 미래사회 10대 과학기술 – 김들풀 IT뉴스 대표

    4, 미래사회 인공지능의 발전과 윤리 – 김들풀 IT뉴스 대표

    5. 드론이 바꾸는 미래 세상과 직업 – 박장환 명지전문대 드론학과 교수

    6. 미래사회의 인문학과 지혜 – 박영애 색동회 고문

    7. 미래사회와 도전 정신 – 조영관 도전한국인본부 상임대표

    8. 미래지도자를 위한 강의법 특강 – 윤은기 한국협업진흥협회 회장

○ 제2부: 미래 직업과 미래 인재는 어떻게 변화하는가?

    9. 미래사회 인재 역량 특성과 교육의 변화 – 이남식 서울예술대학교 총장

    10. 미래사회 4차산업혁명과 미래 산업 및 직업의 특성 – 안종배 국제미래학회 회장

    11. 미래사회 기존 직업의 변화 – 한상근 한국직업능력개발원 본부장

    12. 미래사회 신규 직업의 종류 – 한상근 한국직업능력개발원 본부방

    13. 미래사회 인문 사회 경영 문화 분야 유망 직업 – 심현수 국제미래학회 사무총장

    14. 미래사회 채용 트렌드와 경력관리 지도 – 윤영돈 윤코칭연구소 소장

○ 제3부: 학교의 진로 지도 현황과 미래 방안은 ?

    15. 초등학교 진로지도 현황과 미래 방안 – 이종욱 임평초등학교 교사

    16. 인문계 고등학교 진로지도 현황과 미래 방안 – 공기택 동원고등학교 교사

    17. 직업계 고등학교 진로지도 현황과 미래 방안 – 윤경숙 인천생활과학고등학교 교사

    18. 대학 입시 성공 지도를 위한 핵심 전략 – 정동완 EBS 진로진학 대표강사

○ 제4부: 개인별 자신의 진로 및 생애 계획 입안하기

    19. 개인별 자신의 강점 찾기 – 차경환 생애설계미래진로연구소 소장

    20. 개인별 자신의 적성 찾기 – 차경환 생애설계미래진로연구소 소장

21. 개인별 자신의 전공 탐색과 계획 – 차경환 생애설계미래진로연구소 소장

22. 개인별 자신의 맞춤 직업 찾기 – 차경환 생애설계미래진로연구소 소장

23. 개인별 미래 생애 설계 플랜 – 최용균 비전경영연구소 소장

24. 개인별 희망 직업 변화 예측과 생애 단계별 실천 계획 입안 – 안종배 국제미래학회 회장

○ 제5부: 미래 진로 및 지도 위한 실전 역량

25. 미래 지도용 온·오프 강의 PPT 적용 저작권 실전 – 윤용근 엘플러스 대표변호사

26. 미래 지도용 인공지능 멀티미디어 활용 PPT 작성 실전 – 안종배 국제미래학회 회장

27. 개인별 변화와 성장을 돕는 질문 기법 실전 – 배명숙 마중물코칭심리연구소 소장

28. 미래 진로와 지도 상담 실전 TIP – 배명숙 마중물코칭심리연구소 소장

29. 실전 미래형 교수 지도법 – 최용균 비전경영연구소 소장

30. 언택트 실시간 양방향 줌 활용 미래지도 실전 – 안종배 국제미래학회 회장

* 상기 '미래 직업과 미래지도사'과정 내용은 국제미래학회의 지적재산입니다.

저자 소개

안종배 국제미래학회 회장은 한세대 미디어영상학 교수이고 대한민국 인공지능메타버스포럼 공동회장, 미래창의캠퍼스 이사장, 국회미래정책연구회 운영위원장을 맡고 있는 국내 대표 미래학자로서 국내 미래학과 미래 전략을 선도하고 있고 최근엔 인공지능과 메타버스 연구와 정책 및 활용 교육을 주도하고 있다.

대통령직속 4차산업혁명 2기 혁신위원을 역임하였고 또한 국민권익위원회 자문위원, 미래목회포럼 정책자문위원, 클린콘텐츠국민운동본부 회장으로서 건강한 인성과 윤리 가치를 미래사회에 확산하는 노력을 경주하고 있다. 안회장은 '미래학원론' 등 국내 미래학 발전 및 인공지능 메타버스와 미래를 선도하고 대응 방안을 제시하는 저서 20여권을 집필하였다.

이주호 사회부총리 및 교육부 장관은 서울대 무역학과 및 대학원을 졸업하고 미국 코넬대 대학원에서 경제학박사 학위를 취득했다. 제17대 국회의원으로 활동했고, 2008년 대통령실 교육과학문화 수석비서관을 거친 뒤, 2009년 교육과학기술부(현 교육부) 차관, 2010년 장관을 역임했다. 유엔 글로벌교육재정위원회 위원, 유엔 국제교직혁신기구 의장을 맡고 있다. 1998년부터 KDI국제정책대학원 교수로 있으며, 2020년에는 ECA(사단법인 아시아교육협회)를 설립하여 이사장으로 재직하였으며 국제미래학회 자문위원이다.

김진형 인천재능대학교 총장은 인공지능 교육－연구자로서 KAIST 명예교수이다. 현재 인천재능대학교 총장으로 재직중이다. 1세대 소프트웨어 개발자로서 1973년부터 KIST에서 개발자로 일했다. UCLA에서 컴퓨터과학 박사학위를 받은 후 미국 휴즈연구소에서 인공지능을 연구했다. 1985년부터 KAIST에서 인공지능연구실을 이끌며 약 100명의 석·박사 전문 인력을 양성했다. 정보과학회 회장, 한국과학기술정보연구원 원장, 소프트웨어정책연구소 초대 소장, 인공지능연구원 초대 원장, 공공데이터전략위원장 등을 지냈고 국제미래학회 자문위원이다.

김태현 서울과학종합대학원 대학교 총장은 미국 Indiana 대학교에서 경영학박사를 취득하였고 연세대학교 경영대학 교수, 상남경영원 원장, 경영대학 학장, 경영전문대학원 원장 등을 역임하고 현재는 서울과학종합대학원대학교(aSSIST) 총장으로 재직 중이다. 아시아 태평양 의사결정학회 회장, 한국 로지스틱스학회장, 한국생산관리학회장 등 적극적인 학회활동과 매일경제신문 'economist상 수상(1992)', SCM 학회 대상, 로지스틱스학회 대상 등 공급망관리(SCM) 연구에 많은 강의와 연구를 하였다. 국토교통부, 전경련, 상공회의소 등 물류·SCM 정책 자문위원과 다양한 기업, 기관들의 사외이사 등을 역임하였고 국제미래학회 자문위원이다.

신성철 KAIST 제16대 카이스트 총장은 현재 현재 초빙석학교수이다. DGIST 초대·2대 총장, 국가과학기술자문회의 부의장, 세계경제포럼 4차산업혁명센터 자문위원등을 역임하며 대학혁신 및 과학기술 정책 수립에 활발히 기여해 왔다. 나노자성학·스핀트로닉스 분야 세계적 과학자로 한국자기학회 및 한국물리학회 회장을 역임했고, 한림원 정회원, 미국물리학회 석학회원이다. 주요 상훈으로 과학기술훈장 창조장, 대한민국 최고 과학기술인상, 대한민국 학술원상, 한국인 최초 아시아자성학회상 등을 수상했다. 국제미래학회 자문위원이다.

이남식 국제미래학회 명예회장은 서울예술대학교 13대 총장, 전주대학교 9, 10, 11대 총장, 서울과학종합대학원대학교 4대 총장, 계원예술대학교 7대 총장, 국제디자인대학원대학교 부총장을 역임하였다. 미래에 대한 관심을 갖고 대한인간공학회 및 제2대 국제미래학회 회장을 지냈다. 현재 서울과학종합대학원대학교(aSSIST) 석좌교수이며 기술인문융합창작소 초대소장을 역임하였다.

권호열 정보통신정책연구원 원장은 서울대 전자공학 학사, 카이스트 전기공학 석사, 박사 학위를 받았으며, 미국 스탠포드대 경영대학원 SEIT 및 미국 카네기멜론대 SEEK과정을 수료하였다. 대통령직속 정책기획위원회 한국판뉴딜 국정자문위원, 한국정책학회 운영부회장, 대한전자공학회 고문으로 활동하였으며, 국가교육회의 위원, 지역혁신협의회 전국부회장, KERIS 비상임이사, 미국 스탠포드대 객원연구원, 에티오피아 국립AAU/AAiT 전기컴퓨터공대 학장, 강원대학교 IT대학 학장, 정보시스템감리협회 회장을 역임하였다. IT도입 및 활용을 통하여 국가산업 발전에 이바지한 공로로 국무총리 표창을 수상하였다. 국제미래학회 자문위원이다.

윤은기 한국협업진흥협회 회장은 우리나라 협업문화를 선도하고 있으며 서울과학종합대학원대학교 총장, 중앙공무원교육원 원장, 국가브랜드위원 등을 역임하였다. 정보학특강, 時테크, 협업으로 창조하라 등 20여권의 저서가 있으며 항상 시대를 앞서가는 화두를 던지고 있는 명강사이다. 국제미래학회 자문위원이다.

이순종 서울대학교 미술대학 디자인학부 명예교수는 한국미래디자인연구원 대표, 자문밖문화포럼 이사장, 국제미래학회 미래디자인위원장으로 있다. 서울미대 학장, 전국미술디자인계열대학학장협의회 회장, 한국디자인학회 및 한국디자인총연합회 회장, 제1회 광주디자인비엔날레 총감독을 역임하였다. 창의디자인 교육, 디자인미래와 혁신, 디자인문화와 혁신, 기업 및 국가디자인정책, 예술기반의 창의성 개발 및 지역사회 활성화 등을 연구하고 있다.

주영섭 서울대 공학전문대학원 특임교수는 한국디지털혁신협회 회장으로 재직 중이며 한국공학한림원 회원, 국제미래학회 자문위원을 맡고 있다. 14대 중소기업청장, 대통령직속 국민경제자문회의 위원, 지식경제부 R&D전략기획단 주력산업총괄 MD를 역임했다. 현대차그룹의 현대오토넷과 본텍 대표이사, 미국 GE 써모메트릭스 아시아담당 사장 등 산학연관을 두루 거치며 대한민국 산업과 기업 발전에 기여하고 있다. 서울대학교 기계공학과 졸업 후 한국과학원에서 생산공학 석사, 미국 펜실베이니아주립대에서 산업공학 박사를 받았다.

최운실 한국지역사회교육재단 이사장은 국제미래학회 평생교육위원장을 맡고 있다. 제2대 국가평생교육진흥원장을 역임하였고 유네스코학습도시자문위원장, 유네스코국제평생교육기구(UIL) 부의장, 아시아태평양학습도시연맹 자문위원장, 아주대 명예교수, 서원대 석좌교수, 대한민국평생교육진흥재단 이사장, 평생학습타임즈 발행인으로 활동하고 있는 한국 평생교육을 대표하는 석학이다.

강건욱 서울대 의대 교수는 서울대 생명공학공동연구원 부원장이며 국제미래학회 헬스케어위원장이다. 1991년 서울의대를 졸업하고 2001년 동대학에서 의학박사를 받았다. 국립암센터 정보전산팀장, 암정보연구과장, 서울대 정보화본부 연건센터 소장을 역임하였으며 2017년 『대한민국 4차산업혁명 마스터플랜』, 2020년 『포스트 코로나 대한민국』 저술에 참여하고 2021년 『공포가 과학을 집어삼켰다』를 번역하였다.

강병준 전자신문 대표이사는 전자신문에서 30년 이상 정보기술 업계에 몸 담았으며 IT, 과학, 정보기술 등 대한민국 정보화와 과학 행정 선진화에 일조했다. 경인여대 겸임교수를 지냈으며 공공데이터전략위원회 위원, 국립장애인도서관, 국회도서관, 개인정보위원회 미래포럼 자문위원으로 활동 중이다. 미래는 하드웨어보다는 무형의 소프트웨어와 콘텐츠에 달려 있다는 신념으로 더 나은 대한민국을 위한 밑그림을 그리고 있다. 국제미래학회 미디어홍보위원장이다.

고문현(高文炫) 한국ESG학회 회장은 서울대에서 환경권 연구로 법학박사학위를 받은 후 대법원 판례심사위원회 조사위원, 헌법재판소 헌법연구원, 울산대 교수, 제20대 국회헌법개정특별위원회 자문위원, 제24대 한국헌법학회 회장, 대법원 양형위원회 자문위원, 숭실대 기후변화특성화대학원장, UC Berkeley Law School 방문교수 등을 역임하고 현재 숭실대학교 법과대학 교수, 한국환경한림원 정회원, 사단법인 K-CCUS 추진단 이사, 국제ESG포럼 추진위원장으로서 ESG 평가 표준모델을 연구하고 있다. 『기후변화와 환경의 미래』(공저, 2019년 환경부추천도서), 『포스트코로나 대한민국』(공저), 『EU 기후변화정책의 이해』(공저), 『기후변화에 대한 법적 대응』(공저), 『헌법학개론』 등 30여 권을 저술하였다. 국제미래학회 ESG법제위원장이다.

권원태 한국기후변화학회 고문은 국제미래학회 기후변화예측위
원장이다. 미국 텍사스 A&M 대학교 기상학 박사로서 기상청 기
후연구과장, 국립기상연구소장, 기후과학국장을 역임하며 국립
기상과학원에서 기후변화 연구를 주도적으로 추진하여 지구 및
한반도 기후변화 시나리오를 산출하였다. 한국기후변화학회 4대
회장과 APEC기후센터 원장을 역임하였고 IPCC 4차, 5차 및 6차
평가보고서에 주저자로 참여하여, 2007년 노벨평화상 기여인증
서를 수상하였다.

김동섭 한국석유공사 사장은 국내 · 외 E&P사업, 석유 비축사업 및
저탄소 신사업 등을 추진하고 있다. 그는 글로벌 석유 회사인 미국
Shell에서 약 20년간 R&D 및 기술총괄 책임자로, 이후 SK
Innovation에서 기술원장 및 기술총괄 사장을 역임하면서 석유화학
에너지 뿐 아니라 전기자동차 배터리, 태양광 등 저탄소 사업 개발
을 주도하였다. 이어 울산과학기술원(UNIST) 초대 정보 · 바이오융
합대학장과 AI 혁신파크 단장을 맡았다. 그는 서울대학교에서 공학
학사 · 석사 학위를, Ohio 주립대에서 박사 학위를 취득했다. 국제
미래학회 4차산업혁명위원장이다.

김들풀 IT뉴스 대표는 아스팩미래기술경영연구소 공동대표이자
UPI뉴스 에디터이며 KBS, MBC, YTN 등에 출연해 IT 애널리스트
로도 활동 중이다. 또한 KIST융합대학원 · 전북대학교 외래교수,
한국어인공지능학회 부회장, 한글학회 정회원, 국제미래학회 IT기
술분석위원장을 맡고 있다. 저서(공저)로 『메타버스 비즈니스
2050』, 『코로나 이후 대전환 시대의 미래 기술 전망』, 『IT제국
대충돌 1, 2』, 『실전 미래전략 도출』, 『미래유망기술 도출과 신사
업 추진전략』, 『대한민국 미래교육 보고서』, 『양자 컴퓨터/컴퓨팅의 오늘과 내일』, 『애플
이 3년내 출시할 제품과 서비스』, 『아마존의 물류혁명』 등이 있다.

김명주 서울여대 교수는 IT 신기술의 역기능과 부작용을 줄이기 위해 보안과 윤리 측면에서 연구해오고 있다. 서울대학교에서 컴퓨터공학을 전공하여 학사, 석사, 박사학위를 수여했다. 1990년 중반부터 검찰청에서 컴퓨터범죄 수사 자문과 교육을 오랫동안 담당했다. 한국인터넷윤리학회를 창립하여 활동했고, 국내 최초로 AI 윤리 'Seoul PACT'를 제정한 공로로 근정포장 훈장을 수여했다. 현재 서울여자대학교 정보보호학과장과 바른AI연구센터장을 맡고 있으며, 국제미래학회 AI윤리위원장, 개인정보보호위원회 가명정보 전문가, 인공지능윤리정책포럼 위원으로서 활동하고 있다. 『AI는 양심이 없다』라는 일반시민을 위한 AI 윤리 책을 출간했다.

김병희 서원대학교 광고홍보학과 교수는 서울대학교를 졸업하고 한양대학교 광고홍보학과에서 광고학박사를 받았다. 한국광고학회 제24대 회장, 한국PR학회 제15대 회장, 정부광고자문위원회 초대 위원장, 서울브랜드위원회 제4대 위원장으로 봉사했다. 그동안 『스티커 메시지』(2022)와 『디지털 시대의 광고 마케팅 기상도』(2021)를 비롯한 60여 권의 저서를 출판했다. 또한, "광고 건전성의 구성요인과 광고 효과의 검증"(2022)을 비롯한 110여 편의 논문을 국내외 주요 학술지에 발표했다. 한국갤럽학술상 대상(2011) 등을 수상했고, 정부의 정책 소통에 기여한 공로를 인정받아 대통령 표창(2019)을 받았다. 국제미래학회 미래광고위원장이다.

김세원 한국문화관광연구원 원장은 한국유럽학회, 문화산업학회에서 활동 중이다. 고려대학교 불어불문학과를 졸업하고 동 대학 정치학 석사, 뉴욕주립대 기술경영학 석사, 고려대 국제통상학 박사학위를 받았다. 21년간 동아일보 기자로 일하면서 한국 최초의 로이터 저널리스트 펠로로 선발되어 프랑스 보르도대에서 EU정치경제법학과 국제정치학을 공부했고 파리특파원을 지냈다. 대학에서 칼럼과 연구, 강의를 병행하여 아주경제 논설고문과 시사저널 편집위원, 고려대국제대학원과 건국대언론홍보대학원 초빙교수를 역임했다. 국제미래학회 비교문화위원장이다.

김형준 명지대학교 특임교수는 대표적 정치평론가이며 국제미래
학회 미래정치위원장을 맡고 있다.
또한 한국블록체인학회 고문과 한선재단 정치개혁연구회 회장으
로 활동하고 있다.
그는 대통령실 정책자문위원, 한국선거학회 회장 그리고 한국정치
학회 부회장을 역임하였다.

문형남 대한경영학회 회장은 증권사 애널리스트(5년)와 매일경제
기자(7년)를 거쳐 숙명여대 경영전문대학원 교수(23년)로 재직
중이며, 국제미래학회 지속가능위원장을 맡고 있다. 국내 대표 정
보통신기술(ICT)과 지속가능성 연구 학자로서 ESG와 메타버스
및 공정거래 미래전략을 집중 연구하고 있다. (사)지속가능과학회
공동회장, ㈜ESG메타버스발전연구원 원장/대표이사, 대한민국
ESG메타버스포럼 의장, 인공지능(AI)국민운동본부 공동의장 등을 맡고 있다. ICT와 지속
가능발전에 기여한 공로로 장관상을 6회 수상하고, 근정포장을 수훈(2021)했다.

박수용 한국블록체인학회 회장은 서강대학교 메타버스전문대학
원 교수이고 국제미래학회 블록체인위원장을 맡고 있다. 전 정보
통신산업진흥원 원장을 역임하였고 핀테크와 블록체인 연구를 선
도하고 있다.

심현수 미래창의캠퍼스 학장은 국제미래학회 사무총장과 미래직업연구위원장을 맡고 있으며 현재 (사)중소기업을돕는사람들 이사장과 클린콘텐츠국민운동본부 대표로 활동하고 있다. KT임원으로 ICT 및 인사관리 분야에 30여년 근무하였고 KS Call의 대표를 역임하였다.

안동수 한국블록체인기업진흥협회 수석부회장은 KBS에 31년간 근무하며 KBS 부사장을 역임하였다. 미래방송연구회 초대 회장을 역임했으며 2018년에 사단법인 한국블록체인기업진흥협회를 설립하여 블록체인산업 육성과 제도확립을 위해 봉사하며 현재까지 수석부회장으로 일하고 있다. <디지로드5.0 / 알기쉬운 비트코인 가상화폐 / 휴대폰 인류의 디파이 혁명 / AI 시대의 미디어> 등의 대표저자 및 공저자이고 국제미래학회 미래방송위원장으로 활동하고 있다.

엄길청 국제투자리서치포럼 회장은 금융투자시장과 도시자산시장에서 국제투자전략분석가로서 국내외 경제동향과 산업기술, 기업경영 등의 추세와 전망을 대중에게 알리는 경제평론가이다. 경기대 경영전문대학원장을 지냈고, 현재 국제미래학회 미래경영위원장과 서울도시문화연구원 이사장으로 활동하고 있다.

이주연 아주대 산업공학과 교수는 아주대 과학기술정책대학원 책임교수, 국제미래학회 과학기술정책위원장이다. 현재 한국시스템엔지니어링학회 회장과 한국산업융합기술협회장을 맡고 있으며 산·학·연·관 경력을 가지고 있고 과학기술정책과 산업융합기술 정책을 선도하고 있다. 새정부의 대통령인수위원회 경제2(산업) 자문위원으로 활동하였다. 산업통상자원부 산업융합촉진 국가옴부즈만, POSCO ICT 그린사업부문장과 SK C&C 전략마케팅본부장을 역임하였다.

이재홍 한국게임정책학회 회장은 현재 숭실대 예술창작학부 교수로서 숭실대 글로벌미래교육원 원장 및 숭실대 콘텐츠정책연구소 소장, 대한민국게임정책포럼 대표를 맡고 있다. 게임물관리위원회 3대위원장, 한국게임학회 7, 8대 회장, 콘텐츠분쟁조정위원회 조정위원, 한국콘텐츠진흥원 비상임이사를 역임했고 게임스토리텔링과 메타버스스토리텔링분야의 교육과 연구 및 컨설팅에 매진하고 있다. 국제미래학회 게임정책위원장이다.

이창원 한양대학교 경영대학 교수는 한국글로벌경영학회 회장, 메타버스문명연구회 공동회장이며 한국프로젝트경영학회 회장이며 글로벌경영 차기회장, ESG학회 부회장, 구매조달학회 부회장 및 병원경영학회 부회장이다. 대한경영학회 회장, 한국경영교육학회 회장, 한국생산성학회 회장, 수리과학(OR)세계연맹 부회장을 역임하였으며 Whos Who World 2018에 등재되었다. 세인트루이스대에서 경영학박사를 졸업하였으며 디지털 트렌스포메이션, 오퍼레이션전략, 스마트 서비스경영, 지속가능 공급망경영, 기술경영, 의료경영, 창업경영 및 SDG경영에 관한 연구 및 교육 그리고 컨설팅을 수행하고 있다. 국제미래학회 디지털경영위원장이다.

한상우 삼일회계법인 고문은 국제미래학회 미래지역법제위원장
이다. 공공 부문 정보 플랫폼서비스를 제공하는 비즈인텔리(주)
의 대표로 주로 삼일회계법인의 다양한 기업 자문을 지원하고 있
다. 또한, 국회입법지원위원과 대한민국시도민회연합의 자문위원
으로도 활동하면서, '지방소멸위기 대응 특별법안'을 입안하는 등
관련 입법에 기여해 오고 있다.
한국농어촌공사와 한국국토정보공사 등 공공기관의 법제자문위
원과 한국ESG학회 부회장, 스마트건설교육원 이사로서 격변의
시대에 꼭 필요한 미래 융합적 정책·법제의 구축을 선도하고 있으며, 한국헌법학회 부회
장과 법제처 경제법제국장을 역임했다.

인공지능 메타버스 시대 미래전략

초판발행	2022년 11월 1일
초판2쇄발행	2023년 2월 25일

엮은이	국제미래학회
펴낸이	안종만 · 안상준

편 집	배근하
기획/마케팅	김한유
표지디자인	BEN STORY
제 작	고철민 · 조영환

펴낸곳	㈜ **박영사**
	서울특별시 금천구 가산디지털2로 53, 210호(가산동, 한라시그마밸리)
	등록 1959. 3. 11. 제300-1959-1호(倫)
전 화	02)733-6771
f a x	02)736-4818
e-mail	pys@pybook.co.kr
homepage	www.pybook.co.kr
I S B N	979-11-303-1634-5 03300

copyright©국제미래학회, 2022, Printed in Korea

* 파본은 구입하신 곳에서 교환해 드립니다. 본서의 무단복제행위를 금합니다.
* 편저자와 협의하여 인지첩부를 생략합니다.

정 가	20,000원